COBRAS E LAGARTOS

O livro é a porta que se abre para a realização do homem.

Jair Lot Vieira

JOSMAR JOZINO

Cobras e lagartos
A verdadeira história do PCC

Edição atualizada pelo autor

VIA LEITURA

Copyright desta edição © 2017 by Edipro Edições Profissionais Ltda.

Todos os direitos reservados. Nenhuma parte deste livro poderá ser reproduzida ou transmitida de qualquer forma ou por quaisquer meios, eletrônicos ou mecânicos, incluindo fotocópia, gravação ou qualquer sistema de armazenamento e recuperação de informações, sem permissão por escrito do editor.

Grafia conforme o novo Acordo Ortográfico da Língua Portuguesa.

2ª edição, 2ª reimpressão 2022.
Capa: Daniel Justi

Dados Internacionais de Catalogação na Publicação (CIP)
(Câmara Brasileira do Livro, SP, Brasil)

Jozino, Josmar.
  Cobras e lagartos: a verdadeira história do PCC / Josmar Jozino. – 2. ed. – São Paulo : Via Leitura, 2017.

  ISBN 978-85-67097-42-8

  1. Crime organizado – São Paulo (SP). 2. Criminosos – São Paulo (SP). 3. Primeiro Comando da Capital – PCC (Facção criminosa). 4. Prisioneiros – São Paulo (SP). 5. Reportagens investigativas. I. Título.

17-02827   CDD-070.449364

Índice para catálogo sistemático:
1. Criminalidade : Reportagens investigativas : Jornalismo : 070.449364

VIA LEITURA

São Paulo: (11) 3107-7050 • Bauru: (14) 3234-4121
www.vialeitura.com.br • edipro@edipro.com.br
@editoraedipro   @editoraedipro

Para Jonas (em memória), fôlego de bondade e alegria.
Para Lucas, Aidil e Jupira.

"O homem nasce livre, e por toda parte, encontra-se a ferros."
(Jean-Jacques Rousseau, em *O contrato social*)

Agradecimentos

Aos jornalistas:
André Caramante, Angélica Sales, Antônio Carlos Leite (Cacá), Celso Kinjô, Ferdinando Casagrande, Fernanda Bittencourt, Fernando Fernandes, Gabriel Garcia Jareta dos Santos, Gilberto Lobato Vasconcelos, Jonas Jozino, Josemar Gimenez, Mariana Pinto, Marinês Campos, Odilon Espindola, Orivaldo Perin, Rodrigo Hidalgo, Rosângela Sanches, Samarone Lima, Xíco Sá.

Aos repórteres fotográficos:
Alex Silva, Edilson Lopes (Lopinho), Eliária Andrade, João Wainer, José Patrício, Nikon Fukuda.

Às mulheres que muito me ajudaram:
Ana, Carla, Cátia, Cynthia, Dayse, Eliana, Fernanda, Helena, Juliana, Maria Cristina, Marli, Patrícia, Renata, Rosângela, Tammy.

Acervo do autor

Idemir Carlos Ambrósio, o Sombra, no presídio Doutor Sebastião Martins Silveira, em Araraquara, 1994.

Apresentação

No início de maio de 2003, trabalhava como repórter da editoria de Polícia do *Diário de S. Paulo*. Foi quando o jornal recebeu, pela primeira vez, informações de um policial civil comunicando que eu estava sendo ameaçado de morte por presos ligados ao crime organizado.

O diretor de redação, Orivaldo Perin, resolveu me afastar do trabalho por alguns dias. Na noite de 4 de maio daquele ano, em minha casa, já não suportando mais o tédio, liguei o computador e passei a escrever *Cobras e lagartos*.

O *Diário de S. Paulo* recebeu outra denúncia, no mês seguinte, dessa vez por carta, assinada por alguém supostamente ligado ao Primeiro Comando da Capital (PCC). O diretor Orivaldo Perin decidiu me afastar por quarenta dias do serviço. Lideranças da facção criminosa negaram as ameaças.

Mas o jornal manteve o afastamento. E ainda por cima resolveu contratar escolta para me acompanhar das dez da manhã às dez da noite, todos os dias. Minha vida mudou significativamente. Um segurança armado acompanhava quase todos os meus passos. Dia e noite.

Não tive alternativa a não ser aproveitar esse período de afastamento do jornalismo diário para dar continuidade às páginas de *Cobras e lagartos*. Já tinha algumas fitas gravadas com as principais personagens do livro. São gravações feitas com as mulheres de líderes e ex-líderes do PCC.

Comecei a colocar tudo no papel. O afastamento durou quarenta dias, mas a escolta continuou por uns cinco meses. Durante a quarentena forçada, consegui escrever mais de um terço do livro. Os nomes e apelidos dos líderes e de integrantes do PCC, tanto daqueles que estão presos como dos que estão em liberdade ou já morreram, são verdadeiros.

Os nomes de delegados, policiais, juízes e agentes penitenciários também são verdadeiros. Já as mulheres, principais personagens da obra, têm, a pedido delas, nomes e apelidos fictícios. As exceções ficam para as mulheres de alguns fundadores do PCC e aquelas que tiveram morte natural ou foram assassinadas por vingança.

Os diálogos de presos com presos ou com suas mulheres ou ainda com outros parceiros narrados no livro são relatos fiéis de suas próprias mulheres. Agentes penitenciários também relataram a mim, fielmente, alguns diálogos dos presos citados na obra.

Como boa parte do livro é baseada em reportagens de minha autoria, escritas ao longo de sete anos no *Diário Popular* e no seu sucessor *Diário de S. Paulo*, também resolvi, seguindo conselhos de amigos jornalistas, me tornar personagem de *Cobras e lagartos*.

Escolhi o apelido que me colocaram, carinhosamente, na redação do inesquecível *Diário Popular*: "Caveirinha". Assim fui e ainda sou chamado pela minha magreza, resultado de ter fumado três maços de cigarros por dia.

Hoje, quase 11 anos após a publicação da primeira edição de *Cobras e lagartos*, não tenho mais esse vício. Sou ex-fumante, engordei mais uns quilos, e pouca gente se lembra do meu antigo apelido. Porém ainda continuo fazendo uma das coisas de que mais gosto na vida: escrever reportagens.

Durante estes últimos 11 anos, muitas mudanças ocorreram também no crime organizado. Ao contrário do que previam as autoridades, o PCC, em vez de ser extirpado, como chegaram a prometer agentes governamentais, se fortaleceu e se expandiu ainda mais, ampliando e consolidando suas raízes em todos os estados da federação.

A verdadeira história do PCC – seu nascimento, sua hegemonia, sua expansão no Brasil e o crescimento até em alguns países da América do Sul, como Paraguai, Bolívia e Colômbia – é retratada agora em uma nova e atualizada edição de *Cobras e lagartos*, publicada pela Edipro.

O ENCONTRO

Aconteceu exatamente numa sexta-feira, uma noite de verão no final de janeiro, O ano, 1985, o último de ditadura militar e de governo do general Figueiredo. Débora e uma amiga, Sônia, saíram juntas de uma reunião no pré-núcleo do Partido dos Trabalhadores, na rua Teodoro Baima, e decidiram dar um pulo no bar do Redondo para tomar um suco de maracujá.

No cruzamento da Ipiranga com a rua da Consolação, na região central de São Paulo, o bar do Redondo era um reduto da gente mais variada, jornalistas, artistas, militantes de todas as bandeiras, muitos dos quais, às vésperas do Carnaval, também compunham a Banda do Redondo, que alegrava com marchinhas as ruas do entorno.

Idemir se encontrava junto ao mezanino do bar, ao lado de Meningite, um amigo seu de longa data. Quando eram adolescentes, Idemir, Meningite e ainda outro amigo, o Canarinho, formaram quadrilha e se especializaram em assaltos a bancos.

Igualmente juntos, os três foram condenados a mais de duzentos anos.

Meningite saudava o amigo que, havia apenas quatro dias, fugira da Cadeia Pública de São Carlos, no interior paulista. Mas Idemir não lhe prestava muita atenção, concentrado que estava nas duas amigas no balcão do bar. Seu flerte provocara sorrisos em meio ao diálogo já nada politizado de Débora e Sônia.

Meningite comentou:

– Irmão, você deve estar na seca.

Idemir lhe respondeu:

– Meu, dá licença? Eu gostei da gordinha.

– Gordinha em relação à outra, você quer dizer.

A "outra" era Sônia, que tinha uns seios enormes mesmo, e que, percebendo a paquera, já se despedia de Débora.

– Ora, fica um pouco, amiga.

– Eu não. Mas, no seu lugar, eu ficava.

– Tem certeza?

Sônia não se animara nem um pouco com o Meningite. Deu um beijo no rosto de Débora e lhe desejou boa sorte. Mas também brincou:

– E depois não fala que sou eu quem milita para arrumar namorado, hein?!

Um minuto depois, Idemir e Débora já conversavam no balcão. Ele saboreava um Campari amargo, mas, com medo de que alguma viatura policial surgisse de repente, deixava transparecer certa inquietude.

— O que você tanto olha para os lados? – perguntou Débora.

Ela usava uma camisa branca com uma estampa: o slogan "Diretas-Já!" sobre duas listras, uma verde e outra amarela, criado pelo Ubaldo, "o paranoico", personagem do cartunista Henfil. Idemir se saiu bem ao sussurrar, como o personagem:

— Não me cagueta não, pô.

Diante da surpresa dela, ele então gritou:

— Abaixo a ditadura!!

Os dois apenas começavam a se entender. Idemir não titubeou em oferecer a Débora o ramalhete de rosas de um menino que circulava pelo bar. Em seguida, os dois saíram do Redondo e foram para uma cantina do bairro. Jantaram alegremente, mesmo quando Idemir começou a revelar seu passado:

— Eu tô foragido da polícia – ele disse, enquanto mastigava um talharim à bolonhesa.

— É mesmo? – Débora experimentava um gole de cerveja. – Mas você não tem cara de bandido, não.

— Tenho, sim – respondeu Idemir, de boca cheia ainda, quase encabulado.

Débora insistia em ser espirituosa:

— Mas você deve ser inocente.

— Sou não – ele tornou a responder, sorrindo.

— Não?

Idemir limpou a boca com o guardanapo e comentou:

— Eu sou um ladrão de joias, de bancos também. Eu sou um bandido conhecido. Eu sou o *Sombra*. É assim que a polícia me chama. Então, preciosa, é só por isso que eu não quero ficar de bobeira pela rua, à noite.

— Essa é a cantada mais sinistra que eu já ouvi.

Os dois foram para um quarto de hotel simples na praça Roosevelt, ao lado da igreja da Consolação e próximo à chamada boca do luxo, local de encontro de prostitutas e travestis e onde se concentram boates e casas noturnas paulistanas.

Mas naquela noite os dois sequer transaram.

— De uma coisa eu tenho certeza – Débora disse, acariciando Idemir.

— O quê?

Ela sorriu:

— Você não é estuprador.

Idemir fechou o semblante:

— Olha, se tem uma raça que não merece nada é essa de estuprador. Uma vez a polícia lá de São Carlos pegou um tarado desses e pôs ele de propósito na nossa cela. Porque, normalmente, Jack fica em prisão de Jack.

— *Jack*?

– É! Estuprador! Essa gente fica em cela separada. Policial também! Quando o coxinha vai preso, se fica junto com bandido, é babau pra ele.
– Mas então puseram o estuprador com vocês e...
– O pessoal da cela encurralou ele num canto e aí obrigaram ele a se depilar.
– ?...
– Aí eu fui com um isqueiro e derreti um plástico em cima dele.
– Não, Idemir. Você não pode ter uma personalidade tão dupla.
Seu nome completo era Idemir Carlos Ambrósio.
– Preciosa. Eu prefiro que você me chame de Sombra.
Assim ele foi apelidado pelos parceiros do crime e assim ele era também conhecido pela polícia. Porque, assaltando mansões em São Carlos ou em outras cidades do interior, ele sempre agia, como diz a gíria, "na sombra".
Continuou:
– Eu sou um ladrão respeitado porque eu tenho proceder no crime. Não admito falhas. Não admito caguetagem. Sei o que eu quero e faço o que eu quero.
– E o que você quer agora?
– Agora? Eu já estou feliz demais com você.
Pelas oito horas o casal deixou o hotel e foi a uma feira livre comer pastéis. Após o quê, Sombra fretou o táxi de um amigo e levou Débora para o Grajaú, na periferia da Zona Sul, onde ela morava.
Débora gostou de Sombra. À noite, voltou ao seu encontro no mesmo bar do Redondo. Mas, dessa vez, os dois nem ficaram por lá; Sombra logo a levou para o apartamento de um amigo, próximo ao bar, onde ele provisoriamente se hospedava.
Lá, Sombra e o amigo cheiraram a noite inteira. Débora estava alegre, porém cansada de ser interrompida pelos dois, que não paravam de falar um segundo, e acabou ficando com sono. Sombra, sem sono nenhum, foi com ela para o quarto.
No dia seguinte, o casal arriscou um passeio pelo Bixiga. Ao passarem por uma livraria, Sombra presenteou Débora com uma antologia poética de Bertolt Brecht. Aleatoriamente, ela abriu em uma página onde havia a fala de uma mulher apaixonada. O trecho lhe soou como um presságio:

> Eu quero partir com o homem que amo. Não quero saber quanto este amor me custará nem tampouco saber se ele me ama. Quero partir com o homem que amo.

A felicidade de Débora com Sombra fora das grades não durou muito tempo.
Em agosto de 1986, Sombra foi recapturado, mas logo em seguida conseguiu fugir. Isso ocorreu outras duas vezes, até que, a partir de janeiro de 1988, os dois viveram o maior período de convívio seguido um junto ao outro: dois anos e três

meses. Durante boa parte desse período, Sombra e Débora moraram juntos no interior do Paraná, mas sempre perto de São Paulo.

Em nenhum momento Sombra parou de cometer os assaltos pelos quais granjeava sua reputação. Os ladrões se sentiam seguros quando roubavam com ele. Pouca gente sabe, mas foi Sombra quem ensinou Marcos Massari, o "Tao" (no futuro, o maior colaborador do Gradi – Grupo de Repressão e Análise dos Delitos de Intolerância –, o serviço de inteligência da Polícia Militar), a roubar bancos. Os dois foram grandes amigos.

E é verdade, também, que nem sempre esses roubos eram bem-sucedidos. Em agosto de 1989, Sombra, Tao e outros parceiros tentaram assaltar o Banco América do Sul, na rua Senador Feijó, no centro velho. Mas um dos assaltantes acabou ferido, a quadrilha fugiu sem levar um centavo e ainda precisou balear um vigia, que morreu horas depois no hospital.

Contudo, apenas dois meses mais tarde, o bando se redimiu e literalmente varreu os caixas do banco Nacional, também na região central da cidade.

A quadrilha de Sombra aterrorizou a população de Sorocaba, Ribeirão Preto, Leme, Piracicaba e Araras. Ele conhecia como ninguém as saídas dessas cidades, onde ficavam as vicinais e as estradas de terra, e nunca chegou a ser preso em flagrante no interior, onde respondeu a dezenas de processos por roubo.

Até que, em abril de 1990, "a casa caiu" para Sombra. Com efeito, eram muitos os investigadores que desejavam capturá-lo, até porque sabiam que isso certamente resultaria em "acerto", ou seja, dinheiro na mão. Sombra estava na Cidade Ademar quando foi detido por policiais da Delegacia de Roubos a Bancos. A fim de continuar solto, dispôs-se a pagar propina. Seu erro, contudo, foi o de se deixar conduzir ao antigo prédio do Deic (Departamento Estadual de Investigações Criminais), na avenida Brigadeiro Tobias, no centro. Porque, lá, outros policiais o reconheceram e o acerto resultou em cilada para o bandido, que foi definitivamente encarcerado.

Detido ao longo de toda a década de 1990, Sombra passou por diversas penitenciárias. Primeiro foi levado para a Casa de Detenção, no Carandiru, na zona norte de São Paulo, onde ficou um ano e meio. Entretanto, como precisava sumariar – responder a processos – em cidades do interior, ele era continuamente encaminhado para outras unidades prisionais.

Assim como outras tantas mulheres e mães de presos, Débora acompanhou os passos do marido em várias prisões no interior, na capital e na Grande São Paulo, como se também ela cumprisse pena. Nunca perdia um dia de visita, nos fins de semana, sempre levando consigo o "jumbo" – a sacola com alimentos e produtos de higiene pessoal – para Sombra.

Mas, durante todo o tempo em que esteve preso, o que mais pesou para ele foram as suas cinco passagens pela Casa de Custódia e Tratamento de Taubaté. Conhecida principalmente como o "Piranhão", também era muitas vezes chamada pelos presos de "Caverna", de "Fábrica de monstros" ou até de "Campo de concentração". Ninguém queria ir para lá. Para os presidiários, um dia no Piranhão equivalia ao sofrimento acumulado em um ano em outra carceragem. O preso ficava isolado e não tinha acesso a rádio ou TV. Sombra chegou pela primeira vez ao Piranhão em novembro de 1992. E foi lá também que, no ano seguinte, ele conheceu aqueles que viriam a constituir sua nova família.

Embriões

O dia 2 de outubro de 1992 deverá ficar muito tempo na memória da população carcerária brasileira. Ou, como dirá o estatuto do PCC, o Primeiro Comando da Capital, de toda a "sociedade brasileira". Sombra ainda se encontrava na Penitenciária de Avaré quando, na capital, 111 presos do Pavilhão 9 da Casa de Detenção foram executados por PMs da Tropa de Choque.

A Casa de Detenção, com nove pavilhões, e a Penitenciária do Estado, com três pavilhões, faziam parte do chamado Complexo do Carandiru, que também compreendia a Penitenciária Feminina da Capital e o antigo Centro de Observações Criminológicas. Por isso o episódio ficou mundialmente conhecido como o "Massacre do Carandiru".

O massacre no maior presídio da América Latina teve péssima repercussão internacional. Mas, em São Paulo, imediatamente após os primeiros informes, os telefones das principais emissoras de rádio não paravam de tocar. Muita gente queria saudar a atitude dos PMs. Alguns lamentavam que o número de mortos não fosse maior. Outros defendiam até a implosão do presídio com os detentos restantes dentro das celas.

A verdade é que 80% das vítimas do Carandiru sequer haviam sido condenadas pela justiça, sendo que, em outubro de 1992, 66% dos detentos recolhidos na Casa de Detenção eram condenados por assalto e os casos de homicídios representavam apenas 8%.[1]

Alguns anos depois, o coronel Ubiratan Guimarães, que participou da invasão ao presídio, foi eleito, como suplente, deputado estadual pelo PSD de São Paulo, utilizando o final 111 no registro de sua candidatura, numa referência ao total de mortos no massacre. Em 2001, Guimarães foi condenado a 632 anos de prisão pela sua responsabilidade nas mortes do Carandiru, mas recorreu em liberdade. Nas eleições de 2002, o coronel voltou a ser eleito deputado em São Paulo, agora pelo PTB, com mais de 50 mil votos. Em fevereiro de 2006, na condição de parlamentar, ele foi julgado pelo órgão especial do Tribunal de Justiça do Estado de São Paulo, no

---

1. Segundo relatório disponível nos sites www.dhnet.org.br e www.social.org.br. Acesso em: 23 de fevereiro de 2017.

caso do massacre do Carandiru. Os desembargadores o absolveram por entender que o oficial "agiu no estrito cumprimento do dever legal". Em setembro de 2006, Ubiratan foi assassinado a tiros em seu apartamento nos Jardins. A ex-namorada dele, a advogada Carla Cepolina, foi acusada pelo crime, mas acabou absolvida por falta de provas. Uma década depois, em setembro de 2016, o Tribunal de Justiça do Estado de São Paulo anulou o julgamento de outros 74 PMs condenados por envolvimento na matança dos 111 presos. As condenações haviam ocorrido em cinco etapas diferentes, entre os anos de 2013 e 2014. As penas variavam de 48 a 624 anos de reclusão. Os réus puderam recorrer da sentença em liberdade. Porém, em 11 de abril de 2017, o Tribunal de Justiça determinou que os PMs irão a novo júri. Até hoje, ninguém foi punido pelo massacre do Carandiru.

O drama do massacre ainda povoava a cabeça de Sombra, menos de um mês após o episódio, quando ele então foi transferido para o Piranhão.

Numa manhã de novembro, Sombra conheceu, durante o banho de sol, o preso César Augusto Roriz Silva, o "Cesinha". O pátio da Casa de Custódia e Tratamento de Taubaté marcaria, assim, o início de uma sólida amizade. Sombra e Cesinha certamente conversaram bastante sobre a barbárie do Pavilhão 9. Enquanto o último era contido, o primeiro só falava em revide. Tanto que vibrou ao saber do assassinato de um PM:

– Viu o que acharam com o morto? – Sombra perguntou ao amigo. E continuou, eufórico: – Uma faixa dizendo "Agora só faltam 110"!

Mas Cesinha não lhe trazia boas-novas:

– E você soube que o Miza andou cagando, aqui, no meio do pátio, e depois ainda comeu a própria merda!?

– Ãhh!!! Mizael enlouqueceu?

Mizael Aparecido da Silva era um retrato fiel dos maus-tratos nas prisões. Ele ficou seis anos no Piranhão – de 1985 a 1991 – sem receber uma visita sequer. O isolamento fez com que o presidiário literalmente surtasse durante um banho de sol.

– Pois então, irmão – Cesinha comentou. – A gente tem que bolar alguma coisa aqui dentro também, tá ligado? Porque daqui a pouco é a gente que vai tá comendo merda, tá ligado?

Segundo as mulheres dos detentos, no Piranhão, diretores e agentes penitenciários batiam nos presos sem preocupação de esconder a fama de torturadores. Jogavam água fria em prisioneiros doentes e com febre. A comida também era péssima. A fim de aguentarem a refeição, os detentos sempre pediam limão e farinha para as visitas. Não era raro surgir um inseto em meio à comida, e não necessariamente morto.

– Filhos da puta!! – berrou Sombra, no que uma barata correu de seu prato. – Merda! Merda! Eu *mato* vocês!

Ainda segundo declarações das mulheres dos presos, os agentes penitenciários usavam várias estratégias para irritar os detentos. Uma delas era acender a luz à noite, de hora em hora, para não deixar os sentenciados dormirem. Outra era não dar a descarga do banheiro dos presos. O equipamento ficava do lado de fora das celas e só o funcionário podia acessá-lo.

Nem as mulheres dos detentos eram poupadas. Nos dias de visita, todas eram obrigadas a passar por um corredor formado por funcionários armados de canos de ferro.

Mas, além da revolta com o massacre dos 111 presos e dos maus-tratos no Piranhão, os detentos de Taubaté também tinham outro forte motivo para se organizar, descontentes que estavam com a Lei do Crime Hediondo, criada em 1990. Pois até hoje são considerados crimes hediondos o sequestro, o tráfico de drogas, o estupro e o latrocínio (roubo seguido de morte). Os detentos condenados por algum desses delitos não podem ter benefícios, como, por exemplo, o direito ao regime semiaberto. Em Taubaté, boa parte dos presidiários era composta de traficantes, sequestradores ou latrocidas. Alguns eram primários, mas, por terem sido condenados por tráfico ou sequestro, deveriam cumprir a pena integralmente em regime fechado, sem regalias. Sombra era condenado a 218 anos e quatro meses de prisão; Cesinha, a 142 anos.

– Você já assinou o dois oito oito? – Sombra perguntou ao amigo.

Duzentos e oitenta e oito (288) é o número do artigo referente à formação de bando ou quadrilha no código penal brasileiro.

– Eu já assinei o dois oito oito, já assinei o cento e vinte e um, homicídio...

– O um cinco sete também?

– Roubo. Assinei, claro.

Os laços de união dos detentos do Piranhão se consolidavam a cada dia. Em Taubaté, Cesinha reencontrou um velho amigo de infância: "Playboy" (Marco Willians Herbas Camacho), também conhecido como "Marcola", um dos maiores ladrões de banco do país. Ambos cresceram juntos no Glicério, região central de São Paulo. Trombadinhas, tiveram várias passagens pela Febem, a Fundação Estadual para o Bem-Estar do Menor.[2] Mas, ao contrário de Sombra e Cesinha, Playboy jamais havia assinado um "121", ou seja, um homicídio.

---

2. Em 23 de dezembro de 2006, o então governador Claudio Lembo sancionou a Lei nº 12.469, que alterou o nome da Febem (Fundação Estadual para o Bem-Estar do Menor) para Fundação Casa (Fundação Centro de Atendimento Social ao Adolescente).

Dos três, Playboy parecia ser mesmo o mais pacifista. E o mais entusiasmado com a ideia de uma organização dos detentos era Cesinha. Ele só tinha o 1º grau, mas vinha de uma família de classe média e de boa formação cultural. Já Sombra, que estudou até a 7ª série, tentava compensar a baixa escolaridade mantendo ao menos o hábito, raro entre os presos, da leitura.

Agora eles aproveitavam os horários restritos de banho de sol no Piranhão não apenas para andar, exercitar as pernas e melhorar a circulação sanguínea. Cesinha, Playboy, Sombra e, ao recuperar-se, também Mizael passaram a usar os seus esporádicos encontros no pátio do Piranhão para consolidar a criação de uma espécie de "sindicato" dos detentos.

Paralelamente, as mulheres dos presos do Piranhão também se aproximavam. Para visitarem seus maridos, muitas viajavam no mesmo ônibus e se hospedavam na mesma pensão. Sem falar que, no presídio, nem todas davam atenção a seus maridos somente. Débora, por exemplo, foi fundamental para a recuperação psicológica de Mizael.

Um tempo depois de se juntar a Sombra, Débora começou a se interessar por meditação e filosofia oriental, até que se converteu definitivamente ao budismo. Assim, foi com vários livros sobre o assunto e outras tantas conversas que Débora primeiramente ajudou Mizael. Mas seu auxílio não se restringiu a isso, pois ela logo apresentou ao presidiário uma amiga, Every, que passou a lhe fazer visitas. Rapidamente o estado físico de Mizael também melhorou.

Mas era por Cesinha que Débora nutria um carinho especial:

– É o meu preferido – ela confessou certa vez.

– *Preferido*, coração? – respondeu-lhe Sombra, brincando, pois de fato não tinha ciúmes do amigo. À época, Cesinha inclusive namorava uma mulher conhecida como Tuca, mas ela era portadora do HIV e logo faleceu. Então Cesinha arrumou outras namoradas, mas nunca tinha sorte. Manteve um romance com uma evangélica que logo desapareceu. Então se envolveu com a irmã de um amigo, que, além de sumir também, lhe roubou 3 mil reais.

Em 1991, Cesinha cumpria pena na Penitenciária I de Avaré quando descobriu que tinha aids. Desde então, andava sempre muito nervoso, diziam. Até que, numa certa manhã, Cesinha brigou com um preso. Irado, pegou uma grande faca – o "golias" – e, sem hesitar um só momento, cortou a cabeça de seu rival.

Cesinha lançava a sua marca; e aquela que, anos depois, seria também uma marca do PCC: o degolamento dos inimigos.

Cesinha estava no Piranhão justamente por causa dessa atrocidade. Mas, também em Taubaté, ele só confirmava a fama de violento. Em 1993, ele e um parceiro mataram dois detentos. Enlouquecido, segundo outros presos e mulheres dos líderes do PCC, Cesinha teria bebido o sangue e trocado o coração dos mortos.

Tais barbarismos lhe custaram sete anos de isolamento em Taubaté, de 1991 a 1998, com exceção apenas de um breve intervalo. Desnecessário dizer que o longo tempo no Piranhão só fez aumentar o ódio em seu coração e em sua mente.

Em maio de 1993, os presos do Piranhão fizeram uma primeira manifestação para denunciar os maus-tratos que sofriam. Esse protesto depois foi chamado de "Bateria".

A Casa de Custódia e Tratamento de Taubaté foi construída com 160 celas individuais. Assim, como forma de protestarem contra a direção da unidade prisional, e na impossibilidade de se articularem de outra forma, alguns presidiários combinaram de bater sem parar nas grades de suas celas.

Visando justamente escapar do castigo e, assim, continuar recebendo visitas, Sombra e Playboy ficaram de fora da Bateria. Somente dessa forma poderiam denunciar o espancamento de um preso recém-chegado de Campinas por funcionários do presídio. O detento apanhou tanto que precisou levar 25 pontos na cabeça.

Os presos fizeram revezamento. Enquanto uns dormiam de cansaço, outros continuavam fazendo barulho. As batidas nas grades seguiram por quase uma semana.

Revoltada, a vizinhança do presídio providenciou até um abaixo-assinado pedindo mesmo a desativação do Piranhão.

Chegado o domingo, tanto Débora como Ana (Ana Maria Olivatto, uma importante advogada dos presos, à época casada com Playboy) precisaram esperar quase três horas para ver seus respectivos maridos, pois o diretor-geral do presídio, José Ismael Pedrosa, não estava permitindo as visitas.

Sombra e Playboy pediram às suas mulheres que entrassem em contato com representantes da Pastoral Carcerária, com a Ordem dos Advogados do Brasil, com entidades de direitos humanos e com a imprensa. As duas não perderam tempo: já no dia seguinte, um deputado estadual do PT do Vale do Paraíba, dois padres da Pastoral Carcerária e um representante da OAB se reuniram com a direção do Piranhão e pediram para visitar os presos. Pedrosa não pôde deixar de atender ao pedido. Contudo, tentava convencer o grupo de que era arriscado ir até as celas do fundo do presídio:

– Senhores, lá estão os detentos mais perigosos.

Porém a comissão percorreu cela por cela. Agentes penitenciários acompanharam todos os passos dos padres, do parlamentar e do advogado, tentando convencê-los de que o detento ferido no crânio havia, sim, caído de sua cama e batido a cabeça no chão. Só não sabiam que o deputado presente era também um médico-legista. E, apenas olhando o preso a certa distância, o parlamentar constatou que os ferimentos foram provocados por tortura e espancamento.

A mulher de Sombra comandou vários protestos contra as promessas não cumpridas do diretor-geral de Taubaté, como a do aumento do período de banho de sol, ou a de permissão para que os presos tivessem acesso a jornais e revistas e até a autorização para jogar futebol. Débora e um grupo de mulheres chegaram a fazer uma manifestação em frente à casa do próprio Pedrosa, situada próxima ao presídio. Na ocasião, a Polícia Militar foi chamada e cercou a área.

A determinação e a coragem de Débora ao lutar pelos direitos dos presos chamaram a atenção de outras mulheres. Isso as uniria ainda mais, e aos presos também. A "Bateria", assim como as ações conjuntas de Débora, Ana e outras mulheres, apenas marcou o início de uma organização que, embora incipiente, já incomodava certas autoridades do sistema prisional.

Nascimento e estatuto

Em 31 de agosto de 1993 nasceu o "Primeiro Comando da Capital", também chamado pelos presos de "Partido do Crime". A facção era denominada principalmente pelas suas iniciais (PCC). Mas a numeração 15.3.3 também era muito usada. Ela obedecia ao chamado "Alfabeto Congo", um sistema de codificação já utilizado pelo Comando Vermelho nos anos 80, ou, ainda antes, pelos presos políticos nos anos 1970. Os números correspondiam à ordem das letras da sigla no alfabeto, o "P" correspondendo à décima quinta e o "C" à terceira letra.

A facção também adotou o já famoso slogan do CV: "Paz, Justiça e Liberdade".

Ao que parece, o nome da organização foi escolhido durante uma manhã de futebol entre os detentos do Piranhão. Pois, para evitar qualquer outra manifestação similar à Bateria, José Ismael Pedrosa acabou autorizando a pelada dos presidiários.

E logo foi sugerido o nome "Comando da Capital" para batizar o time vencedor do dia, todo formado por detentos transferidos de São Paulo para Taubaté.

O futebol e os assassinatos selaram o nascimento do "Partido". Naquela manhã, Cesinha matou dois rivais. Foram as primeiras mortes no Piranhão, justamente no dia da fundação do PCC.

Desta fundação participaram Mizael, Cesinha e os detentos "Geleião" (José Márcio Felício), "Eduardo Cara Gorda" (Wander Eduardo Ferreira), "Paixão" (Antônio Carlos Roberto da Paixão), "Isaías Esquisito" (Isaías Moreira do Nascimento), "Dafé" (Ademar dos Santos) e "Bicho Feio" (Antônio Carlos dos Santos). Eram os que então tomavam o banho de sol e jogavam ou torciam pelo time da "capital".

Naquela manhã, Sombra e Playboy, em raio separado dos outros, permaneceram trancados em suas celas.

Foi Mizael quem redigiu e escreveu a caneta o estatuto com os 16 artigos do Partido do Crime. Ele também idealizou o emblema da facção, influenciado pelos livros de filosofia oriental e meditação emprestados por Débora.

– São dois peixinhos!?

– Dois girinos, Sombra. E cada um não tem esse olhinho? É porque o branco tem o preto e o preto tem o branco, sacou? O Tao é o símbolo da filosofia oriental, ele é representado pelo Yin e o Yang, as duas forças do universo.

– E daí?

– Daí que o Tao simboliza o bem e o mal, o equilíbrio das coisas, do positivo e do negativo, da vida e da morte...

– E daí, Miza?

– Porra, daí que a gente tem que aprender a escutar o Tao, cara. Os taoistas procuram as respostas das coisas na meditação, e na contemplação também.

O próprio Mizael brincou:

– Eles se alimentam de ar, Sombra. O taoista, ele se alimenta só com a respiração.

Sombra não perdeu a oportunidade:

– Você virou chinês depois que comeu ar ou depois que comeu merda?

– Filho da puta, me deixa em paz.

– Ou tá cagando regra?

– Sai fora!

Mas as leituras até que proporcionaram a Mizael um conhecimento razoável. Ele já falava de teosofia com os amigos detentos, da "união do homem com a divindade", de bramanismo, da "mais alta das castas hindus, a do homem livre", de budismo tibetano, de práticas mentais de ioga.

Para ingressar na facção, os presos tinham de ser "batizados" e prestar um juramento de lealdade. Também era necessário já ter um padrinho na facção.

O padrinho de Sombra e de Playboy foi Cesinha, que dizia só batizar os "sangue bom". Outro futuro líder da facção que Cesinha batizou já nessa época foi o detento "Bandejão" (José Eduardo Moura da Silva).

Assim se formaram, na Casa de Custódia e Tratamento de Taubaté, então o presídio modelo e de maior segurança no estado de São Paulo, a cúpula e o primeiro escalão do PCC.

Sombra foi o primeiro a sair do castigo no Piranhão, tornando-se o apóstolo inicial da facção numa segunda penitenciária. Assim que saiu da Casa de Custódia, em janeiro de 1994, ele passou a difundir as ideias do "Partido" no sistema prisional.

Na Penitenciária de Araraquara, para onde foi inicialmente transferido, Sombra, com seu espírito de liderança, conquistou rapidamente dezenas de adeptos. Por ser o primeiro batizado da facção, Sombra sempre teve o direito de batizar novos "soldados" e de dizer quem era ou quem não era "irmão".

Por outro lado, nem todos os fundadores chegaram a atuar de maneira relevante pelo "Partido". Ainda se sabe, por exemplo, pouco sobre o "Isaías Esquisito", condenado a 34 anos por roubos e homicídio, portador do vírus HIV e falecido em 5 de outubro de 1995, na Penitenciária do Estado. O mesmo se pode dizer com relação ao detento "Paixão", condenado a 26 anos, também por roubos e homicídio. Paixão não resistiu ao regime atroz no Piranhão e cometeu suicídio, por enforcamento, em sua cela, no dia 26 de agosto de 1996.

Logo após Sombra, Cesinha também deixou Taubaté. Seu novo endereço, em maio de 1995, passou a ser a Penitenciária do Estado, no Carandiru. Também chamada de "Mercadão" pelos presos, havia de tudo na Penitenciária, todos os tipos de detentos condenados pelos mais variados delitos: latrocidas, homicidas, traficantes etc. Havia sequestradores, como os do grupo acusado de atacar o empresário Abílio Diniz, dono do grupo Pão de Açúcar, em 1989, às vésperas das eleições para presidente da República. Também havia muitos estrangeiros, a maioria "mulas", ou seja, homens contratados para transportar drogas.

Cesinha também batizou dezenas de presos em poucos dias, inaugurando, assim, aquele que viria a ser um dos mais fortes e principais redutos do PCC. Porém, logo ele se meteu em uma briga e matou um rival. E por isso foi mandado, em julho de 1995, outra vez para a Casa de Custódia e Tratamento de Taubaté, onde permaneceria por mais três anos.

Aos poucos, outros fundadores e também novos batizados do PCC iam deixando o castigo na Casa de Custódia e pegavam o "bonde" para outras unidades. A sigla PCC e o número 15.3.3 se espalharam rapidamente nas penitenciárias, nas cadeias públicas e também nas carceragens dos distritos policiais de São Paulo. Nos muros, nas paredes das celas, nos pátios, nos corredores, nas portas de aço; escritos com spray, giz, caneta esferográfica, tinta, pincel ou vassoura, o que estivesse mais à mão.

A facção mandou inclusive confeccionar camisetas com a sigla, o número e o símbolo do PCC. Muitas traziam a estampa de Ernesto Che Guevara.

Com forte teor político, o estatuto do PCC assustou funcionários e diretores do sistema prisional. Quando o documento chegou à Assembleia Legislativa, a CPI estadual do crime organizado logo cobrou explicações da Secretaria Estadual da Administração Penitenciária.

Não demorou muito, o Sombra foi mandado de volta para o Piranhão.

Como lembra Débora, seu marido teria afirmado para o diretor:

– O PCC foi fundado por nove pessoas. Oito presos e o senhor!

Para ele, o diretor-geral da Penitenciária de Taubaté era o principal responsável pela linha dura no presídio. Além disso, Sombra bem o sabia, quando do massacre do Carandiru, era Ismael Pedrosa o diretor-geral da Casa de Detenção.

Se muitos brasileiros lembram do que faziam no domingo em que o piloto Ayrton Senna sofreu um acidente mortal, realmente poucos podem dizer o mesmo em relação ao massacre dos 111 presos no Carandiru.

Em outubro de 1992, Caveirinha ainda não era conhecido por nenhum pseudônimo e nem trabalhava como repórter policial. Na tarde em que ocorreu a chacina do Carandiru, ele provavelmente se encontrava dormindo em sua casa. Então subeditor da rádio Eldorado, uma das empresas do Grupo Estado, Caveirinha trabalhava durante toda a noite preparando a edição do jornal que ia ao ar das seis até as nove da manhã.

O próprio Caveirinha, na madrugada do dia seguinte, preparou a matéria sobre o massacre. Mas nem ele podia supor que o seu envolvimento com a questão seria ainda tão maior.

Ele começou a trabalhar em editoria de polícia em 1988, no *Diário Popular*. De 1990 até 1995, trabalhou na maioria das rádios de São Paulo, como redator, subeditor e editor, até que, em setembro de 1995, ele retornou ao *Diário*. (Em maio de 2001, o jornal mudou de dono – Orestes Quércia o vendeu para as Organizações Globo – e, em setembro do mesmo ano, passou a se chamar *Diário de S. Paulo*.) Em abril de 2004, porém, o repórter passou a integrar a equipe do *Jornal da Tarde*, uma das empresas do Grupo Estado.

Caveirinha foi um dos primeiros a falar sobre o PCC e a sua coligação com o CV. Mas isso foi só em 1997. Porque, apesar do seu alastramento dentro das prisões, o PCC ficou na clandestinidade durante três anos e nove meses, até maio de 1997, quando a repórter Fátima Souza, da Rede Bandeirantes de Televisão, apurou e denunciou a existência da facção. Ela entrevistou o deputado estadual Afanásio Jazadji, a primeira pessoa a denunciar a existência do Partido do Crime.

No dia 25 de maio, o *Diário Popular* levou a público a manchete: "Partido do Crime comanda rebeliões". Na editoria de Polícia, o título da matéria principal era: "Partido do Crime agita cadeias". Caveirinha, de posse de uma cópia do estatuto do PCC, publicou na íntegra os seus 16 artigos, os quais postulavam:

1 – Lealdade, respeito e solidariedade acima de tudo ao Partido.

2 – A luta pela liberdade, justiça e paz.

3 – A união na luta contra as injustiças e a opressão dentro da prisão.

4 – A contribuição daqueles que estão em liberdade com os irmãos dentro da prisão, por meio de advogados, dinheiro, ajuda aos familiares e ação de resgate.

5 – O respeito e a solidariedade a todos os membros do Partido, para que não haja conflitos internos – porque aquele que causar conflito interno dentro do Partido, tentando dividir a irmandade, será excluído e repudiado pelo Partido.

6 – Jamais usar o Partido para resolver conflitos pessoais contra pessoas de fora. Porque o ideal do Partido está acima dos conflitos pessoais. Mas o Partido estará sempre leal e solidário a todos os seus integrantes para que não venham a sofrer nenhuma desigualdade ou injustiça em conflitos externos.

7 – Aquele que estiver em liberdade, "bem estruturado", mas esquecer de contribuir com os irmãos que estão na cadeia, será condenado à morte sem perdão.

8 – Os integrantes do Partido têm de dar bons exemplos a serem seguidos. E, por isso, o Partido não admite que haja: assalto, estupro e extorsão dentro do Sistema.

9 – O Partido não admite mentiras, traição, inveja, cobiça, calúnia, egoísmo e interesse pessoal, mas sim a verdade, a fidelidade, a hombridade, solidariedade e o interesse comum de todos, porque somos um por todos e todos por um.

10 – Todo integrante terá de respeitar a ordem, a disciplina do Partido. Cada um vai receber de acordo com aquilo que fez por merecer. A opinião de todos será ouvida e respeitada, mas a decisão final será dos fundadores do Partido.

11 – O Primeiro Comando da Capital – PCC – fundado no ano de 1993, numa luta descomunal, incansável contra a opressão e as injustiças do Campo de Concentração, "anexo" à Casa de Custódia e Tratamento de Taubaté, tem como lema absoluto "a Liberdade, a Justiça e a Paz".

12 – O Partido não admite rivalidade interna, disputa de poder na Liderança do Comando, pois cada integrante do Comando saberá a função que lhe compete de "acordo" com sua capacidade para exercê-la.

13 – Temos de permanecer unidos e organizados para evitarmos que ocorra novamente um massacre semelhante ou pior ao ocorrido na Casa de Detenção em 2 de outubro de 1992, onde 111 presos foram covardemente assassinados, massacre esse que jamais será esquecido na consciência da sociedade brasileira.

14 – Porque nós do Comando vamos sacudir o sistema e fazer essas autoridades mudarem a política carcerária, desumana, cheia de injustiça, opressão, tortura e massacres nas prisões.

15 – A prioridade do Comando no momento é pressionar o governador do Estado a desativar aquele Campo de Concentração, "anexo" à Casa de Custódia e Tratamento de Tau-

baté, de onde surgiu a semente e as raízes do Comando no meio de tantas lutas inglórias e tantos sofrimentos atrozes.

16 – Partindo do Comando Central da Capital do QG do Estado, as diretrizes de ações organizadas e simultâneas em todos os estabelecimentos penais do Estado, numa guerra sem trégua, sem fronteiras, até a vitória final.

O importante de tudo é que ninguém nos deterá nesta luta porque a semente do Comando se espalhou por todos os Sistemas Penitenciários do Estado e conseguimos nos estruturar também do lado de fora com muitos sacrifícios e muitas perdas irreparáveis, mas nos consolidamos em nível estadual e a médio e longo prazo nos consolidaremos em nível nacional. Em coligação com o Comando Vermelho (CV) e o PCC iremos revolucionar o país de dentro das prisões e o nosso braço armado será o Terror "dos Poderosos", opressores e tiranos que usam o Anexo de Taubaté e o Bangu I do Rio de Janeiro como instrumento de vingança da sociedade na fabricação de monstros. Conhecemos a nossa força e a força de nossos inimigos. Poderosos, mas estamos preparados, unidos, e um povo unido jamais será vencido.

Liberdade, justiça e paz!!!

O quartel-general do PCC, Primeiro Comando da Capital,
em coligação com o Comando Vermelho – CV.
"Unidos Venceremos"

No dia seguinte, a *Folha de S.Paulo* também publicou o estatuto. E, no entanto, o então secretário estadual da Administração Penitenciária, João Benedicto de Azevedo Marques, em entrevista coletiva, apenas afirmou, convicto:
– Tudo isso não passa de ficção. Em São Paulo não existe crime organizado.

Ascensão

Em 1995, Sombra saiu novamente de Taubaté. Dessa vez, transferiram-no para a Penitenciária I de Presidente Venceslau, onde ficou dois meses na solitária, chamada de pela-porco, e mais um mês no convívio normal com os demais detentos.

Na ocasião, Débora contou que Sombra foi chamado de sociopata pela direção do presídio, mas o curto período do detento em Venceslau não o impediu de, novamente, batizar dezenas de presos, fazendo desta penitenciária um importante reduto da facção.

Nos anos seguintes, Sombra voltaria ainda outra vez ao Piranhão. Depois, ficaria mais dois anos na Penitenciária José Parada Neto, em Guarulhos. Durante esse período, seu prestígio apenas cresceu. Sombra era até chamado de "pai" por muitos detentos.

Em 1999, uma tentativa malsucedida de fuga seria o suficiente para que a direção de Guarulhos não o quisesse mais na unidade. Sombra foi então enviado para a Penitenciária do Estado.

No Mercadão, ele logo voltaria a incomodar.

Em 1998, Cesinha, Mizael e Geleião – este último foi outro fundador a ganhar destaque na facção ao longo dos anos – foram transferidos para a Penitenciária de Campo Grande, no Mato Grosso do Sul, e, logo em seguida, para Piraquara, no Paraná, numa espécie de permuta de detentos deste estado com São Paulo.

Os três precisaram de poucos dias para ganhar o respeito da população carcerária de Piraquara. Depois de um novo período em Campo Grande, Cesinha, Mizael e Geleião retornaram ao Paraná, onde permaneceram até 2001.

Suas idas e vindas não os deixaram sem comunicação com os fundadores e líderes do Partido do Crime, pois, ao saírem do Piranhão, em 1998, o telefone celular já funcionava a todo vapor nas prisões. Do lado de dentro das cadeias, os detentos mantinham contatos diários com outros presos e também com parceiros das ruas. Planejavam assaltos, comandavam o tráfico, combinavam ações de resgate, mandavam matar inimigos, contratavam gente para cavar túneis de fora para dentro das prisões.

O telefone móvel entrava nas cadeias por meio da corrupção de agentes penitenciários e também de outros funcionários dos presídios, como médicos, enfermeiros ou dentistas. Ou então por intermédio das mulheres. Em 1999, o PCC pagava 200 reais para a mulher que entrasse com um celular no presídio.

Para isso, era necessário um pouco mais do que técnica ou simplesmente coragem, pois a mulher contratada não apenas introduzia o aparelho dentro da vagina. A fim de que o equipamento não caísse, quando, no presídio, já sem a calcinha, ela realizasse as constrangedoras flexões durante as revistas, o telefone era introduzido na horizontal. Foi dessa maneira que centenas de celulares pararam nas mãos dos presos em penitenciárias da capital, da Grande São Paulo e do interior.

As centrais telefônicas clandestinas constituíam outra poderosa arma da facção. Os detentos dos presídios paulistas podiam acessar rapidamente os chefes do PCC presos em Mato Grosso do Sul, no Paraná ou na Bahia. Algumas centrais permitiam que quatro presos falassem ao mesmo tempo em diferentes lugares. Graças a elas, também, os chefes do PCC podiam acompanhar a contabilidade da facção, feita com a ajuda das mulheres dos presidiários. O sistema de telefonia possibilitava que os detentos passassem muito tempo falando com advogados, mulheres, filhos, parentes e amigos. Ninguém pagava pelas ligações. Muitos aparelhos eram comprados com documentos falsos. No entanto a maioria dos telefones celulares dos presos era pré-pago, porque o aparelho pode ser adquirido sem a necessidade de documentos ou comprovante de residência e suas ligações dificilmente são rastreadas.

As centrais telefônicas eram as mais importantes armas do Primeiro Comando da Capital. Elas eram instaladas nas casas de parentes de detentos ou de egressos, todos integrantes direta ou indiretamente da principal facção criminosa paulista. Geralmente, o sistema de telefonia era operado por mulheres. O PCC mantinha bases nas regiões de Campinas, Vale do Paraíba, Ribeirão Preto, na Baixada Santista e também na capital.

O repórter Caveirinha lembra que participou de uma reunião com Madona e Cajarana, duas mulheres de presos do PCC. As duas haviam recebido más notícias, e Cajarana ligou para uma central telefônica do PCC, que funcionava em Campos Elíseos, na região central de São Paulo.

– Ô, Marina, por favor, pode me ligar com Iaras?

Nesse momento, era na Penitenciária de Iaras que estavam recolhidos alguns dos principais homens da facção criminosa. O presídio era chamado pela organização de "constelação", pois lá estariam algumas "estrelas" do PCC.

A chamada foi completada em poucos segundos.

– Eu queria falar com o Paulinho McLaren.

– Tá falando com ele – respondeu o presidiário.

— Paulinho, e aí, firmeza? Como estão os irmãos por aí?

— Cala a boca aê, galera. Firmeza, dona.

— Mas então avisa aí que, perto de vocês, em Avaré, a oposição já chegou na cozinha.

— Que que tá acontecendo lá?

— Parece que tão colocando veneno e caco de vidro na comida dos irmãos.

— Tá falando sério?

— Claro, porra. Senão eu não ligava. Foi um *advogado* que falou.

— Tô muito bolado.

— Então. Pede pros irmãozinhos ficarem espertos.

— Calma aê, porra...

— O quê?!

— O recado tá dado, dona Cajarana. Vou já dar o salve para os irmãos aqui do Comando.

— Agradeço muito. Fica em paz aí, irmão. Um beijo no seu coração.

— A gente que agradece, dona. Um beijo no seu coração também.

Dez minutos depois, já todo o sistema prisional paulista sabia do que estava ocorrendo em Avaré.

Revelações como essa terminavam por unir ainda mais as mulheres, as mães e os parentes dos presidiários. Durante os dias de visitas, no Complexo do Carandiru, o comentário nas filas da porta da Casa de Detenção e da Penitenciária do Estado então era um só:

— Os vermes estão envenenando a comida dos nossos irmãos.

Em 2001, as mulheres do PCC começaram a se reunir uma vez por semana para discutir os problemas carcerários, denunciar os maus-tratos, casos de tortura, analisar as situações processuais dos maridos e formar comissões para apresentar reivindicações às autoridades do sistema penitenciário e da Vara de Execuções.

O espírito de liderança era uma das características de Débora, a líder da ala feminina do Primeiro Comando da Capital. Principalmente por ser mulher de um dos "generais" do Partido do Crime, mas também por sua capacidade de discursar.

Logo as reuniões das primeiras-damas com as mulheres de chefes e de outros presos do PCC começaram a acontecer em uma sala na Câmara Municipal de São Paulo. Os encontros eram democráticos e "apartidários", ou seja, abertos para mulheres de detentos que não pertenciam a facções e até mesmo de outras organizações criminosas. Mas a quase totalidade era de mulheres de presidiários ligados ao Partido do Crime.

Por sua vez, também advogados, assessores de vereadores e deputados estaduais do Partido dos Trabalhadores, representantes de entidades de direitos humanos e da Pastoral Carcerária passaram a frequentar as reuniões. Devido ao aumento no número de participantes, os encontros começaram a ser realizados no salão nobre da Câmara Municipal. A autorização sempre era obtida graças ao empenho do vereador petista Vicente Cândido.

– Não entendemos como a Casa cede um espaço importante para esse tipo de gente – queixavam-se alguns policiais da Casa Militar da Câmara Municipal.

Igualmente indignado ficou o deputado estadual Conte Lopes, do PPB, que na época tinha um programa de rádio e criticou e culpou o PT pelos encontros dos parentes de presos nas dependências da Câmara Municipal.

Vicente Cândido, cuja campanha eleitoral já tivera o apoio de grupos musicais de hip-hop de prestígio entre a comunidade carcerária, rebateu as críticas, alegando:

– Eu defendo qualquer movimento em prol da dignidade do preso e da melhoria das condições do sistema prisional. Um dos grandes problemas dos detentos é justamente a falta de assistência jurídica.

Mesmo com a oposição, as reuniões se tornaram frequentes. Ainda em 2001, chegou a ser criada a Comissão de Parentes e Amigos de Detentos do Estado de São Paulo (Cepad). As reuniões eram realizadas na Câmara Municipal de São Paulo, geralmente às segundas e às quintas-feiras. Débora e Renata, duas das coordenadoras da comissão, atendiam mulheres e parentes de presos em dois plantões semanais. As principais queixas recebidas eram de maus-tratos aos detentos nas penitenciárias, nas cadeias públicas e nos distritos policiais. As mulheres e os parentes de presos também reclamavam das condições carcerárias. As queixas eram repassadas à SAP, a Secretaria da Administração Penitenciária.

Débora, Renata e suas companheiras da Cepad tinham outros sonhos: um deles era intensificar a luta para que os detentos pudessem cumprir a pena com dignidade, de maneira justa, e que os benefícios e direitos previstos na Lei de Execução Penal fossem respeitados. A outra meta de Débora, de Renata e das amigas era criar a Casa do Egresso para oferecer aos ex-presos assistência social, psicológica e jurídica. Padres, freiras e advogados da Pastoral Carcerária apoiavam a medida e sofriam críticas de setores mais conservadores da política paulista. Alguns agentes penitenciários filiados a partidos políticos de direita procuravam ridicularizar os trabalhos da Pastoral Carcerária, dando à entidade religiosa fiscalizadora dos direitos humanos a mesma sigla da principal facção criminosa paulista.

– Esse é o verdadeiro PCC, a Pastoral Carcerária Cristã – dizia um dos funcionários mais antigos da Casa de Detenção, conhecido e temido pela fama de torturador.

Na Cepad, o número de parentes de presidiários nas reuniões era cada vez maior. Todos podiam falar à vontade e apresentar suas reivindicações. A Cepad organizou palestras e também convidava, para falar sobre suas experiências, pessoas que já haviam passado por algum trauma no sistema prisional. Uma delas foi o advogado Anselmo Neves Maia, que esteve preso na Casa de Custódia e Tratamento de Taubaté:

– Estar no Piranhão é como ser enterrado vivo. O Piranhão não recupera ninguém. Ao contrário, transforma o reeducando em bicho, em fera. Faz o preso virar uma cobra venenosa, pronta para dar o bote. Os anos que passei em Taubaté foram certamente os piores de toda a minha vida.

Neves Maia afirmava ter sido injustamente acusado de envolvimento com o tráfico de drogas.

No salão nobre da Câmara Municipal, as mães e os parentes dos detentos ouviam atentamente o advogado. Neves Maia trajava um terno verde-escuro, usava gravata branca e sapatos pretos. A cor de sua pele não lembrava nem de perto a palidez dos detentos do Piranhão. Foi o advogado quem, numa dessas reuniões, disse que, em Avaré, onde foi implantado o primeiro Regime Disciplinar Diferenciado (RDD) em São Paulo, as refeições dos presos estavam sendo servidas com veneno e cacos de vidro.

A Cepad não durou muito, mas foi instituída para protestar contra o RDD, criado em 5 de maio de 2001. Esse regime continuou sendo adotado na Penitenciária I de Avaré, na antiga Casa de Custódia e Tratamento de Taubaté e no Centro de Readaptação Penitenciária (CRP) de Presidente Bernardes.[3] Trata-se de um sistema severo de castigo, para onde são mandados os presos chefes de facções criminosas e aqueles que, segundo avaliações e critérios da SAP, cometem falta grave. O detento não pode receber visita íntima, não tem acesso a rádio, jornal ou televisão, fica incomunicável e trancado na cela 22 horas por dia. Tem direito a apenas duas horas de banho de sol, em grupo de cinco, e a duas horas de visita no final de semana. Na primeira vez, o preso fica seis meses no castigo. Se voltar, fica pelo menos um ano.

---

3. Atualmente, no estado de São Paulo, o Regime Disciplinar Diferenciado é mantido apenas no Centro de Readaptação Penitenciária de Presidente Bernardes.

Primeiras-damas

Débora era articulada e também uma mulher grande, de modo que as outras mulheres se punham sempre ao seu redor. Sua contribuição com o Partido do Crime não foi pequena. Ela, que presenciou todo o começo do movimento, então explicava nas reuniões da Cepad:

– Aquilo que o governo achou que prejudicaria o contato entre os presos, na verdade, ajudou bastante. O preso que estava em presídios onde o PCC sempre foi forte, como a Penitenciária do Estado, a Casa de Detenção, Taubaté, Guarulhos, quando ele era transferido, levava para a nova unidade os ideais da facção.

O fato de não falar tantas gírias também lhe ajudava bastante nessas horas.

– E quais são esses ideais? Esses ideais são a paz, a justiça e a liberdade. São três palavras, que não são simplesmente palavras vazias. São palavras que devem ser encaradas no seu sentido mais literal; no seu sentido mais comum, mais óbvio. Eu sei que muitos as utilizam para justificar as maiores atrocidades, mas nem por isso nós devemos nos agarrar menos a elas. Um preso, mesmo preso, mesmo cumprindo castigo, tem o direito de estar sob a tutela da Justiça, o que, necessariamente, significa estar sob a tutela também da Paz e da Liberdade. É a Justiça quem dá o castigo, entrando num acordo com a Liberdade e a Paz, e nunca em desacordo com ela. Um cidadão pode perder os direitos básicos de um cidadão, pode perder o direito de ir e vir, mas ele não deixa nunca de ser um cidadão. Ou seja, ele jamais perde o direito de ser útil à sociedade como melhor lhe convier. Ele jamais perde o direito à esperança e à felicidade.

As frequentes remoções de detentos fortaleceram os laços de amizade não somente entre os "irmãos", mas entre as suas mulheres também. Débora conheceu Ana já em 1993, quando Playboy também foi transferido para o Piranhão. Com o tempo, as duas só foram se aproximando mais e mais.

Das primeiras-damas, Ana era a única com curso superior completo. Sua determinação até tirou Playboy temporariamente da cadeia. Mas, em liberdade, ele já não era carinhoso e nem fiel à esposa. Ao retornar para o xadrez, mantinha vários romances.

Então Ana teve os seus também. A advogada e o detento se separaram, mas um permaneceu bastante ligado ao outro. Nos momentos mais difíceis, Playboy sempre procurou Ana, e ela sempre correspondeu. Tanto que, quando ele foi removido para a Penitenciária da Papuda, em Brasília, ela era a única mulher a visitá-lo.

Por ser advogada, Ana era também, entre as primeiras-damas do Partido do Crime, a que tinha mais acesso às autoridades do sistema prisional. Ana mantinha bom relacionamento e "trânsito livre" na Secretaria da Administração Penitenciária e na Coordenadoria dos Estabelecimentos Penais do Estado de São Paulo.

Débora e Ana enfrentaram muitas situações difíceis com os integrantes do PCC. Ambas eram contra a violência e, ao deixarem de levar recados dos seus respectivos maridos, ordenando assassinatos dentro e fora das prisões, certamente evitaram tragédias.

A palavra de uma primeira-dama sempre era respeitada na hierarquia do PCC. O pedido da mulher de um fundador do Partido do Crime era uma ordem. Se ela desse um recado para algum "lagarto" da facção matar alguém, a ordem era cumprida sem questionamento. Mas esse pedido deveria ser sempre feito em nome do marido dessa mulher. Os "lagartos" são aqueles que obedecem às lideranças, aos "cobras" do PCC.

Mais tarde, Natália seria acusada justamente de se aproveitar desse poder, ou seja, de mandar matar pessoas por decisão própria e à revelia do marido.

Débora a conheceu em 1995. Na época, Natália era casada com Jonas, também preso no Piranhão. Jonas era chamado de "pé de pato", apelido dado aos justiceiros, matadores de bandidos. Ele era muito conhecido na Zona Sul de São Paulo, principalmente na região do Capão Redondo, e tornou-se um justiceiro depois que ladrões invadiram sua casa e estupraram e mataram uma pessoa de sua família. Cometeu dezenas de homicídios. Em Taubaté, ele só ficava no "seguro", ou seja, em cela isolada. Por ser matador de bandidos, não podia ficar no convívio normal com os demais detentos.

Natália tinha uma personalidade forte. Jamais abaixou a cabeça para outros presos ou para mulheres de detentos pelo fato de seu marido ser um matador de ladrões. No Capão Redondo, onde morava, Natália sempre foi considerada a mulher mais corajosa do bairro. Não tinha medo de enfrentar a Polícia e chegou uma vez a atear fogo numa viatura da Polícia Civil. Também sempre soube usar arma, de maneira que os bandidos a respeitavam.

Mas, talvez pelo fascínio próprio à figura de Débora, Natália logo simpatizou com ela. Foi Ana quem apresentou uma a outra:

– Natália, essa é a Débora, minha amiga do peito, mulher do Sombra, que tá lá em Taubaté e é amigo do seu irmão.

A advogada virou-se para a outra:

– Débora, essa aqui é a Natália, irmã do Ceará, marido da sua amiga Luc...

— É da família — compreendeu Natália, com simpatia.

Futuramente, Natália se tornaria uma grande amiga também de Sombra, indo visitá-lo várias vezes em Taubaté. Por sua vez, ele estenderia sua gratidão a Ceará e a Jonas, respectivamente irmão e marido de Natália.

Em agosto de 1996, quando o PCC já completava três anos de existência, Natália não só já era a melhor amiga de Débora como teve a oportunidade de provar isso. Num dia de visita no Piranhão, a mulher de um preso entrou no presídio com 40 gramas de crack na vagina e deixou as pedras do entorpecente no banheiro. Nesse momento, pelo menos dez mulheres estavam no salão de visitas à espera dos parentes, que ainda não haviam saído das celas. Até que um agente penitenciário achou a droga. Imediatamente os guardas do presídio disseram que ela pertencia à mulher de Sombra.

Débora passou pelo maior constrangimento de sua vida. Outras mulheres haviam entrado no banheiro, mas somente Débora, que em nenhum momento deixou o salão de visitas, foi detida.

— Agora, gorducha, você vai apodrecer no xadrez! — assustava-a o temido chefe de disciplina, apontando-lhe também o dedo indicador.

Débora foi escolhida como bode expiatório pelo chefe de disciplina porque, 15 dias antes, havia feito uma denúncia de tortura e maus-tratos contra ele. Assim, ele nem se preocupou em ouvir os funcionários que a inocentavam.

Uma agente penitenciária dizia com insistência e firmeza:

— *Eu* revistei ela! Eu sei que ela *não* entrou aqui com drogas! Tanto que havia sangue na embalagem e ela *não* está menstruada.

Ainda outro funcionário se pôs a seu lado, confirmando que a mulher de Sombra sequer tinha ido ao banheiro. Ainda assim, Débora, aos prantos, foi algemada e levada para a Delegacia de Polícia de Taubaté num camburão.

O chefe de disciplina não podia abandonar o plantão do presídio, então mandou dois funcionários acompanharem a mulher de Sombra até o distrito policial. Os PMs a xingaram durante todo o trajeto à delegacia, sendo que um deles disse ainda:

— Não esquece que uma mentira minha pro delegado vale mil verdades suas.

Nervosa, mas com plena certeza de poder provar sua inocência, Débora respondia ao funcionário, como se estivesse orando:

— Faça as coisas de acordo com a sua consciência. Você não me viu com drogas, mas faz o que você tem que fazer, com livre-arbítrio e consciência.

Sozinha na delegacia, tudo parecia a Débora muito confuso naquele momento. Ela disse ao delegado:

– Doutor, o sangue que está nessa droga não é meu. Eu não estou menstruada e posso provar. O exame de corpo de delito vai provar que eu sou inocente.

– Mas aqui em Taubaté não se faz esse exame – respondeu o delegado.

Débora não raciocinava bem. Já se prontificara a ficar presa até que o exame fosse realizado.

Até que Natália, acompanhada de sua cunhada, rompeu no distrito armando um grande barraco:

– Não foi ela! Não foi ela! Eu conheço a Débora! Eu vim aqui porque eu sei que não foi ela!

– Minha filha! Que barraco é esse? Isso aqui não é a casa da mãe J...

– Mas a gente só sai daqui com ela!!! – Natália esbravejou.

A convicção e o testemunho das amigas foram fundamentais, pois já anoitecia e Débora estava na delegacia desde as 14 horas. Ela precisou deixar uns fios de cabelo seus para que um exame de DNA fosse feito. E, de qualquer modo, a palavra final foi do delegado:

– Enquanto não sair a decisão da Justiça, você não poderá visitar seu marido.

Débora ficou cem dias sem poder ver Sombra. Ainda assim, viajava todas as semanas para Taubaté e levava o jumbo para o marido.

Segundo ela, o diretor do presídio ainda lhe propôs:

– Certo, a droga não era sua. Mas você sabe quem foi que trouxe.

– Doutor, mesmo que eu soubesse, eu não poderia falar. Mas, já que eu não sei, parece que eu nunca mais poderei ver meu marido.

Quando enfim o resultado do exame saiu, Débora ficou livre da acusação. Por conta da injustiça que lhe foi feita, o reincidente Sombra foi removido do Piranhão antes do término de seu castigo. A direção do presídio já pretendia transferi-lo para evitar tanto alguma represália do PCC quanto um processo contra o Estado.

Contudo, depois desse episódio, Natália não se separou mais de Débora. A mulher de Sombra dizia ter uma dívida de gratidão para com a amiga. E Natália lhe pedia que fosse morar com ela no Capão Redondo:

– Amiga, você é ingênua, você é boboca. Lá no Capão eu vou cuidar de você.

Demorou alguns anos, mas, em 1998, Débora aceitou o convite e as duas ficaram ainda mais unidas. Ao menos durante um tempo.

E, assim, Débora acompanhou o fim da relação de Natália e Jonas. Ela o visitou até 1999, mas Jonas, por ser justiceiro, enfrentava problemas na cadeia e era transferido de presídio para presídio. Durante esse período, acabou se tornando evangélico. Natália até frequentou algumas igrejas, mas não conseguiu se converter. A divergência religiosa contribuiu para a separação do casal.

Morando juntas, as duas amigas compartilhavam um telefone celular que já pertencia a Débora. O próprio Sombra ligava bastante para Natália, sobretudo porque ela o obedecia muitas vezes mais que Débora. Determinados pedidos Sombra só fazia para Natália, pois sabia que sua mulher se recusaria a cumpri-los.

Um dia, em janeiro de 2000, Natália atendeu ao chamado do celular, mas não era Sombra quem ligava, e sim Cesinha, que estava preso no Mato Grosso do Sul. Cesinha, na realidade, desejava conversar com Débora, mas se entendeu muito bem com Natália e, no mesmo dia, disse a Débora que queria conhecê-la. Que, mesmo sendo casado e portador do HIV, suas intenções eram as melhores possíveis. Natália já conhecia Cesinha de vista, da época em que visitou Jonas em Taubaté.

Como já havia prometido diversas vezes visitá-lo no Mato Grosso do Sul, Débora convidou Natália para acompanhá-la.

Atraída, mas sempre desconfiada, Natália disse à amiga:

– Eu só vou conhecê-lo se você disser que tudo bem.

Então Débora, que sempre gostou de Cesinha, deu o sinal verde para Natália. A morena ficou empolgada.

O encontro aconteceu em fevereiro de 2000. Por causa de Natália, Cesinha terminou de vez o relacionamento que ainda mantinha com outra mulher, que inclusive se mudara para o Mato Grosso do Sul para ficar mais próxima dele. Enquanto isso, para Débora, ele insistia, nesses termos:

– Eu amo muito a Natália. Ela vai mudar minha vida. E eu já conto com ela pra tudo.

Natália passou a ser mulher de um fundador do PCC. Agora, durante os dias de visita, apontavam para as duas:

– Olha a mulher do Cesinha e a do Sombra!

Débora não era casada com um fundador da facção, mas, por ser mulher de Sombra, até poderia se valer do status. E, em geral, as primeiras-damas gozavam de regalias.

– Primeira-dama que se preza não pega fila para entrar no presídio – disse uma delas ao repórter Caveirinha.

Enquanto isso, as outras mulheres precisavam chegar cedo para garantir lugar no começo na fila. Na Casa de Detenção, na época de Natal, para conseguir ver o marido, filho ou outro parente, muitas mulheres até acampavam na porta do presídio.

Naquela viagem das duas amigas para o Mato Grosso do Sul, enquanto Cesinha e Natália namoravam pela primeira vez, Débora aproveitou para visitar Geleião, amigo inseparável de Cesinha e outro dos oito fundadores do PCC. Este foi um encontro fraternal que o encheu de alegria.

Na ocasião, Débora só lamentou não ter podido conversar com Mizael, então de castigo em outro pavilhão do presídio. Quando soube do modo como Natália conheceu Cesinha, Mizael se encheu de ressentimento. Ele havia terminado seu casamento com a boa Every e agora namorava uma garota de 17 anos, chamada Daniela, que usava uma identidade falsa para entrar no presídio. Por ser garota de programa (e, portanto, "infiel"), Daniela era muito criticada por todos os amigos de Mizael. Seu comportamento não era considerado adequado à mulher de um preso, ainda mais de um preso como Mizael, o idealizador do PCC, respeitado em todo o sistema prisional brasileiro.

Mizael não escondia sua mágoa:

– Vocês me criticam porque eu namoro essa menina, mas ninguém critica o Cesinha, só porque foi a Débora que apresentou a Natália para ele.

Na realidade, os detentos gostavam de Natália porque ela tinha um comportamento rígido, dentro dos padrões do sistema prisional. Não aceitava falhas e criticava a "galinhagem" nas cadeias. Sabia que Cesinha tinha fama de mulherengo. Mas Cesinha, que já havia sido ludibriado por várias mulheres, via em Natália uma segurança há muito esquecida.

Quanto a Every, sua história foi, sem dúvida, a mais triste das mulheres dos oito fundadores do Partido do Crime. Doce, meiga, evangélica, Every não se importava com status ou poder e tinha um conceito imaculado de todos, sempre procurando ver o lado bom das pessoas. Também só enxergava o que Mizael tinha de melhor, talvez por isso não tenha suportado a ideia de ser trocada por uma bela menina de 17 anos.

Chegou a dizer para Débora que seu fim estava próximo:

– É só a casca que está dentro do meu corpo. Minha alma já foi embora.

– Menina – respondeu-lhe a amiga. – Você não sabe o que está falando. Força!

Mas Every sabia, sim, o que dizia. Ela foi definhando até que, dias depois, caiu na cozinha de sua casa e não levantou mais. Os médicos não apuraram a causa de sua morte, mas disseram que Every não teve enfarte ou qualquer outra doença. Seu corpo simplesmente parou de funcionar. Ela foi a primeira e única pessoa que Débora viu morrer, literalmente, de tristeza.

Em Taubaté, Débora costumava se hospedar em uma pensão onde morava uma moça chamada Diná. Numa conversa, Diná disse a Débora que tinha muita vontade de conhecer um presídio. Então o detento Isaías Esquisito – outro fundador do PCC – colocou o nome de Diná em seu rol de visitantes. Ao que parece, os dois chegaram a namorar.

Contudo, portador do HIV, Isaías foi transferido para o Carandiru, onde morreu logo depois, em outubro de 1995.

Débora nunca mais viu Diná. Mas foi Diná quem lhe disse que outra amiga sua também gostaria de conhecer a Casa de Custódia e Tratamento de Taubaté. Essa amiga era Marília. A nova conhecida não iria desfrutar a amizade de Débora, mas logo se tornou mulher de seu amigo Geleião.

Ao se tornar primeira-dama, Marília sofreu uma séria acusação:

– Ela armou um plano e disse que um funcionário do Piranhão facilitaria a fuga dos fundadores do PCC. Assim, cada detento deu 5 mil reais a ela, acreditando que Marília entregaria o dinheiro para o tal agente penitenciário. O funcionário, porém, não existia, e Marília se apossou do dinheiro – contou a mulher de um preso do Piranhão.

Futuramente, as frequentes traições e brigas entre as mulheres dos integrantes da cúpula do partido dariam início à guerra interna pela disputa de poder na facção.

O CAIXA

Os chefes, os fundadores, as primeiras-damas e os demais integrantes na hierarquia do PCC sempre negaram a prática de extorsão de dinheiro pelo Partido do Crime dentro e fora do sistema prisional. Mas os artigos 4º e 7º do estatuto escrito por Mizael são claros. O primeiro se refere à "contribuição daqueles que estão em liberdade com os irmãos dentro da prisão, através de advogados, dinheiro, ajuda aos parentes e ação de resgate". O segundo adverte que "aquele que estiver em liberdade, bem estruturado, mas esquecer de contribuir com os irmãos que estão na cadeia, será condenado à morte sem perdão".

O PCC nasceu para lutar contra a opressão e pelos direitos dos presos. Mas, além de defender a dignidade do detento, a facção também exigia dinheiro dos seus batizados. Pois, fosse como fosse, ser um "irmão" era ainda gozar de algum direito e de alguma proteção dentro das cadeias. E, assim, cada soldado do comando em liberdade (e não necessariamente "bem estruturado") era mensalmente obrigado a contribuir com 500 reais para a organização. Quem estivesse fora da cadeia, que se virasse para arrumar o dinheiro, roubando, traficando ou pedindo emprestado. Quem estivesse no regime semiaberto deveria pagar 250 reais à organização. E, nas cadeias, o PCC recebia, religiosamente, a mensalidade de 25 reais de cada um de seus batizados e até de muitos dos simpatizantes, os chamados "primos" da facção criminosa. Afinal, o PCC precisava de muito dinheiro em caixa para contratar advogados, montar centrais telefônicas, financiar fugas, patrocinar resgates, corromper policiais e funcionários do sistema prisional, adquirir armas, comprar drogas e proporcionar algum conforto para as primeiras-damas.

Entretanto, para algumas dessas mulheres havia mordomias de luxo. Não era raro vê-las com telefones celulares de última geração. Algumas tinham carro importado. Cláudia, mulher do detento Bandejão, adorava desfilar com seu Audi conversível pelas avenidas do Carandiru e pelas tranquilas ruas do município de Iaras, no interior paulista, onde seu marido também cumpriu pena. E, para dar mais um exemplo, com o dinheiro do Partido do Crime Natália comprou, segundo policiais do Deic, por 60 mil reais, um apartamento de dois quartos em Guarulhos. O imóvel foi pago à vista e em dinheiro.

No início de 2004, outro fato inusitado ainda estaria por vir: a facção decidiu sortear, entre os presos e seus parentes, um Corsa Sedan, prata, modelo 2001, e um televisor de 29 polegadas. Segundo Da Paz, o novo piloto da penitenciária do Estado, o carro foi doação de um amigo da facção.

O dinheiro arrecadado com a rifa seria usado para comprar cestas básicas para as "cunhadas", as mulheres dos presos do PCC, principalmente as mais carentes, e para financiar as despesas com os ônibus que transportavam as visitas às penitenciárias do interior.

Cada um dos 5 mil cupons tinha um número que custava dez reais. Os cupons foram vendidos em todas as penitenciárias (ou, como dizem os presos, "faculdades") dominadas pelo Partido do Crime.

Foi marcada a data de 20 de março de 2004 para o sorteio do veículo e do televisor, que correu pela Loteria Federal e foi feito no caminhão da sorte da Caixa Econômica Federal, na cidade paranaense de São José dos Pinhais.

O primeiro prêmio saiu para o bilhete de número 49.556.

– Gato na cabeça! – exclamou Da Paz.

O ganhador do carro foi um preso conhecido como "Tiozinho", da Penitenciária Adriano Marrey, de Guarulhos. Tiozinho sequer era batizado no PCC.

O dono do segundo bilhete sorteado cumpria pena na Penitenciária do Estado. Porém ele não levou o televisor porque não pagou os dez reais da rifa.

A Justiça tem dificuldades para rastrear as contas bancárias e pedir o bloqueio dos bens dos integrantes do PCC. Os carros, apartamentos e outros bens adquiridos pelas mulheres dos chefes da organização criminosa estão em nome de terceiros. A contabilidade do grupo sempre foi feita por mulheres de integrantes do segundo e terceiro escalões da facção, as quais mantêm contas-correntes em bancos de São Paulo. Algumas dessas contas foram descobertas, conjuntamente, por policiais da 5ª Delegacia de Roubo a Bancos do Deic e promotores do Gaeco (Grupo de Atuação Especial de Combate ao Crime Organizado), mas apenas pequenas quantias foram interceptadas.

Parte do dinheiro o PCC usava como uma espécie de fundo de solidariedade. Eram comprados mantimentos para as famílias carentes de detentos, ou eram adquiridos alimentos, remédios e cobertores para os próprios presos. As mulheres indicadas pelos fundadores do Partido do Crime se encarregavam de fazer o "recolhe" – arrecadação de dinheiro junto aos presidiários e egressos financeiramente mais estruturados –, a fim de que fossem distribuídas cestas básicas às pessoas mais pobres ligadas ao sistema prisional. A organização também depositava, nas contas bancárias de alguns de seus próprios advogados, o dinheiro proveniente de ações criminosas. Pois, para contribuir com o caixa do Partido do Crime, os irmãos em liberdade realizavam assaltos cinematográficos a bancos, carros-fortes, empresas transportadoras de valores, joalherias e condomínios de luxo.

Um desses grandes roubos foi planejado dentro da Penitenciária do Estado.

* * *

Em 1999, Sidney Cirino de Oliveira, vigilante da agência do Banespa da rua João Brícola, região central de São Paulo, ia regularmente à Penitenciária do Estado visitar um primo. Na prisão, Cirino, que era funcionário de uma das maiores empresas de segurança de São Paulo, foi convencido pelo parente e por outros assaltantes de bancos a facilitar a entrada de um grupo de ladrões no estabelecimento bancário. O vigia forneceu ao bando as plantas do prédio para a entrada e a fuga dos criminosos. Cirino também informou aos parceiros o volume de dinheiro nos cofres, o número de seguranças que trabalhariam no dia do roubo e ainda deu detalhes sobre as câmeras de vídeo e os alarmes da agência.

O banco foi invadido na madrugada de 5 de julho de 1999. E, na saída, os assaltantes simularam levar o próprio vigilante como refém.

Foi o maior assalto a banco da história de São Paulo. Os bandidos levaram simplesmente 32,5 milhões de reais.

Mas o roubo foi filmado pelo circuito interno de TV. A quadrilha pensou ter levado todas as fitas, mas acabou esquecendo uma, que então foi encaminhada à polícia.

Na fita, Cirino aparecia conversando tranquilamente com os assaltantes.

Assim, o vigilante passou a ser o principal suspeito dos policiais da Delegacia de Roubo a Bancos do antigo Depatri (Departamento de Investigações de Crimes Contra o Patrimônio). A polícia paulista iniciou uma intensa caçada aos ladrões do Banespa. Policiais civis e militares, dos mais variados departamentos, saíram às ruas à procura dos assaltantes.

Era tão grande a quantia em jogo que, nos bastidores dos distritos policiais e das delegacias especializadas, temia-se que o dinheiro, caso prendessem os assaltantes, não retornasse aos cofres públicos. Ou seja, que terminassem roubando o próprio ladrão.

Pois, segundo a Corregedoria da Polícia Civil, foi justamente o que fizeram dois investigadores de um distrito policial da zona sul de São Paulo. Um mês depois do assalto ao Banespa, eles conseguiram prender o mentor do roubo, Flásio Trindade de Souza, considerado pela polícia um dos maiores ladrões de bancos do país. Contudo, os dois investigadores não apresentaram o assaltante à Polícia. Segundo o Ministério Público, eles sequestraram quatro parentes de Flásio e extorquiram 1,5 milhão de reais do assaltante para não prendê-lo. De acordo com o próprio assaltante, posteriormente preso, os policiais receberam, juntos, 500 mil reais, mas, não satisfeitos, exigiram-lhe o restante do dinheiro (Flásio o enterrara no quintal da casa de sua sobrinha, na zona sul da cidade).

Assim, numa inversão de valores, os policiais assaltaram o assaltante e "chamaram o ladrão", como diria Chico Buarque. O advogado de Flásio, que denunciou os policiais à Corregedoria da Polícia Civil e seria uma das testemunhas do processo, acabou executado a tiros. Depois, o filho desse advogado, que, de tanta indignação, prometia apurar a morte do pai, foi assassinado da mesma forma.

Alguns meses depois do assalto, policiais do antigo Depatri prenderam o restante do bando em um hotel cinco estrelas em Fortaleza, no Ceará. Os ladrões estavam levando uma vida de marajá, ostentando riqueza, pagando despesas exorbitantes em dinheiro, exibindo relógios e correntes de ouro. Se o roubo foi uma ação profissional, a atitude dos ladrões, no Nordeste, foi amadora. Esbanjaram tanto que chamaram a atenção do gerente e de funcionários do hotel. A polícia paulista foi avisada e, logo, todos foram trazidos para São Paulo e devidamente encarcerados.

Por sua vez, os agentes penitenciários do Mercadão sabiam que Flásio, condenado a 12 anos em regime fechado, ainda guardava consigo pelo menos 3 milhões de reais. De modo que o assaltante não teve qualquer dificuldade para suborná-los, conseguindo uma transferência da Penitenciária do Estado para a de Tremembé, no Vale do Paraíba. Lá, Flásio esperou apenas dois dias para ser resgatado por um bando armado com pistolas e metralhadoras, usando também fardas da Polícia Militar. Com Flásio fugiram ainda outros 24 detentos. Segundo denúncias de fontes do sistema prisional, Flásio teria pago, pela transferência, 70 mil reais para funcionários da Coesp (Coordenadoria dos Estabelecimentos Penais do Estado de São Paulo) e mais 20 mil reais para os agentes penitenciários do Mercadão. Já pela fuga, o mentor do assalto ao Banespa teria desembolsado 200 mil reais.

Alguns integrantes do bando responsável pelo assalto ao Banespa – como, por exemplo, Edson Massari, irmão de Marcos, o Tao – eram amigos ou foram parceiros de Sombra em outros roubos a bancos. Guardavam uma dívida de gratidão para com Sombra, que, por isso mesmo, recebeu então 100 mil reais de presente dos antigos parceiros.

O PCC arrecadou muito dinheiro com outras ações criminosas cometidas pelos irmãos em liberdade e pôde, assim, financiar rebeliões e fugas espetaculares. No dia 24 de abril de 1996, ladrões ligados à facção invadiram a pista do aeroporto de São José dos Campos, no Vale do Paraíba, e roubaram 5 milhões de reais de um avião-pagador procedente de Salvador. Jasson Santana de Lima, um dos ladrões, não demorou a ser preso. Mas, assim como Flásio, Jasson também não ficou muito tempo atrás das grades; fugiu, em outubro do mesmo ano, pela porta da frente da Casa de Detenção. Ele e o parceiro Enoque Tavares de Freitas, um dos maiores traficantes de São Paulo, escaparam do maior presídio da América Latina em uma viatura furtada na porta de um distrito policial da zona leste de São Paulo. Segundo denúncias, diretores e agentes penitenciários da Casa de Detenção teriam cobrado 500 mil reais para lhes facilitar a fuga.

Dois anos depois, o PCC arrecadaria mais dinheiro com outro assalto digno de Hollywood. Um bando formado por 18 homens, entre "irmãos" e "primos" da facção criminosa, invadiu a agência da Caixa Econômica Federal (CEF) da rua Augusta, na zona sul de São Paulo, e levou 6 milhões de reais em joias penhoradas.

Dois assaltantes desse grupo, José Carlos Rabelo, o "Pateta", e Alexandre Pires Ferreira, o "ET", também responsáveis por outros roubos incríveis a joalherias e condomínios de luxo de São Paulo, foram presos meses depois. Mas a dupla, que já havia sido presa várias vezes pela equipe do delegado Edison Santi, titular da 2ª Delegacia de Roubos do Deic, mais uma vez não ficaria muito tempo atrás das grades. Na ocasião em que eram transferidos para a Penitenciária de Iaras, os dois e outros 11 detentos foram resgatados por homens do PCC, em maio de 2001, no quilômetro 62 da rodovia Castello Branco. A ação culminou com o fuzilamento de um PM que escoltava o caminhão que transportava os presos. Ainda outro PM foi ferido com tiro de fuzil e perdeu uma perna.

Essas e outras fugas e resgates, portanto, foram idealizados pelos chefes e fundadores, os "cobras" do PCC, e financiados graças às ações criminosas de integrantes e simpatizantes da facção.

Outros assaltos cometidos pelos "irmãos" do Partido do Crime tiveram grande repercussão na mídia. Em 24 de outubro de 1999, pelo menos 15 homens armados de fuzil, metralhadora, pistolas e revólveres roubaram mais de 5 milhões de reais em joias da agência da Caixa Econômica Federal de Santo André, no ABC paulista. Também no dia 8 de junho de 2000, assaltantes ligados ao PCC driblaram a segurança e invadiram a pista do aeroporto de Congonhas, na zona sul de São Paulo, roubando outros 3 milhões de reais de um avião-pagador.

O PCC já atuava inclusive em outros estados, por meio de ramificações no centro-oeste, devido justamente às duas passagens do trio Mizael, Cesinha e Geleião pelo Mato Grosso do Sul. No dia 13 de abril de 2000, 11 homens invadiram outra agência da CEF, dessa vez em Cuiabá, no Mato Grosso, levando 5 milhões de reais em joias penhoradas. O roubo foi feito pela quadrilha de Playboy. Um ano antes, em março de 1999, Playboy estava foragido da Casa de Detenção e foi preso em Cuiabá após roubar 6 milhões de reais da agência do Banco do Brasil.

Mas, dentro das cadeias, os poderosos do PCC também tinham várias maneiras de ganhar dinheiro. A mais comum era e ainda é o tráfico de drogas (maconha, cocaína e crack). Na Casa de Detenção, por exemplo, o presidiário de apelido Polaco faturava 4 mil reais por mês com a comercialização de drogas. Polaco teve inclusive a oportunidade de fugir, mas preferiu ficar atrás das grades. Afinal, gozava de mordomias na Casa de Detenção. Polaco tinha 18 telefones celulares e dizia morar em um "duplex", pois simplesmente quebrou uma parede e fez de duas celas uma só. Ele tinha até uma cama de casal. Sua cela ficava no segundo andar do Pavilhão 8, o preferido pelos presidiários mais perigosos, aqueles com muito tempo de condenação para cumprir. Para esses, a Detenção era um paraíso e até chamavam o presídio de "Gozolândia". Podiam usar drogas à vontade, contratar garotas de programa com os celulares, receber visitas íntimas e fazer pagodes quando bem entendessem.

As fugas e as inexplicáveis transferências de detentos ligados ao Primeiro Comando da Capital desmoralizaram o sistema prisional e colocaram em dúvida a honestidade de alguns diretores, agentes penitenciários e até de juízes. A Assembleia Legislativa de São Paulo instalou uma Comissão Parlamentar de Inquérito (CPI) para investigar as inúmeras irregularidades no sistema prisional e também as ousadas ações criminosas da facção. Os trabalhos foram presididos pela deputada Rosmary Corrêa, na época do PMDB. Diretores e agentes penitenciários foram intimados a prestar depoimentos, mas a maioria dos envolvidos não recebeu punição e segue trabalhando normalmente. Outros foram, inclusive, promovidos.

A AGENTE DA CALCINHA VERMELHA

Até hoje, as autoridades também não explicaram como outras oito armas foram adquiridas por Sombra na Penitenciária do Estado.

Em meados de 1999, meses antes de ser removido pela quarta vez para Taubaté, Sombra mandou entregar 40 mil reais para uma funcionária da Penitenciária do Estado lhe repassar as armas. Contudo, foi apenas aos poucos que Sombra conquistou a confiança da agente penitenciária, tratando-a com uma atenção toda especial.

Sombra tanto fez para que a funcionária se sentisse desejada, que, nos plantões, ela já não deixava de ir à sua cela. Não demorou para o detento conquistar uma visível intimidade com a funcionária. Logo Sombra pôs notas de dinheiro entre os seios dela.

A funcionária não fez por menos. No plantão seguinte, apareceu com um sutiã de oncinha e com uma calcinha vermelha de lingerie.

Essa mesma funcionária iria facilitar a entrada das oito armas na Penitenciária do Estado. Porém, a direção do presídio descobriu o plano. As armas foram apreendidas, mas a agente penitenciária não foi identificada.

Como castigo, Sombra foi mandado de volta para o Piranhão.

Contudo, na Casa de Custódia e Tratamento de Taubaté, outras três armas também entraram no presídio e, dessa vez, possibilitaram aos presos realizar, no final de 2000, um motim de terrível caráter. Uma rebelião que destruiu o presídio a ponto de causar sua desativação temporária.

Como a entrada das três armas no Piranhão aconteceu, a CPI do Sistema Prisional até hoje também não soube dizer, mas os rebelados sabem que foi por intermédio (novamente) de um agente penitenciário, com ficha limpa e acima de qualquer suspeita. Com parte justamente dos 100 mil reais provenientes do assalto ao Banespa, Sombra comprou as três armas de fogo.

Quem recebeu as armas das mãos do funcionário corrupto foi Jonas Matheus, um detento magro, de 1,72 metro, valente e cruel, de extrema confiança de Sombra, batizado por ele na facção. Matheus era tão violento que certa vez fugiu da cadeia para matar a mulher que o havia abandonado com um tiro de espingarda calibre 45 no rosto.

O PCC então estava pronto para a vingança: tentaria causar o maior estrago possível no Piranhão.

Os diretores e funcionários do presídio e as autoridades da Secretaria da Administração Penitenciária só não sabiam quando o motim aconteceria. Em agosto de 2000, pelo menos quarenta mulheres de detentos do Piranhão se reuniram com o então diretor da Coesp, Sérgio Salvador. Ele lhes prometeu que, no mês seguinte, iria para Taubaté conversar com os presos e ouvir suas reivindicações. Mas, como a promessa não foi cumprida, em outubro as mulheres foram novamente à Coesp e fizeram coro:

– Taubaté não tem mais jeito!! Taubaté não tem mais jeito!!

Débora sabia que, se houvesse a rebelião, ela não seria pacífica. Temendo pelo pior, pediu a Sombra que aguardasse a visita do diretor da Coesp e que não provocasse nenhuma rebelião antes das festas de fim de ano.

Diante da promessa do marido, Débora se tranquilizou.

Em 17 de dezembro de 2000, dia da festa de Natal no presídio, Débora viajou alegre para Taubaté. Levava panetone, peru, pernil, entre outras comidas saborosas para Sombra.

Mas ele descumpriu a promessa. A rebelião já acontecia desde a manhã. Jonas Matheus, com arma em punho, rendeu os funcionários e foi logo abrindo as celas dos irmãos. As dos inimigos do Partido também iam sendo invadidas, mas, por determinação de Sombra, um ou outro desafeto não seria executado. Na lista dos marcados para não morrer estavam Pedrinho "Matador" e também Francisco de Assis Pereira, o "Maníaco do Parque".

O detento Pedrinho Matador era um inimigo pessoal de Mizael (então preso no Paraná), mas tinha bom relacionamento com os irmãos do PCC em Taubaté. Além disso, conquistava regalias com a direção do presídio e principalmente por isso seria poupado. Matador varria o pátio do Piranhão e, colaborando com os detentos, também fazia o "corre", ou seja, passava vários recados ou levava bilhetes de um presidiário para outro.

Já o "Maníaco", por ser estuprador, era odiado por todos os detentos de Taubaté. Mas Sombra entendia que, se ele fosse morto, a imprensa não noticiaria a rebelião e só daria atenção à sua execução.

Não menos famoso, João Acácio Pereira da Costa, o "Bandido da Luz Vermelha", convivia normalmente com os presos do Piranhão. Mas os detentos tinham só compaixão por ele. Se, já nos anos 60, Luz Vermelha foi preso como um psicopata, o sistema prisional o reduziu a menos do que isso. Ele então só conversava com o seu gato. Não dividia mais as conversas; sua capacidade intelectual tornara-se praticamente nula.

Certamente Luz Vermelha representava um caso extremo. Em Taubaté, os fundadores, chefes e soldados do Partido do Crime não tinham exatamente medo de ficar como ele. Temiam, sim, se tornar "institucionalizados":

– Você já viu aquele filme que tem aquele preso que é libertado, mas ele já passou tanto tempo na cadeia que já nem pensa em fugir, já nem quer ser solto mais?

Um sonho de liberdade. Sombra assistiu a este filme. E, num dia de visita, ao contemplar por minutos Luz Vermelha miando e de quatro no chão, Sombra, abatido, comentou com Débora:

– Pois é assim que a gente vai acabar também.

Sombra ordenou, mas nem assim o Maníaco do Parque foi totalmente poupado da fúria dos amotinados. Os presos trataram-no como lixo. Encheram-lhe de socos e pontapés. E o estuprador, que tinha se tornado evangélico, não desgrudava a Bíblia de seu corpo. Recitava fragmentos dos Salmos e implorava para não ser executado.

Os detentos chegaram a abrir um julgamento para o Maníaco. Mas, afinal, preponderaram os juízes de Sombra e de Playboy, que optaram por deixá-lo viver.

Contudo, durante o motim, uma emissora de televisão chegou a noticiar a morte do Maníaco do Parque. Parentes do preso se desesperaram com a notícia. A mãe dele viajou imediatamente para Taubaté.

Do lado de fora do presídio, familiares de outros presidiários também se mantinham apreensivos com as informações desencontradas que eram passadas, pela polícia, à imprensa.

Enquanto o Maníaco orava, alguns presos faziam do Piranhão um verdadeiro motel. Pois, antes de a rebelião começar, muitas mulheres já haviam entrado no anexo. Alguns dos presos não sabiam o que era uma visita íntima havia um bom tempo. E não perderam tempo.

Os rebelados, no entanto, se organizaram e dividiram as tarefas. Uma parte vigiava os funcionários reféns. A outra quebrava a cadeia e cuidava dos inimigos. Havia buracos em todas as celas. Do primeiro xadrez era possível ver o último.

Às vezes, parecia estar acontecendo qualquer coisa, menos um motim. Os presidiários invadiram a cozinha e fizeram um verdadeiro banquete, com direito a muita carne, queijo, goiabada, frutas etc.

A noite houve cantoria e outras manifestações de alegria.

Sombra, que não pegava no pesado, apenas se divertia.

Sérgio Salvador, o diretor da Coesp, foi chamado às pressas ao Piranhão. Junto com ele, foram Maurício Guarnieri, ex-diretor da Casa de Detenção, e Guilherme

Silveira Rodrigues, ex-diretor da Penitenciária do Estado. Os três pediram para o comandante da PM em Taubaté conversar com as mulheres dos presos. Uma comissão foi então formada por Débora, Ana e outras três mulheres, e foram todas revistadas por homens e mulheres da Tropa de Choque. O pelotão inteiro xingava as mulheres.

Um PM rosnou para Débora:

– Cadela do inferno.

– Você não tem o direito... – Débora reclamava revoltada.

O comandante pediu desculpas às mulheres e as conduziu à casa do diretor-geral do Piranhão, José Ismael Pedrosa, a qual ficava ao lado da unidade prisional.

Foi lá que Sérgio Salvador fez o apelo a Débora, como ela descreveu o embate detalhadamente:

– Gostaria que você procurasse os repórteres das emissoras de TV e pedisse, pela televisão, para que os presos soltem os reféns!

Débora respondeu:

– Senhor, eu não sou a favor de rebelião e nem de morte. Mas nós procuramos o senhor na Coesp e pedimos que o senhor fosse para Taubaté conversar com os presos. Mas o senhor não foi, apesar de ter prometido que iria. A diretoria trata os presos como cachorros! Pois então eu não posso ir à televisão e fazer esse pedido. Sombra é meu marido, meu senhor! Os presos são meus amigos e é do lado deles que eu vou ficar!

Salvador não queria ouvir o que Débora lhe dizia:

– Mas eu ainda insisto que vocês falem com os jornalistas.

Débora lhe respondeu:

– Olha, senhor, antes eu preciso da sua autorização para falar com o meu marido.

O diretor da Coesp levou as mãos à cabeça:

– Não posso. A cadeia é deles.

Do lado de fora do Piranhão, já posicionada, a Tropa de Choque só aguardava uma ordem para invadir o presídio. A juíza corregedora Sueli Zeraik Armani foi tentar negociar com os presos a libertação dos reféns.

– O motim só vai acabar se a senhora garantir a nossa transferência para outras unidades! – gritou um rebelado.

A juíza, que entrou na galeria do presídio, não acreditava que os presos já tivessem matado nove rivais.

Até que a cabeça de um dos decapitados foi lançada em sua direção.

Chocada, Zeraik Armani foi levada às pressas para o gabinete de José Ismael Pedrosa, que só pôde mesmo lhe oferecer um chá de erva-cidreira.

Antônio Carlos dos Santos, o "Bicho Feio", foi um dos oito fundadores do PCC. Em 1998, ele cumpriu pena na Penitenciária José Parada Neto, mais conhecida como a Penitenciária I de Guarulhos, onde o PCC era uma unanimidade. Lá, Bicho Feio cometeu muitas atrocidades em nome do Partido do Crime. Ao menos na opinião de Sombra, que passou a considerá-lo um inimigo da facção. Principalmente quando Bicho Feio, com o apoio de diretores da cadeia, ajudou então a criar o Comando Revolucionário Brasileiro da Criminalidade, o CRBC, que acabou com a força do PCC na Penitenciária I.

Acontece que, nessa época, Bicho Feio também estava preso no Piranhão. Ele já havia sido inclusive colocado no "seguro" pela administração do presídio, ou seja, estava isolado dos demais presos.

No entanto, se Sombra e Bicho Feio eram inimigos mortais, Elisângela, mulher deste último, se dava relativamente bem com Débora. Sombra sempre tentou convencer Débora de que Elisângela era capaz de tramar alguma emboscada contra ela. Mas as duas já haviam chegado ao acordo de que a briga dos maridos não iria interferir no respeito que uma mantinha pela outra. Não andavam juntas; apenas manteriam laços de cordialidade. E quando, por exemplo, fossem à Secretaria da Administração Penitenciária solicitar algo para os presos e os maridos, continuariam assinando juntas as pautas de reivindicações.

Mas, naquele 17 de dezembro de 2000, Elisângela encontrou Débora do lado de fora do presídio e lhe narrou, chorando:

– Quando o apito tocou, o Antônio me beijou e pediu para eu ir embora. Ele disse que não iria me ver mais, que a caminhada dele terminava ali.

Pois a cabeça arremessada em direção à juíza Zeraik Armani (e que também serviu de bola para o jogo de futebol dos rebelados) era justamente a de seu marido, Bicho Feio.

Além de Bicho Feio, foram executados a golpes de estiletes e facões: Carlos Roberto da Silva; Wagner Santana Borges, o "Alemão"; Márcio Cesareto Magalhães, o "Cobra"; Antônio Wanderley Duarte; Sidnei Bernardo; Edson Bezerra do Carmo; Ademar dos Santos, o "Dafé", também fundador do PCC; Max Luís Gusmão de Oliveira, o "Dentinho".

O Piranhão foi quase totalmente destruído pelos presos. A SAP decidiu transferir os líderes da rebelião, todos integrantes do PCC. Sombra e outros detentos de sua influência, como Jonas Matheus, "Feirante" (Edemir Armando Alfenas), "Voletti" (Edemir Voletti) e "Blindado" (Alcides César Delassari), foram removidos para a Casa de Detenção.

Playboy e mais dois novos "cobras" da facção – "Psicopata" (Marco Aurélio de Souza) e "Gulu" (Sandro Henrique da Silva Santos) – foram mandados para a Penitenciária do Estado.

Oito semanas de prazer na Gozolândia

Mal chegaram à Casa de Detenção, transferidos do Piranhão, Sombra e seus "soldados" mostraram o poder e a força do PCC. Dias antes do Natal, os recém-chegados do Partido do Crime saíram do Pavilhão 8 armados de pistolas e estiletes, invadiram o Pavilhão 9 e colocaram para correr dezenas de presos de facções rivais. Muitos funcionários do presídio abandonaram seus postos. Pelo menos vinte integrantes de outra organização rival, a "Seita Satânica" ("SS"), foram expulsos do Pavilhão 9. Feridos, quatro deles foram socorridos no Hospital do Mandaqui, na zona norte de São Paulo. No último confronto entre as duas facções, em outubro de 2000, dois detentos da SS já haviam sido executados. E agora o recado de Sombra e seu grupo atravessava o Carandiru pelos gritos de Jonas Matheus:

– Aqui na Detenção quem manda é o Comando!

Os chefes do PCC começaram a extorquir dinheiro dos que não eram "irmãos". As extorsões também se estendiam aos parentes dos presos, principalmente dos endividados, que mal podiam quitar o débito das drogas e agora eram obrigados a "pagar pau", ou a "pagar madeira", ou seja, a dar dinheiro para o PCC.

Jonas Matheus, que dias antes exterminara nove desafetos no Piranhão, continuava demonstrando ousadia. Ele era visto por funcionários andando de um pavilhão para outro em posse de três armas, uma pistola nove milímetros na cintura e duas 6.35, cada uma em uma meia do pé. Matheus exibia o armamento sem ser intimidado pelos agentes penitenciários. Aliás, o medo não era pouco entre eles.

Os funcionários do presídio tentaram uma reunião com o secretário da Administração Penitenciária. A categoria reivindicava o aumento do número de funcionários nos plantões. Em cada turno, no máximo dez agentes trabalhavam em cada um dos sete pavilhões, quando o ideal alegado seria pelo menos quarenta homens.

Nagashi Furukawa fez uma rápida visita em 29 de dezembro de 2000. O secretário se reuniu com um grupo de funcionários e presos. O encontro aconteceu no coreto da Divineia, ponto central da Detenção, local de embarque e desembarque dos detentos. Furukawa pediu uma trégua aos homens da facção, mas advertiu: "Quem burlar a disciplina vai voltar para o Piranhão".

Enquanto Furukawa se esforçava para manter a ordem e a disciplina na Casa de Detenção, um dia depois, na véspera do fim do ano, "irmãos" e "primos" da Penitenciária de Iaras, a 280 quilômetros da capital, realizaram um sangrento motim, executando mais quatro inimigos da facção. Um deles foi decapitado e teve todos os dedos das mãos cortados. A cabeça do detento foi posta sobre um beliche. Sobre a testa repousava seu coração em sangue e da boca pendia uma guimba de cigarro. No chão, ao lado da cama, jaziam as sobras do seu corpo.

O presídio em Iaras, um minianexo projetado para abrigar, com segurança máxima, líderes de facções criminosas, havia sido inaugurado apenas quatro meses antes. Diz-se que, depois que a Tropa de Choque entrou no presídio e controlou a situação, um diretor, que já tinha fama de violento, pegou um cano de ferro e mandou trazer à sua sala os detentos que haviam assumido a matança dos rivais. Eram eles: Sidney Vergueiro, o "Bate-Fino"; Vanecir Bernardo, o "Zorêia"; e Marcos Roberto Oliveira, o "Cachorrão". Os três apanharam tanto que sofreram fraturas expostas e foram logo transferidos para a Penitenciária do Estado.

A suposta sessão de tortura imposta pelo diretor aos detentos repercutiu mal. O então corregedor da SAP abriu sindicância para apurar o caso. Os detentos foram ouvidos por ele, pelo deputado estadual Renato Simões (PT), integrante da Comissão de Direitos Humanos da Assembleia Legislativa de São Paulo, e por advogados da Comissão de Direitos Humanos da OAB. Nada foi concluído.

A decapitação dos inimigos em Iaras e, dias antes, no Piranhão mostrava que os integrantes do PCC ratificavam a marca de Cesinha, considerado então o "presidente" da facção. O Partido não estava para brincadeira. A crueldade do grupo chocava a sociedade e já causava repercussões negativas no exterior. Entidades nacionais e estrangeiras de direitos humanos cobravam ações enérgicas da parte de Nagashi Furukawa.

Por isso, as primeiras-damas do Partido estavam temerosas. Sabiam que os maridos poderiam ser transferidos a qualquer momento para cumprir mais um castigo em Taubaté ou Avaré. Assim como Ana, Débora tinha convicção de que o governo ainda endureceria com os líderes da rebelião de Taubaté.

Na Penitenciária do Estado, Playboy e Gulu mantinham-se apreensivos.

Transferido para a Penitenciária de Marília, Psicopata acompanhava passo a passo os planos dos irmãos do PCC nas demais penitenciárias. Ele também tinha o seu "radinho" (telefone celular) e falava principalmente com Gulu e Cesinha, seus maiores amigos na facção.

Na Casa de Detenção, Sombra era sempre visto andando pelos corredores com o telefone celular. Ele fazia ligações diárias para Cesinha, Mizael e Geleião, que cumpriam pena na Penitenciária de Piraquara, no Paraná, para onde haviam sido transferidos por ordem do governo de São Paulo.

Sombra lhes dizia:

– Se o japonês nos mandar de volta para o Piranhão, o bicho vai pegar. A casa vai cair pro lado dele.

Cesinha corroborava o pacto:

– É isso, irmão. Vamo pras cabeça, vamo pro arrebento, vamo pro que der e vier. Fico no aguardo. Um beijo no seu coração.

Mas nem tudo era nervosismo na Casa de Detenção.

Jonas Matheus, por exemplo, recebeu a visita de várias mulheres durante o curto período em que lá esteve. Algumas eram garotas de programa, contratadas para passar o sábado ou domingo com o detento, prática muito comum na Detenção e também na Penitenciária do Estado. Muitos presos tinham preferência por meninas menores de idade, as quais, portando documentos falsos, entravam no presídio sem dificuldade. A prostituição infantil rolava solta no Carandiru.

Armado à maneira de Jonas Matheus, certo dia Sombra deixou o Pavilhão 8 em direção ao 9, onde receberia uma visita íntima. Mas não de Débora, e sim da filha de seu irmão. A moça, de 20 e poucos anos, era apaixonada pelo tio que lhe enchia de presentes, roupas e dinheiro.

Não por acaso os líderes do PCC chamavam a Casa de Detenção de "Gozolândia". Todo dia era dia de farra para Sombra, Matheus, Feirante, Voletti e Blindado. Transferidos do rígido Piranhão, os cinco estavam mais do que dispostos a tirar o atraso sexual na Detenção. E não apenas o sexo era liberado. Os detentos consumiam, sem parar, maconha ("café"), cocaína ("açúcar") e crack ("pedra"), drogas que entravam no presídio por intermédio das visitas ou dos funcionários da cadeia.

Sombra, em particular, gostava era de ficar em sua cela ouvindo CDs. Por essa época, as músicas que mais ouvia já eram as compostas por funkeiros e rappers paulistas, cujas letras, não raro, faziam apologia ao crime. Segundo Débora, ele não era muito de pagode. Mas gostava, sim, de MPB. Principalmente de João Bosco, de quem, ela lembra, Sombra fazia uma engraçada imitação.

E Sombra também era fã de Jorge Benjor.

Por isso, só conseguiu achar graça quando um agente penitenciário de apelido "Zazueira", nome de uma canção do compositor, advertiu seu "afilhado":

– *E aí Jonas Matheus, como já dizia Galileu da Galileia / malandro que é malandro não bobeia /se malandro soubesse como é bom ser honesto / seria honesto só por malandragem, caramba.*

* * *

Até outubro de 1992, quando ocorreu o massacre de 111 presos, o Pavilhão 9 da Detenção tinha fama de abrigar somente os presos primários. Mas, a partir de agosto de 1993, ou seja, mais ou menos a partir da fundação do PCC, os reincidentes passaram a "morar" nos pavilhões mais isolados, respectivamente o 7, o 8 e o 9.

– Bandido bom fica aqui no fundão – dizia Sombra, com alegria, enquanto apertava o quinto baseado em menos de meia hora. Sombra não dormia sem o seu travesseiro recheado de maconha. Em boa parte dos presídios por onde passou, Sombra cuidava com atenção especial deste pertence. Se, nas transferências, não conseguia levá-lo consigo, logo arrumava outro e voltava a recheá-lo com a droga predileta.

– Ai de quem mexer no meu travesseiro, hein!

No dia 26 de janeiro de 2001, Sombra não só completou 41 anos, como preparou uma grande festa para os irmãos do PCC e outros convidados. O chefe do Partido do Crime na Casa de Detenção mandou comprar dezenas de quilos de carne, de caixas de cerveja e de refrigerante, além de garrafas de conhaque e uísque.

Além do aniversário de Sombra, o PCC tinha outro forte motivo para comemorar: um dia antes, na Penitenciária de Araraquara, foram resgatados cinco integrantes da facção. Os presidiários foram, na verdade, soltos em troca da libertação das sete pessoas da família do diretor-geral do presídio, Leandro Pereira, sequestradas horas antes. Entre os presos resgatados estava Alexandre Fernandes Sandorfy, o "X", um "irmão" batizado no PCC pelo próprio Sombra e outro participante da rebelião do mês anterior no Piranhão. Havia também dois integrantes de um bando que, em 9 de novembro de 2000, roubou ouro e joias de uma agência central da Caixa Econômica Federal de Ribeirão Preto.

A festança na Detenção foi animada por presidiários pagodeiros. Sombra também mandou fazer um bolo com a inscrição PCC – 15.3.3, mas apenas para coroar um grande churrasco realizado no Pavilhão 8.

No dia seguinte, a comemoração dos presos foi noticiada como o "Carandiru Grill".

A festa de aniversário de Sombra, patrocinada pelo PCC e divulgada com exclusividade por Caveirinha, foi considerada um escândalo pelos deputados estaduais da CPI do Sistema Prisional. Alguns agentes penitenciários, sobre os quais a culpa recaiu primeiramente, alegaram que o Carandiru Grill havia sido autorizado pelo então diretor-geral do presídio.

O diretor foi chamado à SAP para dar explicações. Depois de ouvir o subordinado, Nagashi Furukawa informou, por meio de sua assessoria de imprensa, que os detentos apenas comemoravam o aniversário de Sombra. E que não consumiram drogas nem bebida alcoólica.

Contudo, os agentes penitenciários do presídio sabiam que, drogados e embriagados, muitos detentos precisaram ser carregados por colegas para as suas celas quando o dia já amanhecia.

Apesar da festança, também cumpre lembrar que a Casa de Detenção só era a Gozolândia para os presos com longas penas a cumprir; os que sabiam que tinham muita cadeia para "puxar". Esses ficavam ali à vontade, andavam pelos campos de futebol, caminhavam livremente pela radial, falavam o dia inteiro ao celular e usavam drogas quando queriam. Mas, para os quase 7 mil detentos, o presídio era como um barril de pólvora a ponto de explodir. Os presos autores de roubo, condenados a cinco ou seis anos, os quais constituíam a maioria na Detenção, desejavam apenas entrar num "bonde" para uma outra unidade. Por causa da superlotação, a situação processual dos presos se resolvia com extrema morosidade. Detentos com penas já vencidas apodreciam na cadeia simplesmente por não disporem de qualquer assistência jurídica.

Mas Sombra, Matheus, Feirante, Voletti e Blindado, estes sim, divertindo-se entre si ou à custa dos inimigos, só "tiraram onda" durante as oito semanas em que permaneceram na Casa de Detenção.

Débora disse ao repórter Caveirinha:

– Eles ficaram embriagados de poder. Alguns já estavam há anos em Taubaté, e, quando saíram, não tiveram uma visão muito justa das coisas. Acharam que tinham que apavorar. Mas eles eram considerados pelos outros criminosos. O Sombra tinha proceder, ele não perdoava traidores, delatores, estupradores, detentos endividados por causa de drogas. Esse espírito de liderança ele já tinha desde os tempos em que estava em liberdade.

Os diretores e demais funcionários da Casa de Detenção também não tinham dúvidas da liderança de Sombra sobre os demais presos. No dia 16 de fevereiro de 2001, uma sexta-feira, quando Débora, com o jumbo para seu marido, chegou à Casa de Detenção, logo percebeu a grande movimentação de PMs da Rota (Rondas Ostensivas Tobias de Aguiar) escoltando um veículo da Coesp. Pois Débora deu de cara com Sérgio Salvador no momento em que ouvia um agente penitenciário dizer:

– Ele pediu por isso, doutor.

Vinte dias após o Carandiru Grill, Sombra foi reenviado ao Piranhão, a essa altura restaurado. Também para lá foram novamente encaminhados os seus associados mais próximos na Detenção: Jonas Matheus, Feirante, Voletti e Blindado.

(Enquanto isso, Playboy também era transferido do Mercadão, mas para a Penitenciária de Charqueadas, no Rio Grande do Sul.)

A transferência aconteceu porque eles foram acusados, e posteriormente condenados, por matar nove rivais e ferir outro na Casa de Detenção, em 13 de fevereiro de 2001. "Lagartos" presos na unidade assumiram, inicialmente, a matança.

A rápida reconstrução do Piranhão custou 2 milhões de reais aos cofres públicos. Mas a volta de Sombra e sua turma para o Piranhão e a remoção de Playboy para o Rio Grande do Sul custariam ainda mais caro para o governo do estado de São Paulo.

A MEGARREBELIÃO

O repórter Caveirinha curtia suas merecidas férias num hotel à beira-mar, em Ilhéus, no litoral sul da Bahia. Na praia, meninas baianas desfilavam de biquíni pelas areias brancas, exibindo o corpo bronzeado. No gramado do hotel, próximo à piscina, entre coqueiros e discretos seguranças, um grupo de capoeiristas se apresentava para turistas e curiosos. Moças e rapazes, ao som de berimbau e pandeiro, jogavam o maculelê com os bastões, deixando os galegos de boca aberta.

O sol batia forte naquele final de manhã de 18 de fevereiro de 2001. Caveirinha protegia os ombros com a camiseta 7 do Corinthians e bebia uma água de coco gelada quando seu telefone celular tocou.

– E aí, meu. Aqui é o Lucien. Firmeza? O Partido vai tomar a cadeia aqui na Penitenciária e na Detenção, tá ligado? Então avisa aê pra tua redação, mano, e avisa que outras cadeia vão virar também, entendeu?!

Lucien era um preso de origem árabe, filho de uma família de classe média alta, condenado por tráfico. Chegou a ser apontado pela polícia como o porta-voz, o "relações-públicas" do PCC. Pelo seu "radinho" (celular), ele falava o dia inteiro com repórteres de jornais, revistas e televisão. Lucien falava quatro idiomas, por isso era respeitado pelos líderes do PCC. Inteligente e conhecedor do Código Penal Brasileiro, ele fazia defesas e petições para os detentos.

Meia hora depois de receber o telefonema do detento, no quarto do hotel, Caveirinha corria para assistir à vinheta do plantão da Rede Globo, que "interrompia sua programação normal" para anunciar que

> Presos de pelo menos 16 presídios paulistas se rebelam e tomam funcionários e visitas como reféns. Na Casa de Detenção, no Complexo do Carandiru, a rebelião começou ao meio-dia, durante o horário de visita, com os presos disparando tiros para o alto. Muitos parentes dos detentos se recusaram a deixar o presídio.

Mas pouco se sabia ainda: "Voltamos com novas informações a qualquer momento. Acompanhe a cobertura completa do motim em série logo mais no *Fantástico*".

Como protesto contra a transferência de seus líderes para o Piranhão ou para prisões de outros estados, o PCC colocava em prática seu plano secreto.

Na verdade, os detentos se rebelaram em 25 presídios e em mais quatro cadeias públicas.

Além de se amotinarem no Carandiru, tanto na Detenção como na Penitenciária do Estado, os presos se rebelaram nas penitenciárias de Presidente Venceslau; Campinas, Avaré I e II; Sorocaba; Hortolândia I e III; Mirandópolis; Iperó; Itaí; Iaras; Itapetininga; Assis; Presidente Bernardes; Pirajuí; Centro de Detenção Provisória (CDP) do Belém; São Vicente; Tremembé I; Guarulhos II; Araraquara; Itirapina; e Ribeirão Preto.

As ações e decisões do PCC se concentraram principalmente na Casa de Detenção. Contudo, a ordem para a megarrebelião nos presídios paulistas partiu de Cesinha, que estava em Piraquara, no Paraná. Pelo telefone celular, ele ligou para os pilotos – chefes – das penitenciárias onde o Partido do Crime tinha um forte reduto e deu sinal verde para o motim em série.

Na Detenção, os presos deram tiros para o alto e tocaram a sirene do presídio, sinalizando o início das rebeliões. Nas penitenciárias do interior, os detentos também se amotinaram ao meio-dia. Era um domingo, dia de visita, e, ao todo, nesses vários presídios, pelo menos 7 mil parentes de presos se recusaram ou não puderam ir embora. Somente na Casa de Detenção, os detentos fizeram 45 funcionários reféns e cerca de 4 mil adultos e mil crianças ficaram como reféns voluntários. Na Penitenciária do Estado, outros 45 funcionários foram usados como escudo pelos integrantes do PCC e os detentos contaram com a solidariedade de 2 mil reféns voluntários.

Enquanto isso, em Taubaté, o grupo encabeçado por Sombra sofria agoniado pela falta de informação. Os cinco presos transferidos da Detenção para o Piranhão – reativado dois meses após sua parcial destruição pelos detentos – foram novamente isolados em cela individual. Não recebiam visitas. Não assistiam à TV. Telefone celular, nem pensar. Nenhum locutor de rádio ou música os distraía do lento correr do tempo, ou melhor, do tempo morto de suas celas. De fato, somente na segunda-feira é que Sombra, Jonas Matheus, Feirante, Voletti e Blindado foram informados, por advogados, da repercussão do motim.

Em contrapartida, no domingo, as centrais telefônicas da facção em Campinas, Ribeirão Preto, São José dos Campos, Baixada Santista, São Bernardo do Campo, Guarulhos e na capital funcionaram a plenos pulmões. Muitas ficaram congestionadas por causa do grande volume de ligações. As operadoras de telefonia do PCC, que costumavam trabalhar oito horas a cada turno, em esquema de revezamento, precisaram dobrar o plantão nesse dia.

O serviço de telefonia da facção, que começou a funcionar de maneira tímida em 1998, agora já contava com aparelhos de última geração. As telefonistas do Partido do Crime completavam ligações para vários presídios e, em alguns casos, quatro detentos de cadeias diferentes falavam ao mesmo tempo, o que, na época, ainda não era algo comum. Presidiários de Iaras, Marília, Araraquara, Presidente Venceslau, todos os irmãos ligavam – geralmente a cobrar – querendo saber da última orientação passada por algum dos Cobras do PCC.

Em frente ao portão da Casa de Detenção, na avenida Cruzeiro do Sul, mulheres e parentes de presos também aguardavam ansiosos.

Débora acompanhava o noticiário pela TV. Mas, após receber dezenas de ligações, engajou-se e foi à Detenção. Nesse dia, Natália estava no Paraná, visitando Cesinha. Ana já estava em frente à Penitenciária do Estado. Mas Débora chegou à Casa de Detenção levando lanches para pelo menos vinte amigas que a aguardavam.

Na avenida Cruzeiro do Sul, o trânsito foi interditado nas imediações da Detenção. Em frente ao portão principal, PMs da Tropa de Choque já se posicionavam. Muitos usavam escudos e portavam bombas de gás lacrimogêneo. Alguns vinham sobre cavalos.

Exaltada, Cunhã, mulher de um preso do PCC, não parava de gritar para os policiais. Em certo momento, escolheu um deles e desembestou a fazer uma série de xingamentos:

– Seu coxinha de merda! Corno! Sua mãe tá lá na zona, seu verme!

Duas mulheres lançaram copos com urina nos policiais. Os PMs permaneceram impassíveis, mas aguardavam apenas uma ordem do comandante da operação para invadir a Detenção.

Do lado de fora do presídio, as mulheres comunicavam-se por gestos com os maridos nos Pavilhões 2 e 4. Desesperadas, queriam saber se havia feridos. Outras conseguiam falar com eles pelo celular mesmo.

Assim também Débora falava com Natália, que lhe ligava seguidamente do Paraná pedindo informações, para depois repassá-las a Cesinha.

A situação ficou mais tensa às 15h40, quando mais PMs da Tropa de Choque, em três caminhões, chegaram junto a outros 18 homens do Regimento 9 de Julho da Cavalaria da Polícia Militar.

Certamente na calçada da avenida Cruzeiro do Sul já havia um batalhão de repórteres, fotógrafos, cinegrafistas, além de uma multidão de curiosos, quando, às 16h45, a Tropa de Choque e também os homens do Canil da PM receberam ordem para entrar na Penitenciária do Estado.

Quarenta minutos depois, também na Casa de Detenção, os PMs apenas se estabeleceram na Divineia, uma área interna do presídio. Mesmo assim, causaram pânico aos detentos, que inclusive já haviam formado barricadas na entrada dos pavilhões. No Pavilhão 9, o mesmo em que ocorreu o massacre de 111 presos em outubro de 1992, os presidiários estendiam panos brancos nas janelas das celas, pedindo paz. Do lado de fora da Detenção, as mulheres improvisavam cartazes em papelão para também pedir a paz.

Cunhã continuava nervosa, mas dessa vez argumentava:

– A Tropa de Choque não pode entrar. O movimento é pacífico.

Na Detenção, os chefes do PCC já haviam formado uma comissão para negociar a libertação dos 45 funcionários reféns. Em frente ao portão principal, aplausos irromperam quando o senador Eduardo Matarazzo Suplicy chegou para ajudar nas negociações. O acordo entre os presos, a direção da Detenção e os representantes da SAP nem sequer ganhava forma e nenhum dos lados cedia.

Para os chefes do PCC, o secretário Nagashi Furukawa era o principal responsável pela explosão dos motins. Segundo alguns agentes penitenciários, em dezembro de 2000, o secretário havia feito uma série de promessas aos líderes do PCC em troca do fim da violência nas cadeias. Uma dessas promessas foi a de não mandá-los de volta para Taubaté.

Assim, repórteres de emissoras de rádio e televisão, ao entrarem ao vivo com informações, repetiam: "A remoção dos líderes do Primeiro Comando da Capital, ontem, para a Casa de Custódia e Tratamento de Taubaté foi a gota-d'água para a megarrebelião".

O programa de TV *Domingo Legal*, do apresentador Gugu Liberato, a todo momento noticiava que a cantora e apresentadora de TV Simony, mulher do detento Afro X, se encontrava *dentro* do Carandiru. (O rapper Afro X costumava sair da prisão para gravar graças à autorização da direção da Casa de Detenção.) O programa ainda explorava o fato de que Simony estava grávida de cinco meses. Ela estava na cela do marido quando foi avisada sobre a rebelião e se recusou a sair da cadeia.

O clima de tensão também se espalhou rapidamente pelos presídios do interior paulista. Na Penitenciária de Araraquara, 22 funcionários foram rendidos. Em Ribeirão Preto, os reféns só foram libertados à noite. No CDP II do Belém, o PCC matou dois inimigos a golpes de faca e estilete. Os amotinados queimaram colchões e ameaçaram continuar a matança caso a SAP não transferisse para outras unidades os cinco integrantes do Partido do Crime levados dois dias antes para Taubaté. Em Pirajuí, região de Bauru, os líderes da rebelião também agiram com violência. Eles decapitaram um detento e fizeram nove funcionários reféns. O decapitado era considerado traidor pelo PCC e colaborador de agentes penitenciários. Seu corpo foi atirado no pátio. Na Penitenciária II de Franco da

Rocha, soldados do Primeiro Comando da Capital mataram cinco integrantes da Seita Satânica. Os corpos dos rivais também foram jogados no pátio, na frente de crianças e de mulheres grávidas.

Na própria Casa de Detenção, os rebelados executaram quatro colegas. Três foram mortos a tiros. O quarto preso, Luís José Rodrigues, conhecido como "Chacrinha", foi torturado, esquartejado e teve o corpo jogado na lata de lixo. Ele era uma espécie de agiota e, também, de "KGB" (no sistema prisional, KGB é o preso que presta favores aos policiais e aos funcionários de cadeias).

Quando deixou o presídio, por volta das 18 horas, junto com os demais parentes dos presos, Simony passou mal e desmaiou. Ela foi atendida por médicos da própria Casa de Detenção.

Na Penitenciária do Estado, a rebelião durou vinte horas. Funcionários reféns foram agredidos pelos presos e também ficaram feridos. Um sofreu vários cortes de estilete nas costas. O agente penitenciário Fraga foi espancado e ficou traumatizado. (Fraga era diretor do Sindicato dos Funcionários do Sistema Prisional do Estado de São Paulo e se aposentou por problemas de saúde agravados em consequência do motim.) Só às 8h30 da segunda-feira, os 2 mil parentes dos detentos do Mercadão começaram, em pequenos grupos, a deixar o presídio.

Porém, antes ainda houve confronto entre presos e PMs da Tropa de Choque. Os PMs dispararam bombas de gás lacrimogêneo contra os detentos e não se importaram com as visitas.

A menina Ingrid, de três anos, filha de um dos detentos, foi atingida por uma bomba de efeito moral e teve queimaduras de primeiro e segundo graus no corpo. Quem pagou o tratamento médico da menina foi o próprio PCC. Integrantes do Partido mandaram distribuir cartazes em várias cadeias, com o número de uma conta-corrente para quem quisesse fazer depósito para ajudar a família da menina. A facção logo arrecadou 3 mil reais para as despesas médicas.

O motim em série deixou um saldo de 14 presos mortos e 19 agentes penitenciários feridos.

Na noite do dia 18 mesmo, os secretários da Segurança, Marco Vinicio Petrelluzzi, e da Administração Penitenciária, Nagashi Furukawa, se reuniram no QG da Polícia Militar, no bairro da Luz, região central de São Paulo, para uma entrevista coletiva. O comandante-geral da PM, coronel Rui César Mello, também estava presente. Furukawa duvidou da força do PCC e afirmou:

— É inadmissível qualquer tipo de poder paralelo dentro do sistema prisional de São Paulo. Eu não vejo possibilidade de acordo nos termos dos amotinados. O governo e a Secretaria da Administração Penitenciária não vão recuar um centímetro.

Petrelluzzi, por sua vez, reconhecia o número extremamente alto (29) de penitenciárias rebeladas. Na época, havia 72 presídios subordinados à SAP.

O motim em série teve repercussão mundial. O jornal francês *Le Monde* escreveu que o "*Prémier Commande de la Capital*" (ou "PCC do Carandiru") comandava "motins sem precedentes no Brasil". O jornal *El País*, da Espanha, noticiou: "O PCC é um bando mafioso de narcotraficantes". Na Inglaterra, a BBC de Londres dizia: "A Detenção foi pintada como reinvenção do inferno". Em Portugal, o *Correio da Manhã*, de Lisboa, dedicou sua última página ao noticiário do PCC: "Eles esperavam por um banho de sangue, algo pior que o massacre do Carandiru". O *Jornal de Notícias*, também português, divulgou o motim dando maior destaque para o Carandiru. Na Itália, o *La Stampa* classificou a Casa de Detenção como uma "Cadeia de Monstros". Nos Estados Unidos, o *The New York Times* e o *Washington Post* consideraram o motim em série um dos mais perigosos ocorridos na América Latina. Ambos os jornais fizeram novas referências ao massacre de 111 presos, em outubro de 1992, na Casa de Detenção.

Em Brasília, o ministro Marco Aurélio de Mello, vice-presidente do Supremo Tribunal Federal, foi crítico:

– O Estado é o grande devedor nessa área. Não é de hoje que não vem cumprindo os dispositivos constitucionais que o obrigam a assegurar o respeito à integridade física e moral dos presos e a prestar assistência jurídica integral e gratuita aos que comprovarem insuficiência de recursos.

O presidente da República, Fernando Henrique Cardoso, apoiou Geraldo Alckmin:

– O governo do Estado fez o que tinha de fazer, dominando a rebelião.

Mas, em São Paulo, a então prefeita Marta Suplicy culpou o governo estadual, que "não toma[va] atitude para controlar organizações criminosas como esse Primeiro Comando da Capital!".

Para a deputada Rosmary Corrêa (PMDB), a cada rebelião o PCC ganharia mais força:

– É preciso identificar os líderes dessa organização criminosa e separá-los em presídios de segurança máxima, sem qualquer tipo de privilégios.

Recolhendo assinaturas dos parlamentares, a deputada defendia, já para o mês seguinte, a instalação da CPI do Sistema Prisional.

– O Estado errou ao negociar com os líderes do PCC o fim dos motins. A Secretaria da Administração Penitenciária ofereceu privilégios aos líderes e esperou que eles cumprissem o trato. Mas todo mundo sabe que presos não cumprem acordo. Houve uma liberalização do sistema para os detentos. O resultado foi a maior rebelião da história do país.

* * *

Na manhã de segunda-feira, o detento Sombra foi requisitado para falar com seu advogado. Algemado, ele saiu de sua cela escoltado por dois agentes penitenciários.

O advogado conversou com o cliente por quase uma hora, como lembra Débora. E, visto que os dois agentes desejavam ouvir a conversa, o advogado lhe dizia em voz baixa:

– Mil grau, Sombra. Repercutiu no mundo inteiro. Uma vergonha pras autoridades.

Ao voltar à cela, o detento mal se continha de felicidade. Pendurou-se na grade da pequena ventana no alto da cela e gritou para que todos ouvissem:

– Aê, *família*, agora é mamão com açúcar! O bicho pegou em todas as faculdades de São Paulo!

Fisicamente isolados, os integrantes e os simpatizantes do Primeiro Comando da Capital no Piranhão logo responderam com gritos de entusiasmo.

O sucesso do motim em série fez com que a facção ganhasse a simpatia de milhares de detentos. Só no Complexo do Carandiru, com a Casa de Detenção e a Penitenciária do Estado, o PCC conquistou mais de mil adeptos dois dias após a megarrebelião. Na Penitenciária do Estado, um pacto de lealdade coletivo foi firmado na galeria baixa do Pavilhão 3, perto do cinema e da sala de uma igreja evangélica. Mais de quinhentos novos integrantes da organização criminosa estenderam a mão direita, fizeram uma oração e juraram fidelidade. A mesma cerimônia de batismo foi realizada simultaneamente na Casa de Detenção, onde o juramento foi feito na radial – o corredor externo por onde circulam os presos – do Pavilhão 7. Aproximadamente oitocentos novos filiados da Detenção também estenderam as mãos e fizeram um pacto de honra.

Segundo agentes penitenciários, na Penitenciária II de Franco da Rocha, em Pirajuí, em Campinas, em Araraquara, no Centro de Detenção Provisória (CDP) II do Belém, em todas essas penitenciárias houve novos batismos após a rebelião. Em todas elas era muito comum os presos exibirem camisetas com o emblema, o slogan PJL ("Paz, Justiça e Liberdade") e os números 15.3.3.

Uma semana depois do motim em série, o preso Lucien divulgou um manifesto do Partido do Crime, novamente responsabilizando o governo do estado pela rebelião, diretamente motivada pela transferência dos integrantes da facção criminosa para Taubaté e também para penitenciárias de outros estados, longe de suas mulheres, de seus filhos e de outros parentes.

Mesmo depois da decisão do secretário da Administração Penitenciária de suspender as visitas nos 29 presídios onde ocorreram os motins, naquele mesmo dia, um sábado de Carnaval, o PCC também anunciou que as rebeliões no sistema prisional estariam temporariamente suspensas. Na Penitenciária do Estado, Gulu disse, em nome do Partido do Crime, que o "Comando" iria aguardar o pronunciamento das autoridades sobre o manifesto divulgado pela facção na imprensa:

– Ninguém vai fazer nada. Já esperávamos medidas de represália após a megarrebelião. Agora, a ordem do Partido é deixar a bandeira a meio pau. Vamos manter a disciplina nas cadeias.

Por ora, não haveria mortes nem brigas entre presos ou facções rivais. O clima de calma voltou a reinar nos presídios.

Enquanto isso, os advogados voltavam à rotina e reiniciavam a batalha jurídica para tirar seus clientes do Piranhão. No Rio Grande do Sul, Ana lutava na Justiça para obter a remoção de Playboy para São Paulo. O advogado Jerônymo Ruiz Andrade Amaral também viajou para o Sul. Ana e Jerônymo Amaral enfrentavam dificuldades para obter, na Justiça, a autorização para que Playboy retornasse a São Paulo.

Playboy permanecia em Charqueadas.

Psicopata foi mandado para Avaré.

Gulu foi transferido para a Penitenciária I de Presidente Venceslau.

No Paraná, a Justiça dificultava a pleiteada transferência de Cesinha e Geleião para São Paulo.

Desse modo, Sombra continuava a ser a voz, o principal homem do Partido do Crime no sistema prisional paulista. Mesmo isolado no Piranhão, era ele quem tomava as decisões do PCC. O período de trinta dias de castigo, ou seja, sem visita, terminara. Sombra era requisitado por até vinte advogados em apenas uma semana. E quase todos os dias recebia recados de Cesinha e de Geleião, os quais, presos em Piraquara, falavam constantemente pelo celular com seus advogados, suas mulheres e outros detentos de São Paulo.

A ordem de manter a disciplina no sistema continuava de pé. Mas o PCC já concebia outro plano para preocupar e desprestigiar ainda mais as autoridades paulistas. A vingança, dessa vez, seria contra o diretor-geral da Casa de Custódia e Tratamento de Taubaté, José Ismael Pedrosa, alguém por quem Sombra e seus irmãos nutriam um ódio mortal.

* * *

Havia um tempo que a família do diretor-geral do Piranhão vinha recebendo ameaças. Ele não era antipático aos líderes do PCC apenas porque era o diretor-geral do Piranhão. Em 1992, Pedrosa era o diretor-geral da Casa de Detenção quando houve o massacre dos 111 detentos pela Polícia Militar.

Em maio de 2000, o então juiz-corregedor de Assuntos Penitenciários, Renato Laércio Talli, esteve no Piranhão e tomou o termo de declaração de um detento. Além de anunciar a rebelião de dezembro de 2000, o presidiário já advertia que Pedrosa, ou alguém da família dele, seria alvo de algum tipo de atentado caso o anexo de Taubaté não fosse desativado.

Nos primeiros meses de 2001, Pedrosa vinha recebendo contínuas ameaças. Ele próprio não se preocupava tanto com sua segurança e mantinha o hábito de andar sozinho na cidade. No entanto, pai de cinco filhos, alertou a família a redobrar a cautela nas ruas e na chegada e saída de casa.

Contudo, no dia 17 de abril, ou seja, dois meses após a megarrebelião, a filha de Pedrosa, a ginecologista Eulália Rodrigues Pedrosa de Almeida, foi sequestrada em seu consultório, no Centro de Taubaté.

Eulália até seguira a orientação do pai. A porta de seu consultório permanecia sempre trancada e os pacientes só eram atendidos com hora marcada. Mas, às 14h40 do dia 17, uma mulher bateu à porta do consultório dizendo que passava mal e precisava de atendimento com urgência. Então Eulália abriu a porta e foi atacada por três homens e duas mulheres. No consultório estavam oito pacientes e duas secretárias. Todos foram amordaçados. A filha do diretor-geral do Piranhão foi retirada do prédio e colocada em um Golf.

Minutos antes, a médica tinha falado com o pai. José Ismael Pedrosa estava na Delegacia Seccional de Taubaté, onde tinha ido prestar queixa das recentes ameaças. Ele telefonou da delegacia para o consultório e perguntou à filha se estava tudo bem. E até então estava.

Para libertá-la, o PCC exigia a transferência de seus líderes do Piranhão para outra prisão e também o retorno para São Paulo dos fundadores da organização presos no Paraná.

O sequestro da médica mobilizou a polícia paulista. O governador Geraldo Alckmin exigiu do secretário da Segurança, Marco Vinicio Petrelluzzi, empenho nas investigações e rapidez no esclarecimento do caso e na libertação da vítima. Por determinação da SAP, José Ismael Pedrosa foi afastado do cargo.

Sombra e Blindado haviam discutido logo após a transferência para a Casa de Detenção e já não se falavam. Blindado foi contra a ideia de realizar a megarrebelião, e isso desagradou o restante do grupo capitaneado por Sombra.

Quando voltaram para o "inferno", em Taubaté, em 16 de fevereiro, os dois presos continuaram sem se falar. Mas, com o sequestro, os dois se uniam, provisoriamente, na chantagem ao governo: exigiam a transferência da Casa de Custódia e Tratamento de Taubaté em troca da libertação de Eulália Rodrigues Pedrosa de Almeida.

Na Penitenciária Central do Paraná, em Piraquara, a 20 quilômetros de Curitiba, Miza, Cesinha e Geleião também acompanhavam atentamente as notícias sobre o sequestro da ginecologista. Eles também reivindicavam o retorno para qualquer prisão no estado de São Paulo.

Representantes da Corregedoria dos Presídios, da Vara de Execuções e da SAP foram para Taubaté conversar com Sombra. As negociações estavam adiantadas e o governo do estado de São Paulo já estava disposto a atender às reivindicações dos chefes do PCC presos no Piranhão e no Paraná.

Até que, quando menos se esperava, "a casa caiu" e o plano do PCC foi por água abaixo. O estouro do cativeiro de Eulália frustrou os fundadores e líderes da facção criminosa.

Graças à denúncia feita à polícia, o governo não precisou ceder às pressões da facção. Depois de passar quarenta horas nas mãos de sequestradores, Eulália Pedrosa foi libertada em Santos. Policiais da Delegacia de Investigações Gerais (DIG), comandados pelo delegado Gaetano Vergine, estouraram o cativeiro às seis horas da manhã de 19 de abril de 2001. A ginecologista foi mantida refém em um barraco no matagal, no morro da Nova Cintra, onde passou a maior parte do tempo encapuzada em uma cama. Não sofreu agressão física, mas ficou bastante abalada.

A polícia apresentou os sequestradores à imprensa como se houvesse conquistado um troféu. Os três presos em flagrante foram: Francisco Viana Alexandre, o "França"; Claudinei Santana, o "Nei"; e Sílvio Luiz dos Santos. Mas um quarto envolvido no crime, o próprio dono do barraco, identificado como Gélson, conseguiu fugir. De qualquer modo, nem a polícia paulista e nem Pedrosa admitiam que os presos fossem "lagartos" da facção criminosa.

Entretanto, em Piraquara, no Paraná, Geleião revelou que a intenção do PCC era sequestrar não Eulália, mas uma netinha de Pedrosa, de sete anos, considerada a "menina dos olhos" do avô; que o Partido do Crime já concebia o sequestro da criança havia um ano, mas ele próprio, Geleião, mudou de ideia e resolveu escolher como vítima a filha do diretor-geral do Piranhão, porque seria mais fácil atacar Eulália, uma vez que, em seu consultório médico, no centro de Taubaté, ela atendia dezenas de mulheres por dia.

* * *

O diretor-geral do presídio de Taubaté ficou 13 dias sem trabalhar, reassumindo o cargo em 2 de maio de 2001. A decisão de retornar a exercer a antiga função foi tomada depois de dias de reflexão e de longa conversa com a família:

– O trabalho é uma necessidade natural de qualquer ser humano. Trabalho desde os nove anos e pretendo continuar até quando Deus me permitir.

Pedrosa foi recebido com festa pelos colegas no presídio.

– Como qualquer profissão, a minha também oferece riscos, mas não tenho medo porque trabalho com seriedade.

Contudo, depois da megarrebelião e do sequestro da filha de José Ismael Pedrosa, os diretores e funcionários de presídios passaram a ter mais cautela. As autoridades do sistema prisional acompanhavam de perto as ações do Partido do Crime e já admitiam a sua organização, dentro e fora das prisões, assim como temiam a sua intenção de fazer qualquer coisa para atingir seus objetivos.

Jesus chorou no Carandiru

A libertação de Eulália Pedrosa frustrou as expectativas do PCC, mas a facção continuava decidida a ridicularizar o governo e as autoridades do sistema prisional.

O PCC sabia que o ponto fraco da Secretaria da Administração Penitenciária era a Casa de Detenção. Já bem antes da megarrebelião de fevereiro de 2001, a corrupção na "Gozolândia" era explícita. De outro modo, como Sombra e Jonas Matheus passeariam de um pavilhão para outro exibindo pistolas automáticas na cintura? Junto aos dois, também Feirante, Voletti e Blindado foram transferidos para Taubaté, mas, em seus lugares, deixaram líderes como Polaco, o novo piloto da Detenção. A direção do presídio não parecia ter controle algum da situação.

A Assembleia Legislativa criou a CPI do Sistema Prisional para investigar as irregularidades na Detenção e em outras penitenciárias. A CPI estadual do Narcotráfico também estava no caso e já ouvia alguns envolvidos. Os funcionários corruptos e os líderes do PCC sabiam que estavam na mira de deputados, mas não se importavam com isso. Três meses após o sequestro de Eulália Pedrosa, o PCC aprontaria novamente com as autoridades de São Paulo.

Na manhã de 8 de julho de 2001, um domingo ensolarado, Madona, a amiga de Cajarana (e mulher do detento "Rolex"), telefonou para a redação do *Diário Popular*. Caveirinha cumpria plantão neste dia. Madona então lhe disse, vibrando:

– Corre lá na Casa da Dinda, lá no Pavilhão 8, que os irmãos fugiram por um tatu. Corre lá, que tá o maior agito! Um coxinha deu um tiro e quase que acerta as visitas!

Com o carro do jornal, guiado pelo motorista Rogério Risadinha, Caveirinha e o repórter fotográfico Gilberto Travesso chegaram ao presídio no mesmo instante que o helicóptero Águia da Polícia Militar, que então permaneceu sobrevoando a cadeia. Em seguida, a Companhia de Engenharia de Tráfego interditou o trânsito nas avenidas Cruzeiro do Sul e General Ataliba Leonel. Logo, PMs da Tropa de Choque, do Gate (Grupo de Ações Táticas Especiais) e do Regimento 9 de Julho da Cavalaria cercariam a área próxima à Casa de Detenção, também chamada de Casa da Dinda pelas mulheres de presos.

Entretanto, o aparato policial chegou tarde, pois 106 detentos já haviam escapado pelo "Corinthians-Itaquera", como batizaram o túnel que mandaram construir, numa referência à estação terminal da linha leste-oeste do metrô.

Do lado de fora da Detenção, os PMs tentavam recapturar os presos nas galerias de água e esgoto jogando bombas de gás lacrimogêneo nos bueiros.

Caveirinha estava ao lado do capitão Samuel Pizarro, comandante do 5º Batalhão da PM, quando seu celular voltou a tocar.

– E aí, firmeza?

– Quem é? – perguntou Caveirinha.

– Aqui é o piloto da nave-mãe. Firmeza?

"Nave-mãe", "Casarão", "Velha Senhora" eram outros apelidos da Casa de Detenção usados pelos detentos. E o então "piloto" da nave-mãe era o preso Polaco.

– Quantos fugiram? – perguntou o repórter.

– Ah, mais de quatrocentos – exagerou o preso. – Mas era para ir mais, hein! Se um coxinha não visse os irmãos descendo o tatu...

– E você não foi?

– Eu tenho uma missão pra cumprir aqui.

– Missão?!

– É isso aí. Fica com Deus.

O túnel foi cavado de fora para dentro da Detenção, pela galeria de água e esgoto da Sabesp, num canteiro próximo à muralha do Pavilhão 8.

Trabalho de profissionais, o túnel tinha sistemas de iluminação e ventilação, era todo escorado por madeiras e ainda teve suas paredes reforçadas com cimento para evitar deslizamentos de terra ou escoamento de água. A terra cavada era colocada em sacos plásticos e depois despejada na própria rede pluvial. E, para dificultar o acesso da polícia, as tampas de vários bueiros foram amarradas por dentro.

Primeiro saiu o grupo dos presos que financiaram os trabalhos, formado por líderes do Partido do Crime. Esses presos tinham armas e telefones celulares. Depois, os que também ajudaram na mão de obra, já que um buraco no final do campo de futebol do Pavilhão 8, rente à muralha do presídio, precisou ser feito pelos próprios detentos. Por último saíram os presos convidados e também muitos que arriscaram fugir na última hora.

A galeria de água e esgoto tinha muitas ramificações. A rede começava na praça Campo de Bagatelli, em Santana, e terminava na Parada Inglesa, numa extensão total de 10 quilômetros. Na saída do túnel, um guia já esperava o primeiro grupo, que, se valendo de cordas, engatinhou e rastejou pela rede de esgoto, percorrendo 3 quilômetros em meio a ratos e dejetos. Pelo caminho subterrâneo, os primeiros foragidos passaram por quatro bairros, até, na Parada Inglesa, alcançarem o terreno de uma casa da rua Guanapus, onde tomaram banho, trocaram de roupa e entraram numa Topic roubada, que depois foi abandonada a 5 quilômetros da Parada Inglesa.

Dos 106 fugitivos, 28 foram recapturados. Desses 28, 16 ficaram desorientados nas ramificações da malha de esgoto. Já era noite quando, desconfiados, PMs lançaram outras bombas de gás nos bueiros e galerias. Alguns desses fugitivos, não suportando o efeito do explosivo, saíram da rede de esgoto para respirar e foram dominados. Outros acabaram surpreendidos por PMs às margens do córrego situado entre o antigo Centro de Observação Criminológica e o Batalhão de Guardas da Detenção.

Condenado por roubo, o detento Ciro Barros Cordeiro, outro homem forte do PCC na Casa de Detenção, se perdeu, mesmo tendo fugido com o primeiro grupo. Foi Sombra quem batizou Ciro na facção, e a amizade dos dois também tinha o seu paralelo na amizade entre suas respectivas mulheres. Justamente na noite anterior, Débora havia saído com Célia, mulher de Ciro, para tomar um chope. Agora, 24 horas depois, as duas, e também Natália, percorriam a pé as ruas de Santana, na zona norte, à procura de Ciro, que, com um telefone celular, ligava desesperado para elas, perdido no meio do esgoto. Levantava a tampa de um bueiro e não sabia onde estava. "Eu tô perto de um lugar assim", dizia, mas não conseguia explicar o local com exatidão.

Durante horas as três mulheres caminharam pelas ruas de Santana. Os telefonemas haviam cessado. A madrugada de segunda-feira avançava, as três desanimavam, até que Ciro ligou novamente, dizendo-lhes que já havia sido localizado e resgatado por outro grupo. Aliviadas, Célia, Débora e Natália logo correram ao seu encontro, num esconderijo na Vila Nova Cachoeirinha, na zona norte.

Ciro chegou ao esconderijo completamente imundo, cheirando mal, faminto e abatido, depois de ficar quase vinte horas na galeria pluvial. Amanhecia quando ele pôde, enfim, tomar o banho mais esperado de sua vida.

– Eu tinha um mapa, mas o barato foi muito louco – disse Ciro, tomando o reforçado café que as mulheres lhe prepararam. – Teve irmão que também se perdeu do cavalo e passou mal. (Além da Topic, outros "cavalos" – carros – esperavam os foragidos na região da Parada Inglesa.) A gente tinha que erguer a tampa do bueiro para respirar.

O escândalo repercutiu imediatamente fora do país. Essa foi a maior fuga registrada na Casa de Detenção, que nessa época já havia sido dividida em três penitenciárias: os Pavilhões 2, 5 e 8 formavam a Penitenciária I; os Pavilhões 4, 7 e 9 constituíam a Penitenciária II; e o Pavilhão 6, a Penitenciária III. Foi também a maior fuga da história do Complexo do Carandiru.

Contudo, dessa vez não faltou senso de humor aos presos. Os detentos escreveram no campo de futebol do Pavilhão 8 a citação bíblica de João, capítulo 11, versículo 35. Ao lado havia a inscrição 15.3.3. No evangelho, o texto diz: "Jesus chorou". A referência dos foragidos era para Jesus Ross Martins, um evangélico e então diretor-geral da Penitenciária I da Casa de Detenção.

* * *

Entretanto, quatro meses depois, a Secretaria da Administração Penitenciária passaria por nova humilhação. Dessa vez, 99 detentos perigosos fugiram da Penitenciária do Estado.

Novamente, um túnel de 126 metros foi cavado na mesma rede de água e esgoto da avenida General Ataliba Leonel até alcançar a parte interna do presídio. O túnel foi concluído na manhã de 26 de novembro e, no mesmo dia, os detentos renderam um funcionário na oficina de confecção de vassouras.

Agentes penitenciários garantiram que a direção da penitenciária já tinha inclusive sido avisada pela Polícia Civil sobre as escavações de um túnel de fora para dentro do presídio. A direção avisou a SAP e o Serviço Reservado da Polícia Militar.

Dos 99 fugitivos, trinta foram recapturados. Na lista, estavam incluídos membros importantes do PCC, como Ceará, irmão de Natália, e também Júnior, irmão de Playboy.

Mas as duas fugas em massa na Casa de Detenção e na Penitenciária do Estado não foram as únicas por túnel cavado a partir da rede de esgoto da avenida General Ataliba Leonel.

Em meados de 2000, dois agentes penitenciários da Casa de Detenção souberam de uma possível central de buracos no Carandiru. Quem o disse foi um catador de papel do bairro, que teria ouvido, numa conversa com mendigos, comentários sobre a existência de uma central usada para fazer túneis de fora para dentro da Detenção. O homem não soube precisar o local, mas sugeriu que a central ficava perto da avenida Cruzeiro do Sul.

Os dois agentes penitenciários até percorreram as ruas do bairro, mas nada encontraram. Porém os mendigos não estavam errados. A central de buracos ficava mesmo na galeria de água e esgoto da avenida Ataliba Leonel. E a construção de um novo túnel foi concluída em 9 de dezembro de 2000, uma semana antes da chegada de Sombra, Jonas Matheus e outros membros do PCC ao presídio. O túnel tinha 20 metros de extensão e foi cavado de fora para dentro até as proximidades da antiga caixa-d'água do Pavilhão 8.

Assim, no mesmo dia, 38 presos escaparam pelo túnel cavado sob barracas montadas no Pavilhão 8. Faziam parte da lista de foragidos ladrões de banco e carro-forte condenados a duzentos anos, traficantes, homicidas e sequestradores. Dos 38 foragidos, 29 eram reincidentes do Pavilhão 8 e também integrantes do PCC.

Esta fuga ocorreu logo após Jesus Ross Martins assumir a direção-geral da Casa de Detenção.

Outra fuga de presos envolvendo a Casa de Detenção aconteceu bem antes, em 9 de maio de 1990. Trabalhando em silêncio, os próprios presos cavaram um túnel de 100 metros, ligando o setor de laborterapia do Pavilhão 7 à casa de número 83 da rua Antônio Santos Neto, situada nos fundos do presídio. Os 53 fugitivos do Pavilhão 7 contaram com a ajuda de um detento engenheiro. Dias antes da fuga, esse detento foi transferido para outro estado, mas já havia feito um levantamento detalhado do terreno por onde passaria o túnel, que foi construído numa linha absolutamente reta e tinha ventiladores, iluminação, além de paredes escoradas com madeiras e forradas com cobertores.

O então diretor-geral da Detenção era Walter Erwin Hoffgen, na gestão de quem foram registradas outras fugas vexatórias, como a do preso Mário Paulo de Souza, o "Mister M", em fevereiro de 1999. O detento, que só tinha uma perna, fugiu da Casa de Detenção por uma muralha de 9 metros de altura. Dentro de um tubo de concreto, sob a parede de uma casa antiga, construída ao lado do estacionamento do 1º Batalhão de Polícia de Guarda (BPGd), foi encontrada uma "teresa" – corda feita de panos – de 12 metros, presa a um gancho e com madeira improvisada como banco. Além do deficiente físico, fugiram outros dois assaltantes. Mas a suspeita era a de que Mister M havia sido içado pelos próprios PMs responsáveis pela guarda na muralha.

O comandante do 1º BPGd era o então tenente-coronel Olinto Neto Bueno, que logo foi promovido a coronel e, depois, a assessor de Nagashi Furukawa. Na ocasião, Bueno, que apreendeu o material usado para içar o detento sem perna, alegou apenas a falta de indícios que comprovassem a participação de PMs no episódio.

Já no final de outubro de 1996, Jasson Santana de Lima, um integrante do PCC e também do bando que levou 5 milhões de reais de um avião-pagador da TAM no aeroporto de São José dos Campos, foi resgatado do maior presídio da América Latina em uma viatura da Polícia Civil. O carro da corporação, uma Parati branca e preta, foi furtado ao lado do 57º Distrito (Parque da Mooca). Os ladrões alteraram a numeração de sua placa e também as letras de identificação da viatura. Com as mudanças feitas, dois homens foram à Casa de Detenção e se passaram por investigadores do 28º DP (Freguesia do Ó). Os falsos policiais apresentaram aos agentes penitenciários um ofício e uma mensagem da Coesp, solicitando a remoção do assaltante do avião-pagador e do traficante Enoque Tavares de Freitas para o 28º DP, pelo prazo de um dia, para eventual reconhecimento por parte de vítimas de roubo.

O diretor de disciplina da Casa de Detenção, Florisval Alves da Silva, afirmou ao repórter Caveirinha:

– Recebi uma denúncia anônima, informando que os dois presos iriam escapar no fim de semana, misturando-se às visitas. Mas, quando então verifiquei os prontuários dos dois detentos, constatei que eles já não se encontravam nos pavilhões.

Cinco dias após esse resgate, outros cinco detentos tentaram fugir da Casa de Detenção em um caminhão de lixo. Porém, quando o veículo arrancou o último portão que dava acesso à rua, atropelou junto o agente penitenciário João de Deus Menezes. João teve o corpo arrastado e esmagado. Ele tinha 61 anos, trabalhava há 23 anos na Detenção e iria se aposentar em poucos meses. O presídio inteiro ficou muito abalado com esse episódio. Tanto mais porque, após o atropelamento, os cinco presos que fugiam foram dominados, obrigados a deitar de costas no chão e, por fim, fuzilados.

Em junho de 1997, outra fuga colocou em xeque a atuação de diretores e agentes penitenciários da Detenção e de funcionários da SAP. Condenado por estelionato, roubo, furto, agressão e outros crimes, o detento Ulisses Guimarães Stancat – que, além do nome, mais nenhum tipo de semelhança guardava com o saudoso político – escapou do presídio após doar oito computadores para a Coesp. A doação havia sido autorizada pelo então secretário da Administração Penitenciária, João Benedicto de Azevedo Marques, e foi inclusive publicada na edição de 4 de abril de 1997 do *Diário Oficial do Estado*. Os computadores doados pelo presidiário foram instalados no Centro de Processamento de Dados da Detenção. Alguns dias depois da doação, o detento conseguiu na Justiça o benefício do regime semiaberto e a remoção para o presídio de Tremembé, no Vale do Paraíba. Porém, no dia da transferência, ele nem chegou ao destino previsto: desapareceu misteriosamente no meio do caminho.

Muitas fugas do Carandiru foram facilitadas, mas ninguém jamais foi punido por elas. Ao contrário, alguns suspeitos foram promovidos ou prestigiados pela SAP.

A gestão de Erwin Hoffgen na Casa de Detenção foi marcada por tragédias, mas também por fatos cômicos. Em maio de 1997, ao realizarem uma blitz no presídio, os agentes penitenciários não encontraram armas, drogas, ou um túnel, e sim uma morena alta, de olhos esverdeados, cabelos negros e compridos. I. M. S. estava hospedada na cela de seu marido, no quinto andar do Pavilhão 8. Moradora da zona leste de São Paulo, ela saiu de casa cedo, num domingo de visita. Às sete horas, já no presídio, ela passou pela revista e foi para o Pavilhão. Quando a visita terminou, às 17 horas, a mulher se escondeu.

– Eu fiz isso por amor, seu diretor. O senhor não sabe o que é sofrer de saudades.

Foi o que ela disse na sala da diretoria.

No entanto, para os agentes penitenciários, que não acreditaram em sua versão, ou a mulher pretendia ficar na cadeia para que o marido saísse travestido em seu lugar, ou, muito pior, ela estava sendo obrigada a permanecer na cela para pagar, com sexo, supostas dívidas de drogas do marido.

Um preso folclórico na Detenção era o velho Lupércio Ferreira de Lima, o "Mala". Ele acabara de completar 80 anos quando foi entrevistado por Caveirinha. Condenado por tráfico, Lupércio passou metade de sua vida na prisão. Na década de 1950, ele já era hóspede do extinto presídio Tiradentes quando os presidiários vestiam o uniforme de listras pretas e brancas. Conviveu com criminosos famosos (como o Bandido da Luz Vermelha, Meneguetti, Promessinha, entre outros) e, na última década, viu o PCC se fortalecer na Detenção. Considerado "o detento mais antigo do Brasil", Lupércio era querido no Carandiru, onde tinha acesso a todos os pavilhões. Sua cela às vezes ficava 24 horas aberta. Ex-massagista da Seleção Brasileira de Basquete e do São Paulo Futebol Clube, Lupércio acompanhou 11 Copas do Mundo na cadeia, de 1958 a 1998.

Em julho de 1998, ele saiu em liberdade. Sem ter para onde ir, não quis ficar longe da cadeia. Dispensou mesmo a ajuda de antigos amigos comerciantes da avenida Duque de Caxias, que insistiam em lhe pagar um hotel para dormir. Assim, todas as noites, Lupércio dormia na própria Detenção, em um box destinado à revista de mulheres e parentes de detentos. Os próprios agentes penitenciários lhe serviam café, almoço e janta.

Eles contam que, na década de 1980, Lupércio ganhou alvará de soltura. Porém, assim que chegou à praça da República, ele comprou uma porção de maconha, telefonou como anônimo para a polícia e disse que havia um homem negro vendendo drogas no local. O homem negro era o próprio Lupércio, e assim ele foi levado de volta para a Detenção. Foi quando recebeu o apelido de Mala.

Mas talvez o velho tivesse motivos para querer permanecer no presídio. Quando voltou às ruas, em 1998, Lupércio foi logo assaltado por dois homens na saída da Estação Armênia do metrô, no centro de São Paulo. Ficou sem dez reais. Dias depois, no mesmo bairro, levaram-lhe mais dez reais. Condenado por tráfico, ele se assustou com a crueldade de ladrões que atacavam idosos e também com o número de crianças viciadas em crack. Em plena "Cracolândia", nas redondezas do prédio da estação da Luz, no Centro, onde morou nos anos 50, época em que a maconha era a droga mais usada, Lupércio se dizia perplexo:

– Hoje eu aqui sou um estrangeiro. Me sinto um amador nesse lugar.

Livre, Lupércio continuou dormindo na Detenção até falecer, em 2001.

* * *

Em março de 2000, funcionários da Casa de Detenção encontraram 24,3 quilos de dinamite no Pavilhão 8, onde estavam os chefes do PCC. Os explosivos foram encontrados num buraco de 50 centímetros de profundidade, no setor de hidráulica. Agentes penitenciários também encontraram nove armas, sendo duas pistolas e sete revólveres.

O tipo de dinamite apreendida era usado principalmente em pedreiras. A Polícia apurou que o material seria colocado junto à torre da antiga caixa-d'água, no fundo do Pavilhão 8, perto do campo de futebol. Os 24,3 quilos de explosivos certamente iriam fazer um grande estrago na Detenção. Para, por exemplo, derrubar o edifício Palace 2, no Rio de Janeiro, foram necessários 8 quilos do explosivo.

O PCC pretendia explodir a Casa de Detenção durante o Carnaval. Os buracos estavam prontos, faltava apenas preenchê-los com os explosivos. Mas alguém revelou o plano à direção do presídio.

Na época, Nagashi Furukawa prometeu reforçar a segurança externa na Detenção. Todos os agentes penitenciários do presídio foram convocados para trabalhar no Carnaval, embora não se descartasse a possibilidade de envolvimento de alguns deles no episódio. Furukawa, contudo, acreditava que os explosivos deveriam ter entrado na Detenção nos dias de visita, e que, portanto, o que houve foi falha dos agentes responsáveis pela revista dos visitantes.

A cada dia, o repórter Caveirinha apurava um novo escândalo envolvendo diretores, funcionários e presos da Casa de Detenção. Em 21 de agosto de 2000, o *Diário Popular* trazia a seguinte manchete: "Presos têm 50 milhões de reais para financiar fugas". Já a matéria principal da editoria de Polícia anunciava "Os poderosos das cadeias". A reportagem dizia que cinco organizações criminosas brigavam pelo controle das penitenciárias, mas que o PCC tinha um caixa de pelo menos 50 milhões de reais para financiar fugas e resgates, corromper funcionários, contratar advogados, comprar armas e drogas. Que 27 milhões dos 32,5 milhões de reais roubados do Banespa ainda estavam em poder dos integrantes do PCC, certamente a organização criminosa mais estruturada. As outras facções, chamadas pelo PCC de "vermes", ou, menos vezes, de "oposição", eram o Comando Revolucionário Brasileiro da Criminalidade (CRBC), o Comando Democrático da Liberdade (CDL), a Seita Satânica (SS) e o Comando Jovem Vermelho da Criminalidade (CJVC).

Campana, um agente da Detenção, costumava ler as reportagens de Caveirinha. Em 18 de novembro de 2000, ele telefonou para a redação do jornal e pediu para falar com o repórter. Para Caveirinha, o agente penitenciário comunicou outro episódio inverossímil relativo à Detenção: o preso Milton Alves Figueiredo, o "Pateta", gozava de regalias junto à diretoria do presídio. Uma vez, saiu para almoçar em um restaurante de luxo, nos Jardins, área nobre da capital paulista. Em outra ocasião, voltou embriagado para a cadeia, já de madrugada. O detento teria sido autorizado a visitar a família, no ABC, por um diretor de Vigilância e Disciplina. Condenado por tráfico, Pateta morava no Pavilhão 4 e trabalhava no gabinete da diretoria. Ele vinha saindo há meses da cadeia com autorizações da diretoria. A última saída aconteceu às 11 horas de 16 de novembro de 2000. Dessa vez, Pateta foi autorizado a fazer uns serviços externos atrás da Detenção. Mesmo escoltado por dois agentes penitenciários, o detento, ainda nas proximidades da Detenção, entrou em um Gol cinza e sumiu.

Ao investigar a fuga, a CPI do Narcotráfico apurou outros escândalos na Detenção, só então descobrindo que, além de Pateta, outros presos desfrutavam de mordomias na Gozolândia.

O detento Carlos Alberto da Silva Gomes, acusado de matar um delegado da Polícia Federal, era autorizado pela diretoria a sair da cadeia e só retornava depois das 22 horas. O preso Ivan Sotelo Codo, suspeito de ter matado um PM, também foi autorizado a sair da Detenção para namorar e tomar sorvetes nas ruas de Santana. O preso Wanderley Vieira Pinto, um evangélico da igreja "Brasil para Cristo", foi autorizado a passar dois fins de semana em casa com a família e a fazer pregações nas ruas e em igreja. A CPI apurou que Wanderley foi autorizado a sair da cadeia pela diretoria geral do presídio. O detento José Moisés da Silva, um evangélico condenado por estupro, saiu 39 vezes da Detenção. Silva saía da cadeia para visitar a família e montar uma rádio comunitária, em Cotia, na região metropolitana de São Paulo.

Assim, a CPI do Narcotráfico convocou os diretores Maurício Guarnieri e Jesus Ross Martins, além de mais 11 agentes penitenciários, para prestar depoimentos sobre as irregularidades na Detenção. Os deputados apuraram ainda que os presos Gomes, Wanderley e Silva receberam autorização até para ir às clínicas de repouso El Shadai e Nova Vida, ambas em Cotia.

Ouvido pelos deputados na CPI do Narcotráfico, um agente penitenciário admitiu que havia escoltado um preso para sambar em um ensaio na quadra da escola de samba Vai Vai, no bairro da Bela Vista, e também que acompanhou outro detento a uma festa de casamento. A CPI descobriu ainda que o pagodeiro Edson Camilo foi autorizado a sair da Penitenciária do Estado 89 vezes para gravar CDs e fazer shows. Até que, em 17 de novembro de 2000, ele saiu e não voltou.

No dia 23 de novembro de 2000, o *Diário Popular* denunciou mais outro escândalo na Casa de Detenção: diretores e agentes penitenciários foram acusados de vender comida para um grupo de presos. Compravam alimentos e material de higiene e limpeza num atacadão da zona norte de São Paulo e os revendiam aos presos com ágio de até 200%. Caveirinha obteve, com exclusividade, um documento assinado por um diretor autorizando três agentes penitenciários a comprar os alimentos. Um agente penitenciário foi autorizado a fazer compras para os presos dos Pavilhões 2 e 5. Messias comprou alimentos para os detentos dos Pavilhões 4, 6 e 7; Fonseca, para os presidiários dos Pavilhões 8 e 9. As compras eram feitas pelo menos duas vezes por semana. Os funcionários compravam grande quantidade de alimentos não fornecidos pelo Estado, como açúcar, café, sal, pão, óleo de cozinha, refrigerantes, vinagre, carne, alho, cebola ou queijo. As mercadorias chegavam sempre em um caminhão-baú e eram distribuídas por um atacadista da zona norte. Os alimentos eram levados para as copas dos Pavilhões 8 e 9, onde estavam os líderes do PCC no presídio, e depois eram vendidos para os demais detentos.

Diretores e agentes penitenciários da Detenção também foram acusados de vender celas para os presidiários. Um xadrez individual no Pavilhão 4, com "vista panorâmica" para a avenida Cruzeiro do Sul e a Estação Carandiru do metrô, custava, no mínimo, 800 reais.

As reportagens de Caveirinha caíram como uma bomba na CPI do Narcotráfico da Assembleia Legislativa. Maurício Guarnieri entregou o cargo em 5 de dezembro de 2000. Foi quando Jesus Ross Martins assumiu a direção-geral da Casa de Detenção. Contudo, sua estreia não foi feliz. Quatro dias depois de sua posse, houve a fuga dos 38 presidiários.

Um mês e meio depois, um dentista que já trabalhava no sistema prisional havia 18 anos foi flagrado por guardas do presídio levando, em sua maleta preta, oito telefones celulares e dez carregadores para um grupo de detentos.

Em março de 2001, auxiliares de enfermagem, médicos e assistentes sociais enviaram um ofício às autoridades do sistema prisional pedindo mais segurança e melhores condições de trabalho. No documento, os funcionários também alertavam sobre a insegurança e as frequentes interrupções dos trabalhos no ambulatório central do Pavilhão 2, onde tumultos, invasões de presos e inícios de motins eram constantes. A equipe de Saúde da Casa de Detenção também encaminhou um abaixo-assinado a Jesus Ross Martins cobrando providências.

Em 5 de abril de 2001, os agentes penitenciários decidiram entrar em greve em São Paulo. O movimento atingiu as 28 penitenciárias mais antigas, tendo sido mais forte no Complexo do Carandiru, especialmente na Casa de Detenção, onde a adesão à greve foi quase total, funcionando apenas os serviços de alimentação, de saúde e de alvará de soltura. Os agentes penitenciários Paulo Gilberto de Araújo e Octávio César Berthault eram diretores de base, na Detenção, do Sindicato dos Funcionários do Sistema Prisional do Estado de São Paulo. Ambos já haviam alertado as autoridades do sistema prisional sobre os problemas na Detenção, desde a falta de funcionários, ausência de cadeados para as celas e até mesmo sobre a superlotação, a morosidade no acompanhamento jurídico. Além disso, direitos garantidos por lei não eram assegurados aos presos, o que aumentava mais ainda a revolta da população carcerária e a insegurança no presídio. A Detenção tinha capacidade para 3 mil detentos, mas então abrigava mais do que o dobro.

Lá, os dois dias de greve dos funcionários viraram lazer para os presidiários. Eles passaram o dia tomando banho de sol nos pátios e jogando bola nas quadras e nos campos de futebol. A paz e a calmaria reinaram nos quatro cantos da Detenção. No "fundão" do presídio, principal reduto do PCC, os detentos considerados mais perigosos, completamente à vontade, pulavam os muros que separavam os Pavilhões 8 e 9.

A paralisação fez o secretário da Administração Penitenciária se reunir com o presidente do sindicato da categoria, Nilson de Oliveira, e com outros representantes da entidade. Nagashi Furukawa ficou de estudar a possibilidade de aumentar de 11 para 16 as folgas dos agentes. Prometeu analisar a proposta de redução da aposentadoria dos agentes para trinta anos, estudar a reestruturação do plano de carreira da categoria, e também prometeu encaminhar as reivindicações dos trabalhadores ao governador Geraldo Alckmin.

Assim, os grevistas voltaram ao trabalho. Mas a insatisfação da categoria, as constantes fugas e os motins, as denúncias de corrupção, o fortalecimento do PCC na Detenção e a dificuldade de controlar um presídio superlotado irritavam o governador há muito tempo, por isso ele desejava desativar e implodir a Casa de Detenção no momento apropriado.

Uma freira na masmorra

No segundo andar do corredor do Pavilhão 9, o mesmo onde 111 homens foram massacrados pela Tropa de Choque da Polícia Militar em outubro de 1992, uma mensagem – escrita com tinta preta, num português falho, mas bastante claro, ao lado da cela 9215-E – retratava a revolta e a desesperança da população carcerária com o sistema prisional:

> Só pelo sofrimento que somos obrigados a passar nesse lugar constituído de ódio, raiva e saudades é onde temos mais forças pra nos tornar mais terroristas do que já somos e através do nosso instinto e força de vontade e onde lutaremos e sobreviveremos em qualquer lugar, pois de lealdade vivemos pra conseguirmos a nossa meta, que é a paz, justiça e liberdade. E com a união de nossos irmãos espalhados pelo sistema e apoiados pelos que estão do lado de fora faremos o nº 1 da mídia terrorista brasileira. Não somos os melhores nem os piores, pois somos isso que a própria sociedade criou. Primeiro Comando da Capital.

Sobre a mensagem havia a inscrição CV – PCC – 15.3.3., pontuando a união do Comando Vermelho (CV), principal organização criminosa do Rio de Janeiro, com o PCC. Mas a mensagem mesma defendia ações terroristas em protesto contra as torturas e as arbitrariedades impostas aos detentos. Pois as práticas medievais de castigo aos presos eram comuns na Casa de Detenção.

Um dos lugares mais sombrios da Detenção era a masmorra do Pavilhão 5. As celas ficavam no fundo de um corredor escuro, do lado direito da entrada do Pavilhão. Não tinham "boi" – banheiro –, não possuíam "pedra" – cama – e nem ventilação. Suas paredes eram úmidas.

Os detentos não tomavam banho e eram obrigados a dormir no chão em meio a dejetos, baratas e ratos. A masmorra era destinada aos que cometiam falta grave, aos jurados de morte e àqueles que por algum motivo não gozavam da simpatia de diretores e funcionários.

Ou seja, muitos presidiários também eram mandados para a masmorra sem motivo algum.

Normalmente, o castigo durava trinta dias. Nas celas úmidas, escuras e sem banheiro da masmorra do Pavilhão 5, a maioria dos presos tinha anemia e pele amarela por causa da falta de banho de sol. O esgoto nos xadrezes por vezes alcançava os tornozelos dos detentos. As refeições não eram entregues todos os dias e muitas vezes chegavam azedas. O detento chorava, agonizava, chamava pela mãe.

Nem todos suportavam.

Mas, ao menos, o lamento triste dos presos do Pavilhão 5 chegava aos ouvidos de uma mulher humilde, com muito amor no coração e sempre disposta a levar esperança aos aflitos. Com voz baixa, suave e sotaque catarinense, a freira Anna Orlandi, de 77 anos, conhecida como irmã Noemi, havia mais de duas décadas consolava os presos doentes, desesperados e necessitados do Carandiru e também de outras prisões. Agente da Pastoral Carcerária, a freira confortava os detentos portadores de HIV ou com tuberculose, câncer ou lepra. E, na masmorra, rezava pelos condenados feridos em brigas com outros colegas, bem como por aqueles que haviam sido espancados por funcionários.

Isolados, muitos presos perdiam a noção do tempo:

– Irmã, a gente tá em que mês?

Nas cartas escritas e em conversas com amigos, Mizael comparava os trabalhos de irmã Noemi na Detenção às peregrinações da Madre Tereza de Calcutá, a religiosa iugoslava vencedora do Prêmio Nobel da Paz de 1979 pelas lutas em prol dos pobres e excluídos na Índia. Depois do massacre de 111 presos, irmã Noemi foi convocada pela Arquidiocese de São Paulo para atuar no Complexo do Carandiru. Ela dedicava pelo menos dois dias da semana para catequizar e humanizar os detentos, principalmente os que não tinham família e não recebiam visitas.

Mesmo sendo agente da Pastoral Carcerária e autorizada a visitar as cadeias, irmã Noemi enfrentava dificuldades para poder entrar na masmorra da Detenção. A presença da religiosa nos calabouços do presídio incomodava diretores e funcionários. A masmorra era a prova do desrespeito aos direitos humanos no sistema prisional.

Com paciência, a irmã conseguia driblar a direção do presídio e não deixava de visitar os detentos no corredor escuro do Pavilhão 5, onde rezava e entregava aos condenados ao castigo folhetos bíblicos e livros litúrgicos. No precário hospital da Detenção, no Pavilhão 4, a freira fazia até curativos e ouvia o clamor de presos às vezes à beira da morte.

Irmã Noemi se dizia predestinada a levar esperança para os detentos. Contava que, certa vez, passava em frente a uma delegacia em Avaré quando uma voz lhe perguntou:

– E para os presos, não vai fazer nada?

Imediatamente veio à sua lembrança o trecho bíblico em que Jesus agradece aos discípulos então abençoados – "Estive preso, e vieste ver-me" – e lhes explica que, por terem ajudado "os mais pequeninos dos irmãos", eles também o ajudaram. A partir daquele dia, irmã Noemi venceu o medo e o preconceito de entrar numa prisão:

– Eu simplesmente recebi a inspiração e fui até a delegacia.

Em 1979, a religiosa já era responsável pela catequese em uma paróquia de Avaré, no interior paulista. Lá, irmã Noemi cuidou dos presos durante oito anos. Em 1989, deu testemunho aos presos da Cadeia Pública do Guarujá, cidade no litoral sul do estado de São Paulo, onde ficou por quatro anos. Em 1993, aceitou o convite da Arquidiocese de São Paulo para iniciar a caminhada espiritual na Casa de Detenção.

No dia 18 de fevereiro de 2001, irmã Noemi viu de perto a maior rebelião da história dos presídios no Brasil. Ela estava na Casa de Detenção para participar de duas celebrações eucarísticas no Pavilhão 5. Durante o motim, a freira auxiliou os próprios presos ao tranquilizar várias mães e crianças assustadas nos Pavilhões 7 e 9.

Junto aos padres Chico, Valdir e Günther, com os quais realizou a cruzada espiritual na Casa de Detenção, irmã Noemi levou conforto aos desesperados até o último dia de funcionamento do presídio. O preso Oacir Pereira da Mata, que se tornou voluntário da Coordenadoria da Pastoral Carcerária, escreveu sobre a irmã: "Jesus Cristo nos deu a graça de tê-la entre nós. Muitos de nós realmente estamos recuperados. Que Jesus Cristo a abençoe em todos os seus caminhos".

Ainda que combatida e denunciada pelos agentes da Pastoral Carcerária e pelas entidades de direitos humanos, a tortura sempre foi uma prática comum na Casa de Detenção. Se, durante a ditadura militar, funcionários espancavam os detentos, nos anos 80 uma sala da manutenção elétrica, no Pavilhão 6, foi batizada por funcionários de "DOI-Codi", numa alusão ao aparelho repressor instituído na década de 1970 pelos militares. Para lá eram levados os detentos que gozavam da antipatia de agentes penitenciários ou cometiam atos de indisciplina. (Um agente penitenciário que trabalhou 36 anos no sistema prisional e conhecia bem a Casa de Detenção disse ter ido sete vezes ao Instituto Médico-Legal Central solicitar ao legista a alteração da *causa mortis* de certos detentos.)

Em 1987, o detento Avenito Aurora da Silva tinha uma boca de fumo no Pavilhão 8. Na época, a cocaína ainda não havia chegado com força na Detenção. Flagrado vendendo maconha, o preso foi levado por funcionários para o "DOI-Codi". Avenito foi pendurado em um pau de arara, depois lhe aplicaram choques elétricos e o agrediram a socos, pontapés, pauladas e canos de ferro. A Casa de Detenção escondeu a morte do preso.

Avenito nunca foi comunista, mas seu caso é semelhante aos dos presos políticos torturados até a morte nos porões da ditadura militar. Seu corpo ficou 13 dias na geladeira do IML Central. Sua família não foi avisada. No cemitério Dom Bosco, em Perus, na região metropolitana de São Paulo – justamente onde foram encontradas as ossadas de dezenas de vítimas da repressão militar –, Avenito foi enterrado como indigente, em vala comum.

Dezenas de "reeducandos" tiveram o mesmo fim.

Já no hospital do Pavilhão 4, os agentes da Pastoral Carcerária viram muitos presos morrerem por causa da falta de médicos, enfermeiros e remédios. Muitos detentos, em fase terminal, agonizavam toda a noite. Não suportando as fortes dores e cansados de gritar por socorro, alguns pediam para ser mortos pelos colegas de quarto. No precário hospital, onde outrora funcionou apenas a enfermaria da Detenção, os próprios presidiários cuidavam dos pacientes. Não havia cadeira de rodas e o elevador estava desativado. Os presos carregavam os doentes e paraplégicos no colo pelas escadas até o quinto andar.

Por causa da falta de assistência médica, da morosidade no acompanhamento jurídico dos processos e de outros direitos não respeitados, os presos deixavam de acreditar no sistema prisional e depositavam cada vez mais suas esperanças no Primeiro Comando da Capital.

Um dia, Lucien, preso na Penitenciária do Estado, ligou para o repórter Caveirinha e passou o telefone para Eliel, um preso do Pavilhão 7 da Detenção. Eliel tinha boa relação com muitos agentes penitenciários e funcionários do setor de saúde da Penitenciária do Estado e desejava intermediar um encontro entre o repórter e uma funcionária que trabalhava na enfermaria do Pavilhão 1 desse presídio.

– Ela tem uns documentos importantes para você – disse Eliel. – Porque o descaso não é só com os doentes da Detenção, não, mas também com os presos da Penitenciária.

Após um contato telefônico, um encontro foi combinado na Estação Sé do metrô. A funcionária do presídio entregou a Caveirinha um envelope com várias fichas médicas de presos, todas contendo consultas, exames e cirurgias marcados em outros hospitais e clínicas de São Paulo. Ela explicou:

– Os presos morrem porque nunca tem escolta nem ambulância para transportá-los.

Caveirinha denunciou tudo em duas reportagens nas edições de 18 e 19 de janeiro de 2002 do *Diário de S. Paulo*. Os documentos obtidos pelo repórter mostravam que as mortes por omissão de socorro, negligência médica e espancamento de presidiários eram rotina nas penitenciárias, cadeias públicas e delegacias de São Paulo. Raros casos envolvendo mortes de presos tiveram repercussão. O de Fernando Dutra Pinto, por exemplo, ganhou notoriedade porque o rapaz, recolhido no Centro de Detenção Provisória do Belém, na zona leste, sequestrara a universitária Patrícia Abravanel, filha do empresário e apresentador de TV Silvio Santos. Mas este caso foi uma exceção, e não a regra.

Em contrapartida, o preso Edvaldo Gonçalo Correia se deu muito mal na Penitenciária do Estado. Seu estado de saúde era grave, e o médico José Adriano Ferreira determinou a remoção do presidiário para o Conjunto Hospitalar do Mandaqui, na zona norte. O chefe da equipe de segurança, o agente penitenciário José Leite Perrot, enviou ofício à 4ª Companhia do 5º Batalhão da Polícia Militar pedindo escolta reforçada para levar o doente ao pronto-socorro. O sargento que estava de plantão fez a seguinte anotação no verso do ofício: "Informo a V. Sa. que, de acordo com determinação superior, está suspensa a execução de escoltas durante o período noturno". Edvaldo não foi levado ao hospital e morreu dois dias depois.

Outra vítima da falência da saúde no sistema prisional paulista foi Luiz Carlos Santos Moraes, outro presidiário da Penitenciária do Estado. Portador de diabetes, o detento não pôde ir às consultas marcadas com o oftalmologista na Santa Casa de Misericórdia. Os documentos obtidos por Caveirinha mostravam que, em 25 de julho de 2001, Moraes não foi removido porque não havia carro e a única ambulância do presídio estava enguiçada. Luiz Carlos, que sofria de diabetes há 14 anos, passou mal novamente na manhã de 9 de setembro, menos de dois meses depois. A enfermeira que assumiu o plantão da noite relatou que o estado do paciente era grave e, contudo, não havia nenhum médico no presídio. Então ela ligou para o Departamento de Saúde do Sistema Penitenciário e foi informada de que o médico estava a caminho da penitenciária.

Moraes agonizou a noite inteira. O médico só chegou pela manhã. Logo requisitou a urgente remoção do preso para o Hospital do Mandaqui. Mas, dois minutos após dar entrada no pronto-socorro, Moraes morreu de parada cardiorrespiratória.

Já Leomar Severino de França, paraplégico e portador do vírus da aids, sofria de cirrose e de hepatite C. Leomar aguardou mais de um ano para ser atendido num hospital. Precisava ser submetido a biópsia e fazer com urgência o exame de ultrassom. Os médicos da Penitenciária do Estado já tinham pedido inúmeras vezes a hospitalização de Leomar, mas, por falta de ambulância, o preso nunca era removido. Outro detento, o "Alemão", era quem dava banho, vestia as roupas, fazia curativos e servia as refeições para o amigo. Em 18 de janeiro de 2002, Caveirinha publicou uma matéria sobre Leomar e denunciou o fato de que o preso não era assistido por um médico desde fevereiro de 2001.

Situação semelhante enfrentou o preso diabético José Ferreira de Morais. Conforme prescreveu a médica responsável em 3 de dezembro de 2001, o preso tinha catarata. Deveria ser avaliado por um oftalmologista e depois operado. Mas então José ficou cego também em consequência da falta de carro e de escolta para levá-lo à Santa Casa de Misericórdia.

O médico Ismael Abdo Ganeu, que trabalhava há 23 anos no sistema prisional paulista, declarou ao repórter Caveirinha:

– A minha maior dificuldade é encaminhar um detento para fazer tratamento externo.

Algum tempo depois, poucos dias antes da desativação do presídio, Caveirinha e a repórter fotográfica Eliária Andrade visitaram a Casa de Detenção. Eliária fez fotos importantes. Já Caveirinha estava disposto a agradecer a Eliel pelo furo jornalístico. Os PMs que o acompanhavam não podiam desconfiar que, junto à muralha que fazia fundo com o Pavilhão 7, o repórter ligava para o celular do detento.

– Olha aqui pra cima! – Eliel guiou o olhar e o sorriso do repórter: – Eu tô no terceiro andar, olha, aqui, tirando o lençol da janela. Tá ligado? Essa aqui é a minha cela. Aqui mora eu e mais um ladrão. Ô, meu, obrigado pelas reportagens! Foi positivo!

Mas o descaso do Estado não acontecia somente no setor de saúde. O sistema prisional continuava se mostrando incapaz de vigiar, separar presos de facções rivais e impedir as brigas de detentos e assassinatos nas prisões. As mortes violentas e as lesões corporais dolosas ocorridas na Penitenciária do Estado e na Casa de Detenção eram todas registradas no 9º Distrito Policial (Carandiru). Eram tantos os casos que a delegacia mantinha uma equipe – formada por delegado, escrivão e investigador – só para atender às ocorrências no Complexo. E, além das mortes, também eram registradas, quase todos os dias, tentativas de fugas, apreensões de armas, drogas e celulares.

Caveirinha fez um levantamento sobre os assassinatos cometidos por presos na Detenção no período de janeiro de 1999 a agosto de 2000. Os dados foram publicados nas edições de 20 e 21 de agosto de 2000 do *Diário Popular*. Foram registrados cinquenta assassinatos de detentos durante esse período na Casa de Detenção, sendo que a maioria morreu degolada nas brigas entre facções. O maior rival do PCC no presídio era o CRBC (Comando Revolucionário Brasileiro da Criminalidade), facção criada em dezembro de 1999, na Penitenciária José Parada Neto, em Guarulhos.

Mas, a despeito das denúncias, as autoridades do sistema prisional insistiam em negar a existência de facções criminosas. Foi apenas em 2001, já depois de sofrer os mais duros golpes do PCC, que a Secretaria da Administração Penitenciária admitiu a existência da facção, bem como a de outros grupos criminosos. Só então a SAP começou a se preocupar em separar os rivais por unidades.

Foi assim que, depois da megarrebelião, a Casa de Detenção se tornou um reduto quase exclusivo do PCC.

Na mão do Capeta

Enquanto Ana dirigia velozmente o seu carro, Natália procurava trazer algum consolo para Débora, que não esboçava uma palavra, não ouvia coisa alguma e tampouco dedicava qualquer atenção à estrada. Pensava somente em Sombra e se recordava do dia em que o havia conhecido, no bar do Redondo, quando ele a chamou para conversar e lhe ofereceu um Campari. Nessa época, Débora ainda era militante da corrente trotskista Liberdade e Luta, a "Libelu".

Débora lembrava do primeiro presente que Sombra lhe dera, aquela *Antologia Poética*, de Brecht. Quando o conheceu, em 1985, Débora ainda pretendia concluir a graduação que havia iniciado, em Ciências Sociais, mas, apaixonada, acabou seguindo os rumos do marido.

Seus pensamentos cruzavam seu cérebro tão rápido quanto o carro de Ana rumava para Taubaté. Débora se lembrava de Sombra em liberdade e ao mesmo tempo das tantas viagens que fizera a cidades do interior para visitar o marido já preso. Pensava nas visitas íntimas. Em seguida, vinham-lhe à mente lances de tristeza, como o tapa que Sombra deu em seu rosto, certa vez, na Penitenciária de Guarulhos. Débora apanhou por não querer atender a uma ordem de seu marido. Ela se recusava a fazer algo que fosse causar mal a alguém.

Sempre, após as constantes discussões, os dois se perdoavam. Mas pouco tempo antes Débora tinha ouvido de alguém que Sombra a traía com a sobrinha, filha do irmão dele.

Poucos dias depois, Sombra lhe enviou esta carta, escrita com caneta vermelha:

Taubaté, 17/7/2001.
Oi, preciosa de todos os momentos, mil beijos para você. E que a paz, a luz divina a ilumine cada vez mais e mais, pois sempre será a mais bela das maravilhas existentes na face da terra. Não pense que eu não lembro de você. Por mais esquecido que eu seja, eu não esqueço jamais que é bela por completo. Não esqueça jamais que sou eu somente um para você. E que você é muito mais que um para mim. Você é tudo e um pouco mais de tudo que para mim representa a beleza, a vida, a alegria e o sorriso que existe nos meus lábios. Você é muito mais que pode imaginar. Amo você e tenho motivos para sentir esse amor.

Galanteador, Sombra mantinha o romantismo entre ele e Débora. A carta foi postada na agência dos Correios de Taubaté no dia 18 de julho.

No dia 27, Natália acordou na casa de Débora, um quarto e sala alugado na zona norte. Por volta das nove horas, as duas amigas conversavam quando o celular de Débora tocou. Natália atendeu:
– Tudo bem, amiga?
Do outro lado da linha, Ana respondeu:
– Não, amiga.
– O que houve?!
Pelo tom da conversa, Débora já pressentiu:
– O que que aconteceu, Natália?
– Natália – continuou Ana –, eu não tenho coragem de dar essa notícia.
– Pode deixar.
– Me espera, ok?
– Ok.
Ao desligar o telefone, Natália ainda se manteve calada por instantes.
– Fala, Natália! O que aconteceu?!
Então ela disse a Débora, chorando:
– Sombra está morto.

Sombra não foi reverenciado por acaso no sistema prisional paulista. Conceituado e com "proceder" no mundo do crime, o famoso assaltante de bancos e joalherias era condenado a 218 anos e quatro meses de prisão. A pena de Sombra iria vencer em 24 de agosto de 2206. Ele começou cedo a carreira de assaltos. Em abril de 1990, ao ser preso por policiais da Delegacia de Roubos a Bancos do Deic, Sombra já era condenado a mais de 120 anos e respondia a 68 inquéritos por assaltos na capital e no interior paulista, sendo apontado pela polícia como um dos dez criminosos mais procurados e perigosos do país. Sua própria ficha criminal o credenciava a ser um dos líderes do PCC.

Dez anos depois, seu prestígio no âmbito penitenciário só aumentara. Sombra apadrinhou milhares de soldados na organização. Em menos de dois meses na Detenção, de dezembro de 2000 a fevereiro de 2001, ele batizou pelo menos quinhentos novos integrantes.

Justamente por isso, Sombra também devia incomodar. Talvez algum outro "cobra" sentisse seu poder na facção ameaçado pela liderança e pela força de Sombra.

Contudo, as circunstâncias da morte do detento Idemir Carlos Ambrósio permanecem mal explicadas desde então.

* * *

Desconfiado, Sombra sabia que conspiravam contra ele. Um funcionário do Piranhão o alertou. Então Sombra se pendurou na janela de sua cela e, pela ventana, gritou para o amigo Jonas Matheus:

– Irmãozinho, tem alguém querendo me arrastar?

Matheus lhe respondeu, em voz alta:

– Claro que não, pai.

– Não?

– Quem seria capaz disso, pai?

No entanto, Débora acredita que Jonas Matheus poderia ter evitado a morte de Sombra. Em sua opinião, Matheus teria se comportado "como um Judas", quando, num dia de visita, ele beijou Sombra na testa e disse que o amava.

Um integrante do PCC afirmou ao repórter Caveirinha que Sombra foi assassinado por ter mandado matar um traficante conhecido como "Macarrão", dono de bocas de fumo no Capão Redondo. Sombra pretenderia assumir o controle desses pontos de venda de drogas. Mas, ainda segundo a fonte de Caveirinha, Macarrão era alguém de "bom proceder", por isso sua morte causou indignação entre outros bandidos, os quais decretaram a execução de Sombra no Piranhão.

Outros apostam que a decisão de matar Sombra partiu de Geleião. Que Marília, que já não tinha simpatia por Débora e Sombra, retransmitiu a ordem do marido.

Já para a polícia, a ordem para matar Sombra foi levada para Taubaté pelo advogado de Geleião e por outros chefes do PCC. Porém, isso também não foi provado.

Agentes penitenciários afirmaram que Sombra sabia da conspiração e, havia três dias, não saía para o banho de sol.

No entanto, no dia 27 de julho de 2001, às sete da manhã, ele e outros presos foram retirados de suas celas.

Dito e feito. Sombra andava de um lado para outro na quadra do pátio quando um grupo de presos o atacou. Outro grupo distraía os agentes penitenciários responsáveis pela vigilância. Sombra não teve tempo nem chance de reagir. O preso foi enforcado com um cadarço de sapato. Sombra teve afundamento de crânio devido a pancadas na cabeça contra o chão e a parede do pátio.

Ao ser avisado sobre o crime, o delegado seccional de Taubaté, Roberto Martins de Barros, seguiu imediatamente para o presídio.

Três detentos que estavam no pátio de sol com Sombra foram indiciados: Luciano Fernandes da Silva, Vinícius Brasil Nascimento (o "Capeta") e Carlos Magno Zito Alvarenga, o "Nego Manga". Luciano chegou a assumir a "bronca", a autoria do assassinato. Disse que o motivo da morte foi apenas uma desavença com Sombra.

O castigo de Sombra, no Piranhão, deveria terminar em duas semanas. O detento seria então transferido para alguma outra penitenciária, onde, certamente, teria mais regalias. Na sequência da carta que enviou a Débora poucos dias antes de ser morto, Sombra também dizia estar contando minuto a minuto o fim do castigo no presídio:

[...] Fiquei sabendo que irei dia 30 embora segundo senhor Roberto. Estarei aguardando o Dr. Daniel. Mas está tudo bem e sei que venceremos. Beijos. Terei que aguardar essas duas longas semanas que serão longas. Isso mesmo, pois esses seis meses serão recordados por muito tempo. Pode ter certeza. Se é algo que vou fazer é seguir meu caminho com muito cuidado e cautela, pois não sou de reclamar. Mas confesso que cansei de tudo isso. E creio que já basta. Não vou permitir ser arrastado de graça. É uma boa razão para não ficar em comando de nada. Chega tá. Eu vou é seguir meu caminho trabalhando e me ocupando com algo de produtivo. Sei que vão estar de olho. E sei que por nada retornarei. Não vou dar motivos. Não quero mais ver você sofrendo tanto. Você merece paz e, claro, muito amor. Bastante esperança estou levando comigo. E muita força de mudar e sim progredir. Por pior que seja lá, aqui é pior e tudo depende de nós mesmos.
Mil beijos com amor,
Sombra.

Passava do meio-dia quando as três mulheres chegaram a Taubaté. Débora continuava sem entender o que havia acontecido. Não acreditava que o marido havia sido assassinado como tantos outros integrantes do PCC. Ou como tantos outros rivais que ele mesmo mandara matar.

Ana parou o carro em frente a uma farmácia, no centro de Taubaté. Compraram um calmante para Débora, e, daí, seguiram direto para o IML.

O reconhecimento foi feito por Ana, já que Débora não conseguiu sequer descer do carro. Por sua vez, permanecendo a seu lado, Natália lhe dava outra demonstração de companheirismo. Mas Débora permanecia em estado de choque.

Sombra tinha vários hematomas no corpo, principalmente no rosto. Havia muitos ferimentos no crânio, e a cabeça estava bastante suja de sangue.

Ana cuidou de quase tudo. Levou-as a uma agência do Serviço Funerário de Taubaté, escolheu o caixão e cuidou da documentação para a liberação do corpo.

Em uma loja perto da funerária, Ana comprou a roupa de Sombra: calça, camisa, paletó, cueca e sapatos.

Então retornou ao carro.

– Hei! Amiga?

Débora apenas a olhou. Seus olhos estavam muito vermelhos.

– Amiga, o corpo pode ser enterrado na Vila Alpina, no Cemitério São Pedro?

Por volta das dez da noite, o corpo de Sombra chegou à Vila Alpina, zona leste de São Paulo, para o velório. Outras mulheres de presos e primeiras-damas do Partido do Crime foram compartilhar com Débora aquele momento de dor. Débora já havia tomado outro calmante, e dessa vez junto com conhaque. Dopada, ela então soltava umas risadas bobas.

Madona, mulher de Rolex, companheira de Débora nas reuniões da Cepad, foi uma das primeiras a chegar ao velório. Ela foi acompanhada de Tina, mulher de Polaco, então o piloto da Casa de Detenção.

Já a ausência de Marília era esperada.

Madona, que também era uma espécie de porta-voz do PCC fora das cadeias, tinha, em sua agenda telefônica, os números de celulares de detentos de quase todos os presídios de São Paulo. Foi ela quem avisou o sistema prisional sobre a morte de Sombra.

Os chefes do PCC ficaram revoltados, pois não tinham sido consultados.

Na Penitenciária I de Avaré, no interior paulista, Geleião soube da notícia por um advogado. Ele, Mizael e Cesinha haviam sido transferidos para Avaré havia pouco mais de um mês, vindos da Penitenciária Central do Paraná, em Piraquara. Cesinha cobrou explicações dos chefes do PCC no Piranhão.

Playboy, preso na Penitenciária da Papuda, em Brasília, soube da morte do amigo pelos telejornais. Ficou revoltado e prometeu vingança. Também autorizou Madona a comprar flores e mandar fazer uma faixa e uma bandeira em homenagem a Sombra.

Bandejão, também do primeiro escalão da facção, por essa época preso numa penitenciária na Bahia, recebeu a notícia pelo telefone celular. Ele foi mais um a exigir esclarecimentos.

Então preso no Piranhão, Gulu, que nunca teve desavenças com Sombra e tampouco participação em sua morte, mandou um advogado dizer aos líderes da facção que Sombra andara ameaçando abandonar o PCC e também dizendo que, assim que saísse do castigo e fosse transferido de Taubaté, o "chicote iria estalar" para alguns presidiários que estavam em sua mesma galeria.

Agentes penitenciários também eram suspeitos de conivência. Porque, em Taubaté, todos os presos tinham um grupo já formado para tomar banho de sol. No dia do assassinato, porém, Sombra saiu para o pátio com outro grupo.

A explicação de Gulu pareceu convencer os líderes do PCC, os quais entenderam que Sombra havia sido executado não por causa de problemas com a facção, mas por motivos pessoais, em razão de ameaças feitas aos colegas.

De qualquer forma, avisaram à família de Sombra que a vingança viria logo após o luto.

Sombra foi enterrado às três da tarde de 28 de julho de 2001. A bandeira, colocada ao lado do caixão, durante o velório, era um lençol, pintado em branco, vermelho e preto, as cores do Partido do Crime. Nela havia a inscrição PCC e o número 15.3.3. Perto do caixão também havia uma coroa de flores com a frase "Homenagem do PCC 15-3-3" e um painel com mensagem de saudades. Para completar as honrarias, também houve uma queima de fogos para aquele que – principalmente na época em que Geleião, Cesinha, Mizael e Playboy estavam presos fora do estado – foi a voz do PCC em São Paulo.

Assim que o caixão desceu à sepultura, Débora, emocionada, comentou com as amigas e primeiras-damas:

– Sombra lutava contra o fascismo dos diretores de presídios e deu a vida para o Partido. Ele gostava de ler, cultuava líderes como Che Guevara, mas era uma pessoa comum. Sim, ele uma vez disse que, quando morresse, não queria tristeza, mas que as pessoas bebessem e fumassem. Para ele, o enterro deveria ser uma festa.

O Partido do Crime decretou sete dias de luto no sistema prisional, em reconhecimento à importância de Sombra no crescimento, fortalecimento, na lealdade e difusão das ideias e do estatuto do PCC. Quem passava pelas ruas próximas ao Complexo do Carandiru podia ver panos e lençóis pretos pendurados nas janelas das celas dos pavilhões da Casa de Detenção e Penitenciária do Estado.

Débora ficou alguns dias na casa dos pais, na zona sul de São Paulo. Ela voltou a se encontrar com as amigas na missa de sétimo dia em memória de Sombra, na igreja de São Francisco, na região central da capital paulista. Madona e Tina novamente foram prestar solidariedade à amiga. Coincidentemente, era comemorada a semana de São Francisco, por isso a igreja estava lotada. Assim, muitas lágrimas de uma emoção alegre escorreram pelo rosto de Débora. Era lá também que ela ia se confessar em meados dos anos 80. Um frei franciscano celebrou a missa, marcada por discursos e cânticos. Na saída da igreja, a viúva agradeceu às amigas e conversou com o repórter Caveirinha, que também passou por lá:

– As circunstâncias do assassinato dele ainda são estranhas. Eu recebi um telefonema da direção do Piranhão, informando que o meu marido foi morto pela Seita Satânica. Mas todo mundo sabe que lá em Taubaté só tem irmãos do PCC.

Seu tom era de perplexidade:

– Eu não entendo. O Capeta, por exemplo, ele também me chamava de mãe e o Sombra de pai. Uma semana antes de Sombra morrer, ele me abraçou, depois cantou até um rap que ele tinha feito.

Débora voltou com a mãe e a irmã para a casa da zona sul. Não sabia ainda se continuaria a manter contato com pessoas ligadas ao sistema prisional ou se daria um novo rumo à sua vida.

Após o luto do marido, Débora tentou levar adiante as atividades na Comissão de Parentes e Amigos dos Detentos, acreditando que o trabalho compensaria um pouco a dor pela perda de Sombra. A principal reivindicação da Cepad ainda era acabar com o RDD, adotado, naquela época, na Penitenciária I de Avaré, nas Penitenciárias I e II de Presidente Venceslau e na Casa de Custódia e Tratamento de Taubaté. Contudo, tanto o RDD não acabou, como as reuniões da Cepad já não contavam com uma presença tão assídua das mulheres e dos parentes de detentos. Pouco tempo depois, a comissão estava extinta.

Débora estava com saudades da sala de aula, dos livros, da vida acadêmica. Agora, sem Sombra, tinha novamente planos para fazer vestibular e entrar numa faculdade de História.

Para esses dois, a história terminou aqui. A história do PCC ainda se prolongaria, mas já não seria a mesma. Os ideais de união, paz, justiça, liberdade, igualdade e fraternidade seriam substituídos por inveja, intriga, conspiração, traições e muita matança.

Sombra foi morto no Piranhão, o mesmo presídio por cuja desativação lutou durante anos, por meios legais ou ilegais. Dois anos depois de sua morte, Luciano Fernandes da Silva e Vinícius Brasil Nascimento, o Capeta, foram condenados a mais 16 anos de reclusão pelo Tribunal do Júri de Taubaté. Carlos Magno Zito Alvarenga foi absolvido.

Sequestradores, guerrilheiros e professores

Sombra estava morto. Mas sua execução não abalou a amizade de Mizael, Cesinha e Geleião, que, pouco mais de um mês antes, deram prova de muita união ao planejarem fugir, em um caminhão de lixo, da Penitenciária Central do Paraná, em Piraquara, região metropolitana de Curitiba.

A tentativa ocorreu na manhã de 6 de junho de 2001, uma quarta-feira. Funcionários corrompidos permitiram que eles cruzassem cinco portões a pé. Faltava atravessar apenas mais um para chegar ao caminhão, quando um funcionário que não estava no esquema estranhou ver os três fora do pavilhão. A fuga foi frustrada.

Mizael, Cesinha e Geleião sabiam que, em caso de fracasso, seriam punidos com pelo menos trinta dias no isolamento, em cela forte. Por isso, outros integrantes do PCC, também presos em Piraquara, já estavam preparados para acionar um segundo plano: deveriam se rebelar para que os líderes da facção não fossem levados para o castigo.

Na tarde do mesmo dia, o motim teve início. Os rebelados fizeram 26 agentes penitenciários reféns. Tudo corria conforme o combinado, até que um detento armado de estilete golpeou um funcionário que demorava a abrir um portão. Queria assustá-lo apenas, mas o atingiu num órgão vital. A morte deste agente, Luciano Aparecido Amâncio, não estava nos planos dos presos.

Os outros 25 reféns foram separados em grupos. Caso a Polícia Militar invadisse o presídio, a libertação deles ficaria, assim, ainda mais dificultada. Além dos próprios Mizael, Cesinha e Geleião, estavam entre os amotinados outros 23 detentos do Partido do Crime. Os presidiários estenderam, nos pátios, faixas e lençóis brancos com as inscrições "15.3.3 – Paz, Justiça e Liberdade".

Pela primeira vez, os três fundadores do PCC mostravam o rosto à imprensa.

As emissoras de televisão entraram com flashes, ao vivo, em rede nacional. Cesinha, pelo celular, esbravejava com alguns repórteres:

– A cadeia virou! O barato aqui tá louco!

– Mas o que você quer? – perguntavam-lhe.

– A gente só quer voltar para São Paulo. O PCC não faz apologia do crime. Mas só vamos soltar os reféns se a nossa reivindicação for atendida, tá ligado?

Os três fundadores e os outros integrantes do PCC estavam presos no Paraná havia quase um ano. Mizael, Cesinha e Geleião andavam fora de São Paulo desde 1998, quando, graças a um acordo entre o governo paulista e o Ministério da Justiça, começaram a fazer turismo forçado.

Natália chegou a fixar residência em Curitiba para poder ficar mais perto do marido. Durante o motim, Cesinha falava várias vezes ao telefone celular com ela. Ele a proibiu de sair de casa, pois temia que a Polícia Militar a prendesse para obrigá-lo a acabar com a rebelião.

Os amotinados permaneciam irredutíveis, exigindo, a qualquer custo, a transferência para São Paulo. O telefone celular e as centrais telefônicas clandestinas do PCC foram novamente as principais armas dos rebelados. Os líderes da rebelião no Paraná se comunicavam com parceiros da rua e de outras prisões estaduais. Recebiam orientações dos mais experientes. Falavam com jornalistas, apresentavam suas reivindicações, intimidavam as autoridades do sistema prisional e ameaçavam endurecer com os reféns, se necessário.

Os "generais" e "soldados" do PCC mostravam, no Paraná, que sabiam fazer uma rebelião.

E não era para menos, pois, afinal, tiveram excelentes professores.

Ex-militante do Movimento da Esquerda Revolucionária (MIR) do Chile, o canadense David Spencer arquitetou, em setembro de 1998, um sistema de informatização e comunicação para o PCC. Spencer e os outros estrangeiros que sequestraram o empresário Abílio Diniz – cinco chilenos e dois argentinos – foram grandes incentivadores da facção.

Com eles, integrantes do PCC aprenderam a se rebelar e a negociar com autoridades, a sequestrar agentes penitenciários, a esconder os reféns ou a amarrá-los a bujões de gás. Na Penitenciária do Estado, os sequestradores do dono do grupo Pão de Açúcar mostraram aos "alunos" do Partido do Crime que o crescimento, o fortalecimento e o sucesso das ações da facção criminosa dependiam de uma boa base de comunicação. Somente assim os seus interlocutores poderiam acompanhar passo a passo as operações da organização.

Spencer participou de várias reuniões com lideranças do PCC no campo de futebol da Penitenciária do Estado, atrás do Pavilhão 3. O canadense elaborou um organograma do sistema de comunicação, desenhou os equipamentos necessários à sua implantação e lhes explicou o funcionamento de cada um. O repórter Caveirinha conseguiu uma cópia do desenho. Ao lado do organograma, lia-se: "Mapa de processamento e operações de sistemas piratas, conexão de vírus em sistema de redes telefônicas, computadores, estúdios radiofônicos, televisivos, radares e controle de PX, HT e Cobra".

Os "irmãos" do Partido do Crime aprenderam rápido as lições. Assim o PCC montou suas bases de comunicação e com elas planejou e comandou assaltos, sequestros, atentados, resgates, rebeliões e outras ações criminosas.

O detento Gilmar Ângelo dos Santos, o "Mamá", era um dos amotinados em Piraquara. Durante a rebelião, Mamá falava a toda hora com sua mulher, que, de sua própria casa, em Campinas, operava uma das principais centrais telefônicas do PCC. Ela lhe possibilitava conversar, ao mesmo tempo, com dois ou três detentos de outras prisões e mantinha, minuto a minuto, os integrantes da facção em outros presídios informados sobre o andamento do motim.

Porém as negociações não avançavam. Enquanto uns permaneciam colados ao telefone, outros amotinados ameaçavam matar os reféns e gritavam do telhado do presídio: "Estamos preparados para tudo!".

Passaram-se dois dias de negociações.

No terceiro dia, enfim, a Secretaria da Segurança Pública do Paraná concordou em transferir 23 integrantes do PCC para outros estados. O acordo estava praticamente selado, quando só então as autoridades descobriram que o agente Luciano fora assassinado, o que adiou a transferência dos presidiários.

Irritados, os líderes do motim mandaram matar três detentos envolvidos na morte de Luciano. Os corpos do agente e dos presos ficaram escondidos em refrigeradores.

Mais dois dias se passaram.

Cesinha, Geleião e Miza telefonavam para seus advogados e pediam orientação. A demora nas negociações preocupava tanto as autoridades como os presos, que já estavam dispostos a se render, desde que não houvesse represália por causa da morte do funcionário. Mas pediam que a Tropa de Choque não entrasse de jeito nenhum na penitenciária.

Na tarde de 12 de junho, depois de seis dias, terminou uma das mais longas rebeliões do país. Os amotinados libertaram os reféns em duas etapas. Dos 23 integrantes do PCC que comandaram o motim, 13 foram transferidos para São Paulo. Miza, Geleião e Cesinha foram outra vez transferidos para a Penitenciária I de Avaré. Mamá e outros detentos foram mandados para o Piranhão. Os outros dez líderes do movimento voltaram para seus estados – Acre, Pará, Santa Catarina e Mato Grosso do Sul.

O crescimento da facção paulista em outros estados incomodava o governo federal. A ordem era identificar e punir com rigor os integrantes da organização. Em São Paulo, o governo estadual criou o Gaeco. Formado por promotores, o

Gaeco e a equipe do delegado Ruy Ferraz Fontes, da Delegacia de Roubo a Bancos do Deic, receberam do governador a missão de desarticular os líderes do PCC. E, à SAP, cabia mantê-los isolados.

O governo de São Paulo admitia de vez a existência do crime organizado. O combate à facção criminosa, ignorada até seu sétimo ano de existência, agora era prioridade. Nagashi Furukawa mantinha Cesinha e Geleião longe de São Paulo. Os dois mal chegaram a Avaré e já foram submetidos a um novo turismo forçado. Por determinação do secretário, a imprensa não deveria ser informada sobre o local para onde eles seriam removidos.

A transferência de seu marido para local ignorado deixou Natália desesperada. Portador de HIV, Cesinha não podia ficar sem o AZT e outros medicamentos necessários. Natália telefonou para Jerônymo Amaral, advogado de Cesinha:

– Doutor, meu marido foi de bonde e eu nem sei pra onde ele foi. O senhor sabe, ele tá muito doente e não pode ficar sem tratamento.

O advogado procurou tranquilizá-la:

– Calma, dona Natália. Nós vamos descobrir para onde mandaram ele. Se o local não for adequado, se não houver um hospital penitenciário, nós vamos iniciar uma batalha judicial para trazê-lo de volta a São Paulo.

Ana, por sua vez, enfrentava outro desafio: tentava trazer Playboy de volta para São Paulo. Ele estava desde fevereiro de 2001 na Penitenciária da Papuda, em Brasília.

No dia 31 de julho de 2001, Jerônymo Amaral acordou cedo e foi para o prédio da SAP, na avenida São João, onde se encontrou com Natália. O advogado queria uma audiência com Nagashi Furukawa, que não o recebeu. Então, Jerônymo e Natália foram ao Departamento de Saúde do Sistema Prisional, no mesmo prédio, e protocolaram ofício solicitando a imediata remoção de Cesinha para o Hospital Central Penitenciário, no Carandiru. Consideravam arbitrária a atitude de transferir Cesinha e Geleião para outro estado.

Ainda na Penitenciária de Avaré, Cesinha não estava sendo tratado adequadamente e havia perdido muito peso.

Natália também procurou o repórter Caveirinha para denunciar que seu marido e Geleião haviam sido removidos para outro estado sem o conhecimento e a autorização do Poder Judiciário. Natália, o advogado e o repórter foram ao 3º Distrito Policial (Campos Elíseos). Jerônymo explicou ao delegado titular que seu cliente era portador de HIV e que, em vez de ser transferido para o Hospital Central Penitenciário, fora removido para outro estado, que por isso pretendia entrar com uma representação contra Nagashi Furukawa. O delegado, porém, afirmou que não poderia fazer um boletim de ocorrência, pois a transferência do preso não caracterizava crime.

À noite, escoltados por PMs da Rota numa operação sigilosa, Cesinha e Geleião foram levados para a Penitenciária do estado, onde ficaram em trânsito. Na manhã seguinte, ambos foram transferidos de avião para Florianópolis.

Eram 11 horas do dia 1º de agosto quando o tenente do exército Renato Aurélio Sansão, diretor da Penitenciária de Santa Catarina, recebeu os dois detentos. Eles iriam ficar trinta dias no castigo. Nesse período, não poderiam receber visita nem tomar banho de sol. Sansão logo mostrou autoridade:

– Aqui na minha cadeia eu exijo disciplina. Vocês vão ser tratados com dignidade. Mas, para isso, nós exigimos respeito.

Cansado da viagem e debilitado por causa da doença, Cesinha olhou nos olhos de Sansão e lhe prometeu obediência:

– Fica sossegado, doutor. Nós queremos paz. Eu só preciso de tratamento médico e dos meus remédios.

Sansão informou a Cesinha que a Penitenciária de Santa Catarina tinha um excelente hospital:

– Aqui nós cuidamos de outros 68 pacientes portadores de HIV. Você está muito magro, mas vai ser bem tratado aqui.

Então o diretor do presídio advertiu-os de que aquela era uma penitenciária de segurança máxima e que a rotina do presídio não seria alterada pela chegada deles.

– Vocês vão ficar isolados e longe um do outro. Como estão no castigo, não podem tomar banho de sol nem receber visitas. Só vão falar com advogados e autoridades judiciárias.

Os dois detentos já haviam recebido os mesmos avisos dezenas de vezes, mas nem por isso Geleião deixou de se queixar:

– É, doutor, em São Paulo, os direitos dos presos, como o benefício do regime semiaberto, não são respeitados.

– Aqui em Santa Catarina, a cultura é outra. A cultura aqui é europeia. Tudo funciona aqui – disse Sansão.

No entanto, toda essa conversa foi em vão. A presença de Cesinha e Geleião em Florianópolis não repercutiu nada bem entre os catarinenses. Pressionado pela opinião pública, o governador Esperidião Amin tratou de expulsá-los. O acordo entre o governo de São Paulo e o Ministério da Justiça previa que os dois ficariam um mês na Penitenciária Estadual de Florianópolis, mas só ficaram cinco dias. Em 6 de agosto, Cesinha foi removido para o Centro de Observações Criminológicas e Triagem (COT), em Curitiba, enquanto Geleião foi mandado para a Penitenciária de Charqueadas, no Rio Grande do Sul.

Dessa vez, Jerônymo Amaral enviou um fax ao ministro da Justiça, José Gregori, reclamando das decisões – segundo ele, arbitrárias – de Nagashi Furukawa. O advogado também solicitava o retorno imediato de Cesinha para São Paulo. Contudo, os governos federal e estadual ignoravam não apenas as solicitações de Jerônymo Amaral como as de Ana também.

Em São Paulo, a cúpula do PCC estava de prontidão e disposta a entrar em ação para trazer de volta os três chefes da facção. O Ministério da Justiça parecia ter esquecido da megarrebelião de fevereiro de 2001 e talvez não acreditasse numa nova represália.

Por determinação do governo federal, Geleião nem chegou a esquentar a cama de sua cela em Charqueadas. Apenas um dia após chegar ao Rio Grande do Sul, o detento foi transferido para a Penitenciária de Bangu I, no Rio de Janeiro. Geleião foi levado para a mesma prisão em que se encontravam os chefes do Comando Vermelho, a principal facção criminosa fluminense. Assim, os integrantes do PCC e do CV selavam de vez a união das maiores organizações criminosas dos dois principais estados da federação.

Geleião foi recepcionado com festa em Bangu I. Por ordem do amigo Fernandinho Beira-Mar, chefe do CV, houve queima de fogos nos morros e favelas cariocas e, em especial, no Complexo da Maré.

No final de novembro de 2001, o Ministério da Justiça também autorizou a transferência de Cesinha para Bangu I. E os três meses no Paraná constituíram tempo suficiente para ele recuperar peso e saúde.

Natália encerrou o contrato do aluguel da casa de Curitiba e viajou para o Rio de Janeiro, onde iria morar mais três meses. Sua hospedagem na cidade não foi problema, pois Natália usufruiu de um apartamento cedido por Beira-Mar ao seu apadrinhado Leomar de Oliveira Barbosa, o traficante conhecido como "Leozinho da Vila Ipiranga". Ela contou inclusive com a escolta de homens da confiança de Marcos Marinho dos Santos, o "Chapolim", ex-guarda-costas de Beira-Mar no Complexo Penitenciário de Bangu. Cesinha e Chapolim ficaram presos na mesma cela em Bangu I.

Nas primeiras vezes em que viajou para o Rio de Janeiro, Natália ficou na casa de integrantes do Comando Vermelho no Complexo do Alemão, onde o tráfico era controlado por Chapolim. Só depois passou a usar o apartamento de Leozinho da Vila Ipiranga, então preso na Penitenciária de Iaras, no interior paulista. O imóvel ficava na rua dos Inválidos, no centro do Rio.

Natália chegou a passar, a expensas do CV, alguns fins de semana na Região dos Lagos, no litoral norte do Rio de Janeiro.

Numa noite de janeiro de 2002, inclusive, Natália ligou para o repórter Caveirinha:

— Tem até piscina aqui. Você ia adorar. Cerveja gelada é o que não falta. Se você falar com a Débora, diz que eu mandei um beijão. Fica com Deus.

Não só Natália, mas também Marília, a mulher de Geleião, contou com várias regalias bancadas pelos líderes do Comando Vermelho.

E, em troca, várias lições sobre montagem de centrais telefônicas, sequestros e rebeliões eram dadas tanto por Cesinha como por Geleião aos novatos da facção carioca presos em Bangu I.

Os dois líderes estavam mais unidos do que nunca. Sempre com o uso do telefone celular, Cesinha e Geleião comandavam, do presídio carioca, várias ações do Partido do Crime. Só não sabiam que o mesmo equipamento utilizado para comandar o crime organizado de dentro da prisão logo ajudaria a Polícia Civil e o Ministério Público a desarticulá-lo também. Os dois não imaginavam que suas conversas já estavam sendo gravadas.

Os decretados

Antes mesmo de sofrer pela morte de Sombra, Débora já chorara muito a perda de um amigo. Giodemar Agripino da Silva, o "Sequestro", um dos irmãos do PCC na Casa de Detenção de São Paulo, foi morto, em novembro de 2000, na temida "Rua 10" do Pavilhão 9, local onde os presos acertavam suas diferenças. Embora fosse amigo de Débora, Sequestro era um dos homens mais odiados do presídio. Por isso chegou a ser transferido, ainda em 2000, para a Penitenciária de Guarulhos. Mas retornou pouco depois, causando mal-estar e preocupação entre os detentos. Os funcionários da Casa de Detenção também temiam que a execução de Sequestro provocasse rebelião e matança, já que, ainda no mês anterior, uma briga entre integrantes da Seita Satânica e do PCC teve como consequência a morte de dois detentos a golpes de estilete.

Contra Sequestro, pesava uma acusação: a de que ele desviara dinheiro do PCC. E não faltavam irmãos mais do que dispostos a executá-lo. Contudo, por sempre ter sido um preso conceituado pelos líderes da facção, Sequestro teve direito a um "júri popular".

Enquanto era julgado pelos presos, Emília, a mulher de Sequestro, chorava e pedia clemência na parte interna da Detenção. Mas de nada adiantaram seus apelos. Após sete horas de julgamento, o preso foi condenado à morte, por unanimidade, pelos sete jurados da "Corte Marcial" do Partido do Crime.

Sequestro pôde escolher o modo como seria executado.

– Não quero morrer como um porco, a golpes de estiletes.

Assim, numa terça-feira à tarde, Sequestro foi enforcado com um lençol e fios de náilon.

Quatro meses depois da execução de Sequestro, outro soldado do PCC na Casa de Detenção foi condenado à morte.

O detento Valderes José da Silva, o "Tiradentes", morava, antes de ser preso, na rua Inconfidência Mineira, em Vila Rica, um bairro pobre da zona leste de São Paulo. Seu julgamento, pelos presos, foi realizado em 25 de março de 2001, um domingo, após o encerramento do horário de visitas. Condenado, Tiradentes morreria enforcado tal como o mártir de Vila Rica, recebendo dos jurados um "kit forca": um banquinho e uma corda.

O ofício enviado à família do detento dizia: "Essa diretoria lamenta a morte do preso, falecido às 23h40 de domingo, nas dependências do Pavilhão 4, onde estava em tratamento". Mas Tiradentes morreu enforcado pelo menos seis horas antes, no Pavilhão 9 (e não no 4), e também não estava doente. A diretoria da Casa de Detenção apenas não desejava se responsabilizar pela morte do detento. Tiradentes morreu sob custódia do Estado, que deveria cuidar de sua integridade física e recuperá-lo para o convívio social.

Quatro meses depois, Sombra, um dos "generais" do PCC, morreria sem direito nem a um julgamento pelos presos. Mas, ao menos para Débora, a própria facção havia prometido uma reparação.

Às oito horas do dia 29 de novembro de 2001, uma quinta-feira ensolarada, Caveirinha preparou um café e ouviu, estirado em seu sofá, os jornais da manhã nas emissoras de rádio. Logo após o noticiário, o repórter levantou do sofá e pôs para tocar uma rara gravação de Gilberto Gil e Jorge Ben, que ele, depois de tanto procurar, enfim adquiriu numa galeria da rua 24 de Maio. Então retornou ao sofá e fechou novamente os olhos.

Caveirinha iria entrar somente às 14 horas no jornal. O telefone tocou, mas Caveirinha insistia em não acordar do seu paraíso. Sem nem sequer abrir os olhos, alcançou o telefone sem fio:

– Alô.

Do outro lado da linha, um agente da Penitenciária de Araraquara lhe comunicou em primeira mão.

– Mataram Jonas Matheus, meu bom.

Caveirinha deu um pulo do sofá.

– Porra, você é o arauto mais doce do inferno! Obrigado, amigo.

Num piscar de olhos, o repórter calçou os sapatos, saiu de casa, pegou um ônibus, depois o metrô e desceu na estação Anhangabaú. Às 13h10, já havia chegado à redação. Após ligar para o Distrito Policial de Araraquara e confirmar a informação, Caveirinha sentou em frente ao computador para redigir a matéria. Não. Resolveu ligar para Débora.

– Não tá contente? – perguntou o repórter, só então percebendo como ela soluçava.

Débora respondeu:

– Se dependesse de mim, o Matheus estaria vivo. Logo que mataram o Sombra, o Cesinha me ligou, perguntando se eu aprovaria uma retaliação ao Jonas Matheus. Eu *insisti* que ele não fizesse nada.

Débora desabou a chorar.

– Sinto muito – lamentou-se Caveirinha.
– Tudo bem. Mas eu achei que tinha convencido Cesinha.

Seis meses antes, Matheus gozava do maior prestígio na facção. Agora era considerado traidor, porque sabia que Sombra seria executado e nada fez.

Cesinha, que não se conformara com a morte do amigo, mandou matá-lo. Quem assumiu a "bronca" foi o detento Edmilson Florêncio Gomes, o "Neguinho".

Contudo, a tarefa não era simples. Pelo que o repórter Caveirinha pôde apurar, Neguinho foi apoiado pelo seu irmão.

Na Casa de Detenção, os detentos tinham medo de Jonas Matheus, que nunca fugia de uma briga. Com 30 anos e 1,70 metro, Matheus era bom com arma de fogo ou na faca. Usava bem o "golias", espécie de espada feita com ferros. Ele era o sanguinário, o gladiador do PCC. Por isso, ninguém se atreveria a, sozinho, chamá-lo para um duelo na "Rua 10", local onde os presidiários acertavam suas diferenças. Nos combates entre dois presos, na também chamada "arena" do quinto andar do Pavilhão 9, apenas um saía vivo. O outro engrossava a lista das vítimas de homicídios dolosos do maior presídio da América Latina.

Poucos dias depois do assassinato de Sombra em Taubaté, Jonas Matheus foi transferido para a Penitenciária de Araraquara, onde poucos conversavam com ele. Pelo menos 90% dos detentos de Araraquara eram integrantes do PCC, entre os quais Neguinho.

O combate teria acontecido de repente na arena, ou seja, no próprio pátio do presídio.

– Vem, maninhos, vem, vem, vem que eu vou comer o coração dos dois! – Jonas Matheus babava, com os olhos arregalados de ódio.

Ele era mesmo um "sangue nos olhos".

Mas Neguinho estava pronto:

– Chegou a tua hora, traidor filho da puta.

Os três se agarraram.

Matheus foi decretado por Cesinha, que repassou a ordem para Voletti. Após tomar vários golpes de estilete, Matheus foi perdendo muito sangue e também a resistência. Seu sangue jorrava, mas ele ainda lutava. Os dois irmãos lhe desferiram mais e mais golpes. Agentes penitenciários fizeram vista grossa para o combate. O corpo de Matheus ficou estirado no chão.

Jonas Matheus foi outra vítima do falido sistema prisional brasileiro. E mais uma baixa da guerra interna do PCC.

Guerra que, no entanto, apenas começava. O próximo a ser decretado pela facção seria um dos seus próprios fundadores.

Então preso na Penitenciária II de Presidente Venceslau, na região oeste do estado, Mizael não sabia que Cesinha se recuperara bem de sua doença desde que estivera preso em Curitiba. Acreditava que o amigo estivesse em fase terminal e, por isso, comentou com alguém da organização que Cesinha não tinha mais como tomar decisões em nome do PCC.

Natália foi informada sobre o comentário de Mizael e, numa visita ao marido, em Bangu I, disse a Cesinha que Mizael já o tinha como morto. Inconformado, Cesinha, de sua cela em Bangu I, decretou a morte de Mizael.

Nas penitenciárias paulistas correu então a notícia de que Mizael fora acusado de traição e ambição. Integrantes do PCC espalharam o boato de que Mizael queria ser o número um do Partido do Crime. Teria dito que Geleião, fora de São Paulo, não mandava mais; que Cesinha, portador do HIV, estava quase morto; e que Playboy, preso em Brasília, era carta fora do baralho.

Assim como Sombra, Mizael também foi covardemente assassinado por sete presos na Penitenciária II de Presidente Venceslau, durante o banho de sol, na manhã de 19 de fevereiro de 2002. Agentes penitenciários disseram que Mizael ainda teve os olhos arrancados.

Muito considerado por grande parte dos soldados da facção, a execução do próprio autor do estatuto do PCC consternou o sistema prisional. Os líderes do PCC, no entanto, esconderam que Mizael tinha condenação por estupro. Na Penitenciária de Guarulhos, ele violentou a mulher de um preso e por isso foi para o Piranhão.

Uma correspondência de nove páginas foi então encontrada na cela de Mizael por um agente penitenciário. A mensagem, datada de 12 de fevereiro de 2002, uma semana antes de sua execução, era endereçada aos "irmãos" presos em Bangu I, ou seja, os mesmos que decretaram a sua morte. Nela, o autor do estatuto do PCC reforçava o bom e antigo relacionamento da facção paulista com o Comando Vermelho e propunha um "megaevento nacional":

> É chegada a hora de um megaevento nacional com objetivos claros e definidos. Vamos colocar a sociedade em xeque e dividi-la ao meio. A metade dos presos do Brasil vão ser beneficiados e vão sair para a rua com uma dívida de consciência para com o PCC e o CV.

Mizael defendia o diálogo direto do PCC com o presidente da República, na presença da mídia, de deputados de oposição, de organizações de direitos humanos e da Anistia Internacional. Assim justificava: "*Não queremos diálogos com os governos estaduais que só pensam em construir cadeias*".

Mizael lembrava aos "irmãos" Cesinha e Geleião que o país estava em época de eleição e que, por isso, o PCC poderia obter o apoio dos partidos de oposição.

Num determinado momento, perguntava: "*Aí no Rio os meninos do CV devem contar com o professor William, correto?*".

William da Silva Lima, o "Professor", era um dos fundadores do Comando Vermelho.

E, mais adiante, Mizael indagava se o megaevento nacional deveria ser pacífico ou radical:

> Seja qual for o método, nós vamos precisar de uma ajuda financeira do CV, que estão bem mais estruturados financeiramente do que nós. Vamos precisar de dinheiro para financiar a passagem de avião para os nossos intermediários (pombo-correio) levarem as nossas mensagens escritas até as demais penitenciárias do Brasil.

Mizael explicava que o tal megaevento não deveria acontecer em dia de visita e que seria preciso acionar os soldados livres do PCC e do CV:

> Esse apoio radical lá de fora é de vital importância para o sucesso da missão aqui dentro, porque sem esse apoio de fora o governo pode sufocar nós aqui dentro. O lugar certo para o sequestro de deputado federal e senador é em Brasília, que é o ninho deles, mas no Rio e em São Paulo, também. Lembre-se: os sequestráveis são apenas do PFL, PSDB e repórteres.

A carta também mencionava o crescimento do PCC em outros estados: "*O PCC domina os presídios da Bahia, Ceará, Amazonas, Rio Grande do Sul, Mato Grosso do Sul, Santa Catarina, Acre, Paraná, Porto Velho e Brasília*". Em seguida, vinha a pergunta: "*E o Comando Vermelho, quantos estados domina?*".

Na última página, o detento admirador de Buda, Karl Marx e Ernesto Che Guevara escrevia: "*Agora temos que fazer algo para abalar a nação, uma revolução*". Mizael sempre gostou de política e se dizia um democrata. Na carta, também reivindicava o direito de voto para os presos. Pedia a criação de um mutirão nacional nas cadeias, a fim de agilizar a situação dos presos em livramento condicional, em regime semiaberto ou com a pena vencida. Pedia o retorno dos presos que cumpriam pena fora de seus estados de origem. Propunha o fim da tipificação do crime hediondo e o direito dos presos de receber visita não só de mãe, mulher e filhos, mas de amigos, primos, tios e outros parentes. Defendia as desativações da Casa de Custódia e Tratamento de Taubaté e na Penitenciária I de Avaré. Exigia a abertura do diálogo do PCC com o presidente da República e a anistia dos presos cumprindo mais de 15 anos consecutivos de pena. Mizael também rebatia a declaração do governador Geraldo Alckmin, que, à época, disse em entrevista coletiva que o PCC estava morto: *"Ele nem em sonho imagina o quanto estamos vivos"*. E, por fim, encerrava sua carta com um grandiloquente pedido de

> Paz, justiça e liberdade por todo o globo da Terra.

Divulgada com exclusividade no *Diário de S. Paulo* pelo repórter Caveirinha, na edição de 8 de março de 2002, a carta causou grande repercussão nos meios políticos. O deputado estadual Edson Aparecido, então presidente do diretório regional do PSDB, mesmo partido do governador Alckmin e do presidente Fernando Henrique Cardoso, adiantou que iria pedir ao Governo Federal as providências necessárias para garantir a segurança dos deputados e senadores tucanos e de outros partidos. A deputada estadual Rosmary Corrêa, na época presidente da CPI do Sistema Prisional, disse ao repórter Caveirinha que estava preocupada com o conteúdo político "ameaçador e perigosíssimo" do documento, e com o possível fortalecimento da aliança do PCC com o CV:

– Os governos federal e estadual foram imprudentes quando deixaram juntos, na mesma prisão, os chefes das principais facções criminosas de São Paulo e Rio de Janeiro.

A deputada queria entender se o que estava escrito na correspondência de nove páginas era apenas o pensamento político e ideológico de Mizael ou um ideal do Partido do Crime.

Já o deputado Wagner Lino (PT), na época o relator da CPI do Sistema Prisional, não se surpreendeu. Ao contrário, comentou que o PCC adotou a tática errada ao explodir bombas em prédios públicos e cometer atentados contra agentes penitenciários. O parlamentar petista entendia que a estratégia de confronto do PCC era suicida:

– Isso pode levar a facção ao isolamento político e ao aniquilamento pela Polícia, com a aquiescência da sociedade.

Mas a carta apreendida pelo agente penitenciário não foi a única a pleitear direitos para os presos. Em 1º de setembro de 2001, cinco meses antes da morte de Mizael, o Partido do Crime divulgou para a imprensa um documento de dez páginas assinado pelo preso Júlio César Silvério, o "Julinho", segundo muitos o braço direito de Mizael. Julinho estava recolhido na Penitenciária I de Avaré, no interior paulista. No documento, o PCC já reivindicava vários dos itens constantes da carta redigida meses depois por Mizael, como, por exemplo, um "mutirão jurídico" para analisar a situação processual dos presos em todo o país, bem como a desativação do Piranhão, o direito de voto para os presos e o fim da lei do crime hediondo. Mas também defendia a implantação de um programa bolsa-escola para os filhos dos presos; o direito do preso de prestar exame vestibular e fazer faculdade; a criação de uma comissão permanente para fiscalizar os crimes de tortura, espancamentos e abuso de poder nos presídios; o acesso dos presos ao *Diário Oficial*, a fim de que pudessem acompanhar a distribuição de verbas destinadas ao sistema carcerário; e a assistência médica para presos portadores de HIV, tuberculose e outras doenças. No manifesto nacional, o Partido do Crime afirmava que estava dando o primeiro passo no exercício da cidadania e fazia a seguinte proposta à sociedade:

> Queremos estabelecer um amplo diálogo, achar soluções, fraternidade legítima que transforme o mundo em um só país, na coexistência pacífica e do atendimento no respeito ao idioma, à bandeira de cada grupo, eliminando as guerras e transformando o ser humano por dentro.

No cabeçalho deste manifesto, a sigla PCC também era discriminada como o "Partido da Comunidade Carcerária". O documento continha citações de Mahatma Gandhi, de Che Guevara e de Martin Luther King. Reafirmava que a rebelião em série nos 29 presídios paulistas fora consequência do descontentamento da massa carcerária com as opressões sofridas ao longo dos anos. Que o PCC se dispunha a lutar até o fim por seus ideais e por isso fazia, em nome dos presos, uma ameaça de greve de fome em Avaré, em Presidente Venceslau, em Taubaté e na Penitenciária de Iaras, caso suas propostas não fossem debatidas com as autoridades.

A organização tentava se politizar. As lideranças do governo de São Paulo tinham motivos para se preocupar, pois o PCC já poderia eleger deputados estaduais ou federais com relativa tranquilidade. Só no estado havia pelo menos 100 mil presidiários e, se apenas um integrante da família de cada preso votasse num candidato do Partido do Crime, este candidato alcançaria uma grande margem de votos.

Atentos a tudo isso, as autoridades do sistema prisional, a cúpula da Polícia Civil, o Ministério Público e os homens dos Poderes Judiciário, Executivo e Legislativo ligados ao PSDB de Mário Covas e de Geraldo Alckmin se uniram para dar um basta ao PCC. A ordem do Palácio dos Bandeirantes era causar uma devassa no Partido do Crime.

Nessa época, também, a direção do *Diário de S. Paulo* proibiu a utilização da sigla PCC, do número 15.3.3 e do nome "Primeiro Comando da Capital". A sigla foi proibida, por tempo indeterminado, de ser escrita nos textos, títulos, legendas, olhos, manchetes ou chamadas de primeira página. O jornal deveria se referir ao PCC apenas como "facção criminosa que domina os presídios paulistas", ou então "grupo criminoso", ou ainda "organização criminosa". A determinação foi estendida aos demais jornais, revistas e emissoras de rádio e televisão do mesmo grupo de comunicação, com sede no Rio de Janeiro. Também a sigla CV e o nome "Comando Vermelho" foram proibidos. O covarde assassinato do repórter Tim Lopes – carbonizado, esquartejado e enterrado no alto de uma favela da zona norte do Rio – pesou muito nessa decisão.

Muitos repórteres de veículos concorrentes não entenderam a ordem.

– Eles estão "brigando" com a notícia.

Caveirinha também não gostou nada da decisão de seus superiores.

A ordem dividiu as redações. Alguns editores executivos, editores de páginas, fechadores, chefes de reportagens e repórteres acataram a determinação apenas porque eram obrigados. Outros concordavam com a decisão, acreditando que a divulgação da sigla ou do nome da facção só contribuía para fortalecer o crime organizado.

Apenas um ano depois, em março de 2003, após intensos atentados contra prédios públicos, assassinatos de autoridades do sistema prisional e de policiais, e também de motins sangrentos no Complexo Penitenciário de Bangu I, o grupo admitiu que a proibição da sigla e do nome fora um erro.

Atentados

O sistema prisional sentiu a morte de Mizael, mas, para Cesinha e Geleião, presos em Bangu I, isso já era coisa do passado. Os integrantes do PCC precisavam dar sequência às ações ousadas nas ruas, as quais tiveram início no dia 13 de fevereiro de 2002, ou seja, seis dias antes do assassinato de Mizael. O planejamento, no entanto, começou muito antes, desde que os chefes do PCC foram transferidos para outros estados, longe de suas famílias.

Desconfiada de que algo ruim poderia acontecer, Ana falava pelo telefone celular, diariamente, com vários integrantes, da cúpula da facção. Na Penitenciária de Iaras, conversava com Gulu. Em Bangu I, falava com Cesinha e Geleião.

– A senhora evite entrar em prédios públicos – Cesinha disse à advogada. – Ouve o que eu tô falando.

As primeiras-damas da facção receberam todas o mesmo recado.

Quando ainda vivos, e presos no Piranhão, Sombra e Jonas Matheus ganharam de um amigo 40 quilos de explosivos. Os dois planejavam explodir um trecho de serra do sistema Anchieta/Imigrantes. A ação, de preferência, deveria acontecer num dia de feriado prolongado, com a estrada engarrafada pelos carros de turistas em busca de praia e sol no litoral. Sombra e Matheus queriam, a qualquer custo, inclusive matando inocentes, protestar contra as arbitrariedades no sistema prisional e a não desativação do Piranhão.

Os dois foram mortos, mas os explosivos continuaram guardados com integrantes do PCC para serem usados oportuna e homeopaticamente.

O prédio da SAP, na avenida São João, foi o primeiro alvo escolhido pelo PCC. Na tarde de 13 de fevereiro de 2002, uma granada GL 305 foi lançada, de dentro de um Santana, na porta do edifício.

A explosão feriu, levemente, quatro pessoas. Em frente ao prédio da Secretaria, a polícia apreendeu uma faixa de pano com a sigla PCC, afirmando que, se o governo não parasse com os maus-tratos à comunidade carcerária, os atentados continuariam.

O governador demonstrou preocupação, mas disse que não se intimidaria com as ações da facção: "Não foi o primeiro ataque e certamente não será o último", disse Geraldo Alckmin, em matéria publicada no *Diário de S. Paulo*, do repórter

Caveirinha, advertindo que a polícia não iria recuar um milímetro sequer na luta contra o crime organizado:

– Um ano atrás, a megarrebelião só aconteceu porque nós tivemos a coragem de pôr o dedo na ferida e transferir os homens do crime organizado para o interior e para outros estados. Tanto isto era necessário que deu para ver a reação deles.

O governador disse não ter sido aquele o primeiro ataque, porque, nove meses antes, na tarde de 31 de maio de 2001, uma bomba foi detonada no 16º andar do Fórum João Mendes, no Centro. O atentado feriu três pessoas na calçada.

Na ocasião, o então secretário da Segurança Pública, Marco Vinicio Petrelluzzi, descartou qualquer relação da explosão da bomba com o PCC, opinião que Geraldo Alckmin corroborou. Ao afirmar que aquele novo ataque não seria o último, o governador estava certo. Dois dias depois, em 15 de fevereiro, às 19h30, outra granada GL 305 foi lançada na porta do prédio da SAP. Dessa vez ninguém ficou ferido. O PCC, novamente, deixou uma faixa no local do ataque, dizendo:

> Não nos intimidamos com a polícia e nem com você, Alckmin. Se continuarem os maus-tratos, vamos matar os funcionários e seus familiares.

A polícia agiu rápido. A equipe do delegado-titular Jorge Carlos Carrasco, da Seccional Centro, conseguiu, pelo Santana usado no primeiro ataque – o qual foi encontrado abandonado no largo do Arouche, no Centro –, chegar aos autores do atentado. Investigadores da Seccional Centro prenderam, no bairro Terceira Divisão, na zona leste, João Carlos da Silva, o "João Belo", que dirigia o veículo, e Ricardo Félix de Carvalho, o "Boca", que lançou o artefato. Carrasco apurou que os dois homens envolvidos no ataque foram recrutados por Jair Facca Júnior, o "Facca", e Edson Rodrigues da Silva, o "Son", dois integrantes do PCC presos no Cadeião de Pinheiros, na zona oeste. Os investigadores também prenderam o dono do Santana usado no crime. O ex-PM Erizanor Leite de Melo, o "Leite", já havia sido processado por agressão, apropriação indébita e estelionato e era procurado por receptação.

Além disso, no dia 17 de fevereiro, um domingo, três integrantes do PCC foram mortos com golpes de faca e estilete, na Penitenciária II de Sorocaba, no interior paulista. A organização inimiga Comando Democrático da Liberdade (CDL) assumiu a autoria dos assassinatos. Os três mortos, que haviam sido presos um dia antes, pretendiam invadir um hospital de Sorocaba para justamente matar um integrante da facção rival.

Como resposta, o PCC também intensificou os ataques internos nas cadeias, e, portanto, não se limitaria a festejar o aniversário do motim em série somente nas ruas. Em menos de 24 horas, a facção criminosa comandou motins e brigas com grupos rivais em oito presídios. Foram 15 mortes. Três homens da Penitenciária III de Hortolândia, na região de Campinas, tiveram a cabeça decepada por rivais do Partido do Crime. Foram executados outros três em Sorocaba, mais três em Assis, dois em Ribeirão Preto, um em Presidente Bernardes, um em São Vicente e dois no Cadeião III de Pinheiros, na zona oeste paulistana. No outro extremo da cidade, no Centro de Detenção Provisória do Belém, oito pessoas foram feitas reféns. Pelo menos cinquenta detentos ameaçados de morte precisaram saltar de uma marquise para escapar da fúria dos homens do PCC. Muitos se machucaram. No Cadeião III de Pinheiros, o PCC chegou a fazer 11 reféns, entre eles um delegado e um advogado. No pátio do Cadeião, os presidiários pintaram a sigla da facção e, durante as negociações, exibiram a bandeira com o símbolo oriental do taoismo Yin-Yang.

O PCC mais uma vez apresentou suas reivindicações: a volta dos chefes da facção para São Paulo; o fim do Regime Disciplinar Diferenciado, implantado em 5 de maio de 2001 nas Penitenciárias de Avaré e na Casa de Custódia e Tratamento de Taubaté; o cessar de espancamentos e maus-tratos; e, por último, que o governo paulista informasse com clareza a localização dos chefes da facção.

Nas ruas, a terceira explosão aconteceu na madrugada de 18 de fevereiro. A facção lançou outra granada contra a sede da SAP. O atentado feriu uma mulher e um estudante.

Pela manhã, deu-se a quarta explosão, que, dessa vez, ocorreu no jardim do prédio do Instituto de Previdência Municipal (Iprem), edifício situado a apenas 200 metros do Deic, em Santana, na zona norte.

O Primeiro Comando da Capital virou novamente manchete nos jornais de São Paulo. Na tarde do dia 19, a facção cometeu um novo atentado. O alvo escolhido foi o Fórum de São Vicente, na Baixada Santista, região onde Cesinha e Gulu, mesmo presos, mandavam e desmandavam.

Os recrutados para a missão eram homens da confiança de Gulu. No momento do atentado, dezenas de pessoas se encontravam no fórum. Doze presidiários estavam em audiência e um em julgamento. Muita gente ficou em pânico. Os tiros disparados pelos bandidos estilhaçaram os vidros das janelas, acertaram um ônibus em movimento e um Fusca estacionado em frente ao prédio. Os dois atiradores do PCC ainda lançaram uma granada contra o edifício, mas o artefato não explodiu. Um vigia ficou apenas ferido, mas o advogado Antônio José da Silva não teve a mesma sorte; alvo de um tiro, ele foi a primeira vítima fatal dos ataques do Partido do Crime.

Já era o quinto atentado seguido cometido pelo PCC. Perto do fórum, a polícia apreendeu uma faixa da facção criminosa com o seguinte recado:

> Os oprimidos contra os opressores. Enquanto não pararem as covardias e os maus-tratos no sistema penitenciário, não pararemos com nossas ações sem limites. Estamos fortes como nunca. Ficamos mais fortalecidos com as pressões que eles botam em cima da gente. Pode aguardar, sr. Nagashi. Assinado, PCC.

No mesmo dia, por intermédio de Ana, Cesinha e Geleião responderam a várias perguntas feitas pelo repórter Caveirinha. Além deles, também Bandejão, preso em Salvador, e "Carambola" (Júlio César Guedes de Moraes), preso na Penitenciária de Campo Grande, no Mato Grosso do Sul, assumiram a autoria coletiva dos atentados a bomba. Os quatro mandaram explodir as três granadas na sede da SAP por causa de suas transferências para outros estados. Queriam voltar para São Paulo para ficar mais perto de seus parentes. A mesma exigência valia também para Playboy, submetido a um contínuo turismo forçado. Em 16 de fevereiro de 2001, dois dias antes da megarrebelião, ele foi transferido para o presídio de Ijuí, no Rio Grande do Sul. Pouco depois, no dia 5 de março, foi removido para a Penitenciária da Papuda, em Brasília. Em 9 de fevereiro de 2002, Playboy foi levado para o Núcleo de Custódia de Goiânia, onde ficou cinco dias, quando então foi removido para a Penitenciária de Unaí, no norte de Minas Gerais. Uma semana depois, no dia 21 de fevereiro, sempre sob forte esquema de segurança, Playboy foi levado de volta para a Penitenciária da Papuda.

Os líderes do PCC advertiram que os atentados iriam continuar caso as reivindicações não fossem atendidas. Solicitavam abertura para o diálogo direto com Nagashi Furukawa e Geraldo Alckmin.

O governo até pareceu ceder. Na madrugada do dia 22 de fevereiro de 2002, Carambola recebeu as boas-vindas dos presos da Penitenciária I de Avaré. Algumas horas depois, foi a vez de Geleião ser recebido com festa. A convivência com os irmãos cariocas do Comando Vermelho e os banhos de sol nas manhãs quentes do Complexo de Bangu I lhe fizeram bem. Geleião estava barbudo, usava pulseiras de ouro e chegou bastante alegre.

Contudo, os dois chegavam para cumprir o castigo no RDD.

No mesmo dia, a Tropa de Choque encontrou 15 celulares na Penitenciária de Marília, o que acelerou a remoção também de Psicopata e outros 51 detentos para Avaré. Os presos comemoraram a chegada dos novos moradores do presídio batendo nas grades de suas celas.

Sim, o PCC era certamente maioria em Avaré, mas convivia lado a lado com rivais do Comando Revolucionário Brasileiro da Criminalidade (CRBC). No fim de fevereiro de 2002, o presídio abrigava 500 detentos, todos em cela individual e em dois pavilhões divididos em quatro raios. O que não impedia que todos os dias os integrantes das duas facções trocassem insultos e ameaças:

– Aí, verme, eu vou cortar sua cabeça e arrancar seus olhos, hein! – gritava um preso do PCC, que logo ouvia como resposta:

– Eu é que vou chupar o sangue da tua mãe, verme!

O governo paulista ainda prometia trazer de volta Cesinha, que continuou em Bangu I, assim como Playboy, então recolhido na Papuda, e Bandejão, preso em Salvador.

Mesmo assim, os líderes do PCC não contavam com a volta para o castigo em Avaré. Insatisfeitos, fizeram com que os atentados continuassem e, pior, com mais intensidade.

Os ataques continuaram no mês de março de 2002 e recaíram tanto sobre prédios do Poder Judiciário como sobre bases comunitárias da Polícia Militar.

Para piorar as coisas, no dia 5 de março ocorreu a chamada "Operação Castelinho", quando a Polícia Militar matou 12 integrantes do PCC, em Sorocaba.

Assim, provocado, já no dia 8 o Partido do Crime voltou a causar medo em São Paulo. No Fórum Criminal Mario Guimarães, na Barra Funda, zona oeste paulistana, foram encontrados 40 quilos de explosivos no porta-malas de um Escort branco deixado no estacionamento do fórum. O veículo branco estava com os faróis acesos e as chaves no contato. A Polícia Militar isolou a área num raio de 200 metros, parando o trânsito na região. Os demais veículos estacionados foram guinchados. Junto aos explosivos, deixados em uma caixa de papelão e por fim desativados por homens do Gate, havia uma faixa do PCC com a comunicação: "Isso é pelos 12 mortos em Sorocaba".

No mesmo dia o PCC atacou também o fórum de Guaianazes, na zona leste de São Paulo. Dois homens deram tiros e lançaram uma bomba de fabricação caseira contra o prédio do Juizado Especial Criminal (Jecrim). Já em Assis, no interior do estado, o fórum foi esvaziado às pressas após um telefonema anônimo: o PCC ameaçava explodir duas bombas no edifício. E, no Núcleo de Observações Criminológicas (NOC), uma correspondência sem remetente, destinada a um oficial da Polícia Militar, também causou tensão. Homens do Gate foram chamados, mas, segundo a polícia, não encontraram explosivos.

Na noite do dia 9, um sábado, o alvo do Partido do Crime foi a 4ª Companhia do 19º Batalhão do Interior da PM, em Hortolândia, na região de Campinas. A ação dos criminosos durou apenas dois minutos. Às 23 horas, dois veículos, um Vectra e um carro importado, passaram em frente à companhia. Nesse momento, dois PMs estavam no posto policial e trabalhavam na sala de comunicação. Uma bomba foi lançada no quartel e vários tiros de pistola acertaram as vidraças da cabine de comunicação. Sem tempo de reagir, os policiais apenas se jogaram no chão. A bomba destruiu parcialmente um muro lateral do quartel. (A dois quilômetros da Companhia, a polícia encontrou o Vectra. No veículo havia um cartucho de explosivos e uma faixa com as palavras de ordem: "Morte aos opressores".)

Em telefonemas anônimos, o PCC ameaçava matar cem PMs em represália à morte dos seus 12 integrantes na rodovia Castelinho. Preocupada, a Polícia Militar colocou seus homens em alerta na capital e no interior. Na sede da Rota, no bairro da Luz, policiais armados de metralhadoras, fuzis e pistolas ficaram de prontidão, 24 horas, na calçada em frente e também na área interna do quartel.

No dia 14 de março, a polícia prendeu dois suspeitos de participação nos atentados. Com eles, foi encontrada uma faixa com o nome PCC e o número 15.3.3. No dia 15, ocorreu o sexto atentado do ano apenas contra fóruns no estado. Às 9h45 da manhã, dois motoqueiros lançaram um artefato contra o prédio do fórum de Osasco. Um funcionário sofreu ferimentos leves.

No dia 16, foi a vez do 3º Distrito Policial de Sumaré, na região de Campinas, no interior do estado. Pouco depois da meia-noite, um Vectra branco com cinco homens chegou ao 3º Distrito, próximo ao quilômetro 113 da rodovia Anhanguera. Quatro homens desceram do carro e invadiram o prédio da delegacia. Eles renderam o escrivão, o investigador e o carcereiro. Uma mulher, que neste momento prestava queixa de roubo, também foi rendida, mas aproveitou um momento de distração do grupo para fugir. Os policiais foram levados em fila para o corredor de acesso à carceragem. Então, de costas, o investigador e o escrivão foram metralhados pelos criminosos. Os matadores ainda arrombaram várias portas da delegacia à procura de outros policiais. Nem o relógio do distrito foi poupado: também foi metralhado e parou à 0h17. Não havia presos na carceragem e nada foi roubado. Apenas o carcereiro, que também foi baleado, sobreviveu, sendo internado em estado grave num hospital de Sumaré.

Na saída, os criminosos ainda colocaram uma bomba no corredor. Em poucos segundos, o artefato explodiu. Depois metralharam um carro da Polícia Militar estacionado em frente à delegacia.

Na rodovia Anhanguera, os autores do atentado chegaram a ser perseguidos pela polícia, mas conseguiram escapar.

A ação foi mais uma represália à morte dos 12 homens na Castelinho.

* * *

As explosões e ameaças de bomba assustavam juízes, promotores e os funcionários dos fóruns paulistas. Os ataques do PCC eram sucessivos e não havia no ar o menor sinal de trégua.

No dia 18, quatro homens, ocupando duas motos, metralharam o Fórum de Itaquera, na zona leste. Eram 10h30, o expediente apenas começava, mas, entre advogados e funcionários, já havia muitas pessoas no edifício. Cinco pessoas sofreram ferimentos leves. Depois do ataque, os funcionários se recusaram a voltar ao trabalho. Os cartórios ficaram vazios. Um posto bancário fechou as portas.

Dos quatro homens, dois foram presos. Um deles era Murilo Mantiqueira, foragido da Penitenciária de Marília, no interior do estado. O outro, um adolescente de 17 anos.

No Deic, Mantiqueira contou à polícia que a ordem para o ataque partira da Penitenciária de Iaras.

– Mas de *quem* partiu a ordem? – perguntou o delegado.

– Essa informação eu não sei não, doutor.

Até que, finalmente, em maio de 2002, as autoridades do sistema prisional fizeram um acordo com os chefes do PCC para evitar a onda de rebeliões e atentados. Os chefes do PCC presos no Regime Disciplinar Diferenciado não ficariam mais dois anos no castigo, como havia sido previsto, mas apenas seis meses. Também passariam a ter direito a duas horas de banho de sol, em vez de uma hora e meia.

O governo também atenderia a outra reivindicação da facção: Cesinha seria trazido de volta para São Paulo.

Já no final do mês, Cesinha prestou um longo depoimento no Deic, assumindo todos os atentados cometidos pelo PCC contra fóruns e postos das Polícias Civil e Militar. Em troca da confissão, sua mulher Natália, presa por formação de quadrilha, foi solta e passou a responder ao processo em liberdade.

Mas o acordo entre o governo e o PCC durou somente cinco meses. No começo de outubro de 2002, a SAP decidiu estender por mais seis meses o castigo dos chefes do PCC isolados no RDD. A decisão das autoridades prisionais indignou os chefes do Partido do Crime, o que determinou o fim da trégua. Dois dias antes das eleições estaduais, no dia 4 de outubro, outra granada, que felizmente não explodiu, foi arremessada contra a sede da SAP. Porém, perto do prédio, os autores do atentado deixaram uma faixa com uma mensagem que a polícia se recusou a revelar. Então um homem logo telefonou para vários jornais e emissoras de TV, a fim de reivindicar, em nome da facção, a autoria do ataque.

Segundo ele, a faixa apreendida pela polícia dizia: "Declaramos guerra, pois fizemos um acordo de paz que não foi cumprido. Independente de estarmos encarcerados, temos palavra. O governo não".

O homem disse que as futuras ações da facção seriam ainda piores e advertiu: "Não haverá eleições em São Paulo no domingo".

Eleições houve, mas, dias depois, em 8 de outubro de 2002, uma terça-feira, cinco homens atiraram contra dois PMs na praça Rotary, em Higienópolis, na região central. Eram 22h30. Os PMs, que escaparam ilesos, faziam o patrulhamento a pé, perto da casa do então presidente Fernando Henrique Cardoso.

Mas igual sorte não teve o soldado Simão Pedro Ribeiro Queiroz, de 43 anos. Às 22h30 do dia seguinte, Queiroz estava sozinho na base comunitária da PM no Jardim Campos Elíseos, em Campinas, quando quatro homens ocupando um Kadett estacionaram a alguma distância e lhe gritaram:

– Boa noite! O senhor pode nos dar uma informação?

Queiroz era casado e pai de dois meninos, um de nove e outro de 12 anos. O PM servia na 4ª Companhia do 35º Batalhão do Interior, era considerado um excelente policial e estava na corporação há 22 anos. Como a maioria dos PMs, ele também fazia bicos: Queiroz tinha uma van e, nos dias de folga na corporação, entregava mercadorias para comerciantes da região de Campinas.

Ao se aproximar do Kadett, Queiroz foi fuzilado com um tiro no peito. No local, os assassinos deixaram um lençol branco com a sigla da facção.

O PM foi enterrado com honras militares no Mausoléu da Polícia Militar, no bairro Ponte Preta, em Campinas.

Apenas cinco horas depois desse ataque, outro posto da Polícia Militar sofreu um atentado. Pelo menos vinte tiros foram disparados, de dentro de um veículo, contra o posto policial na esquina da praça Mauê Mirim com a rua Cordão de São Francisco, na Vila Alabama. Ninguém ficou ferido, e outra faixa com a sigla da facção criminosa foi deixada no local.

Um ano depois, em novembro de 2003, o PCC, ainda insatisfeito com o isolamento de seus líderes no RDD, mais uma vez provocou morte e terror nas ruas de São Paulo. Bases policiais civis e militares foram novamente alvos dos ataques atribuídos ao Partido do Crime. A data escolhida para o início das ações terroristas foi o dia de Finados, 2 de novembro, um domingo. O secretário da Segurança Pública, Saulo de Castro Abreu Filho, disse que a polícia vinha sendo avisada sobre possíveis atentados no feriado.

Mesmo com a polícia em alerta, em 43 horas foram registrados 17 atentados contra postos fixos de policiamento, viaturas e bases comunitárias, além de uma tentativa de resgate de presos. Dois PMs, um agente penitenciário e um detento foram executados. Dois guardas civis metropolitanos e sete PMs ficaram feridos. O PCC, definitivamente, cumpria a promessa de se tornar uma organização terrorista.

Os presos Gulu e Carambola foram acusados de autorizar os atentados do CRP de Presidente Bernardes, a fim de forçar o governo a tornar o Regime Disciplinar Diferenciado menos rígido. A polícia pressionou os dois detentos, mas a participação deles nos atentados não ficou comprovada.

Coincidência ou não, não foram registrados mais atentados assumidos pelo PCC em São Paulo até o final de 2003.

FARSA MACABRA

A rebelião em série nos 29 presídios paulistas; os resgates de presos com mortes de policiais em penitenciárias, delegacias e estradas; as fugas espetaculares no Complexo do Carandiru; todos esses eventos desgastavam a imagem do governo estadual, duramente criticado pela oposição por causa do aumento da violência e do fracasso no combate ao crime organizado. O governo precisava, de qualquer maneira, impedir as ações do Partido do Crime.

Em meados de 2001, o então secretário da Segurança Pública, Marco Vinicio Petrelluzzi, o juiz corregedor do Departamento Técnico de Inquéritos Policiais e Polícia Judiciária (Dipo), Maurício Lemos Porto Alves, e o juiz da Vara de Execuções de São Paulo, Octávio Augusto Machado de Barros Filho, autorizaram o Gradi a investigar e reprimir as ações do PCC.

Ao mesmo tempo, a PM mobilizou um grupo de homens da Agência Regional de Informações (ARI) também para combater a facção criminosa.

Os dois grupos eram formados por praças e oficiais do Comando de Policiamento de Choque (CPChoque). Mas o Gradi havia sido criado para outro fim: combater as discriminações de raça, sexo e religião e fazer respeitar o direito das minorias. Suas atividades deveriam ser coordenadas por um delegado da Polícia Civil. Porém, em poucos meses o Gradi passou a ser coordenado, com toda a autonomia, por policiais militares, e com respaldo de gente do Poder Judiciário.

Assim, conforme apurou o Ministério Público Estadual, o Gradi colocaria de lado suas atribuições originais e começaria a realizar ações arbitrárias, ilegais e criminosas, como recrutar presos, infiltrá-los em quadrilhas, grampear telefones, torturar, sequestrar, forjar flagrantes etc.

Uma das arbitrariedades do serviço de inteligência da Policia Militar só veio a público em julho de 2001, graças a uma ação equivocada do grupo do tenente Fábio Paganotto, coordenador da ARI da PM.

A ideia de recrutar detentos dissidentes e desafetos do PCC para investigar e combater as ações da própria facção foi defendida por um dos apoios do oficial, um ex-diretor do antigo Centro de Observações Criminológicas. Paganotto também contava com o auxílio de um diretor da Penitenciária I de Avaré. Os dois homens subordinados à Secretaria da Administração Penitenciária eram os responsáveis pela apresentação dos inimigos do Partido do Crime a Paganotto e também ao tenente Henguel Ricardo Pereira, um dos coordenadores do Gradi. Para conseguir o apoio dos detentos, prometia-se uma série de benefícios, de redução da pena à liberdade plena. De forma que alguns presidiários – os condenados a longas penas ou os jurados de morte pelo Partido do Crime – passaram a colaborar com os dois grupos.

O preso Marcos Massari, o Tao, assaltante de bancos e ex-parceiro de Sombra – inclusive batizado no PCC por Sombra –, a partir de março de 2001 se tornou o principal colaborador do Gradi. Ele já estava ressentido por não ter recebido um centavo do roubo de 32,5 milhões de reais da agência central do Banespa (o banco foi assaltado pelo bando de seu irmão, Edson). Enquanto Sombra, admirado pela quadrilha, recebeu 100 mil reais, dinheiro com o qual financiou as armas para patrocinar o que acabou sendo o maior motim do Piranhão. Com certeza, esse foi um dos motivos que levou Tao a colaborar com o Gradi, tornando-se talvez o maior traidor do Partido do Crime.

Coube a Tao intermediar a apresentação de detentos aos tenentes. Um dos primeiros presos apresentados a Fábio Paganotto foi Fernando Henrique Chacal, o "FHC". Condenado a dez anos por homicídio, FHC cumpria pena na Penitenciária de Iaras, onde já vinha sendo jurado de morte por presos que integravam o PCC. E, de sua cela, FHC escrevia cartas para a família dizendo estar disposto, no intuito de conseguir uma transferência, a fazer greve de fome.

Numa dessas cartas, FHC se despedia de parentes e amigos e citava até Raul Seixas, ao dizer que estava

> com a boca escancarada, cheia de dentes, esperando a morte chegar.

Então FHC foi removido para a Penitenciária I de Avaré e ficou no "seguro", ou seja, isolado dos demais presos, sem vizinhos de cela. Porém, não tardou a escrever à família reclamando dos diretores de Avaré e dizendo estar "travando uma guerra com os inimigos".

Por causa das constantes ameaças de morte e já cansado de ficar isolado no seguro, FHC aceitou o convite da direção do presídio de Avaré para colaborar com a polícia. Era a sua única alternativa.

No dia 12 de julho de 2001, PMs do grupo do tenente Paganotto foram apresentados a FHC pelo diretor. Os mesmos PMs retornaram a Avaré em 16 de julho e ficaram com o presidiário das 14 às 22 horas. No dia seguinte, FHC foi levado para o COC (Centro de Observação Criminológica) em um carro frio (ou seja, um carro não oficial usado pela polícia), que saiu da Penitenciária de Avaré pela portaria conhecida como "revisora", de uso exclusivo de policiais e viaturas da PM. Segundo fontes do sistema prisional, FHC foi retirado da Penitenciária de Avaré com autorização judicial e conhecimento da Coesp, da Secretaria da Administração Penitenciária e da Secretaria da Segurança Pública.

No COC, os PMs deram um telefone celular para FHC entrar em contato com integrantes do PCC nas prisões e em liberdade. FHC ligou até para Débora atrás do telefone de um "soldado" do PCC. Débora não o conhecia e não passou a informação.

Mas foi desse modo que muitos planos da facção criminosa foram descobertos. Todos os telefonemas feitos por FHC eram grampeados pelo grupo do tenente Paganotto. Numa das ligações, o detento soube que seria realizada, em 20 de julho, uma reunião entre integrantes do PCC em liberdade para planejar o resgate de Cesinha e Geleião, na época presos na Penitenciária I de Avaré. FHC disse aos irmãos do PCC que estava solto, que tinha dinheiro para ajudar o Partido do Crime, e que gostaria de participar da reunião do dia 20. (FHC vinha sendo ameaçado em Iaras e em Avaré por "lagartos" da facção, e não pelos "cobras", os generais do Partido. Seu problema era com presos dessas penitenciárias ligados ao PCC, não com o PCC propriamente.)

FHC recebeu dos PMs uma pistola nove milímetros. Durante o encontro, porém, um dos integrantes da facção notou seu nervosismo e, desconfiado, alertou os colegas. Resultado: uma desastrosa ação que culminou com a morte de FHC e dos quatro membros da facção reunidos, todos executados por PMs numa casa do Jardim Elisa Maria, na zona norte. Em vez de presos, foram todos mortos e, como se não bastasse, os policiais militares ainda prenderam dois rapazes inocentes: Marcelo Vieira, de 31 anos, e Gilson Barros Paes, de 27. Este último nem passagem pela polícia tinha.

O corpo de FHC ficou dois dias como indigente no IML.

O tenente Paganotto, os sargentos Eduardo Souza Izabo e Edvaldo Nascimento Rosa, o cabo Paulo Estêvão de Melo e os soldados Odair Boffo e Luciano Sales Moreira alegaram ao delegado Ruy Ferraz Fontes que estavam no Jardim Elisa Maria para prender um grupo de vinte homens ligados ao PCC, mas que o plano acabou sendo descoberto e então houve troca de tiros.

(Os exames residuográficos constataram sinais de pólvora nas mãos de apenas um dos cinco mortos. Outro exame balístico constatou que a bala que matou o preso FHC saiu da arma de um policial militar.)

Os PMs não quiseram conversa com jornalistas. Obviamente, reservavam-se o direito de falar apenas em juízo. Mas, enquanto isso, os inocentes Marcelo e Gilson, indiciados por homicídio, resistência à prisão, formação de quadrilha e porte ilegal de arma, continuavam encarcerados.

Marcelo e Gilson ficaram um ano e dois meses atrás das grades. Primeiramente foram levados para o Centro de Detenção Provisória II do Belém, onde ficaram dez dias. De lá foram transferidos para o CDP de Santo André, no ABC, e, por fim, para a Penitenciária do Estado.

Não fosse uma tia de FHC ligar para o repórter Caveirinha e revelar que seu sobrinho fora recrutado por homens da PM (com autorização do Poder Judiciário) para ser infiltrado em ações com grupos criminosos nas ruas, a farsa jamais seria descoberta e os dois inocentes presos poderiam apodrecer anos e anos na cadeia.

Marcelo disse que no dia da farsa se encontrava na casa de um pastor, perto de onde acontecia a reunião dos filiados ao PCC. De repente ouviu tiros. Em seguida, policiais invadiram a casa onde ele estava e o algemaram e encapuzaram. Marcelo contou que foi agredido, ameaçado de morte e, já no Deic, forçado a confessar sua participação num resgate de presos ocorrido na rodovia Castello Branco, no início de 2001, quando um PM foi baleado e morto com um tiro de fuzil.

Na época em que Marcelo foi preso, sua mulher estava grávida.

– Eu alegava – Marcelo disse ao repórter Caveirinha – que logo eu seria pai de uma criança e os PMs respondiam que iriam chutar a barriga da minha mulher.

A juíza Maria Cristina Cotrofe decidiu soltar os dois rapazes depois de ouvir suas testemunhas de defesa. Uma delas já havia dito ao delegado Ferraz Fontes que tinha visto Marcelo, desarmado, ser arrastado da casa do pastor e agredido por PMs fardados. Outra testemunha, que também já tinha sido ouvida pela Polícia Civil, disse que viu um PM fardado retirar de outra casa um homem ensanguentado (provavelmente o último dos cinco a morrer). Que, enquanto o homem gritava que estava baleado, um PM de boina se aproximou e lhe acertou um tiro fatal.

O episódio do Jardim Elisa Maria não foi a única ação malsucedida dos PMs da Agência Regional de Informações do CPChoque. Em 28 de fevereiro de 2002, o tenente Paganotto, o sargento Edivaldo e o cabo Paulo Estêvão se envolveram em outro caso polêmico. Passaram-se por vendedores de armas e drogas e prometeram vender 15 fuzis M-16 e mais 15 FAL, por 5500 reais cada um, para três rapazes: Luiz Carlos Marques, o Bicho de Pena; Edson Ricardo Nogueira, o Toco; e Valter da Costa Coelho, o Sapo. Segundo a Polícia Civil, Paganotto chegou aos três homens graças ao auxílio de presos recrutados pelo serviço secreto da PM. Então ele próprio telefonou para Bicho de Pena e se apresentou como o amigo de um detento da Penitenciária de Marília. Como local para a entrega das armas, escolheu um posto de combustível na Vila Resende, em Piracicaba.

Bicho de Pena, Toco e Sapo levaram o pagamento em dólares, em reais e também em cocaína. No entanto, os três foram executados.

Novamente os PMs alegaram que houve troca de tiros, mas os exames residuográficos não constataram sinais de pólvora nas mãos de nenhum dos rapazes mortos. Além disso, tanto a proprietária como o frentista do posto de combustível disseram à Polícia Civil que, depois dos tiros, os PMs levaram a fita de vídeo do circuito de TV do estabelecimento.

Os PMs envolvidos nos casos do Jardim Elisa Maria e de Piracicaba estavam na mira da Justiça. Na conclusão do inquérito, o delegado Gelson Aparecido Oliveira Barreto observou que

> a ação foi, toda ela, desde o nascedouro, organizada por organismo que, constitucionalmente, não tem atribuição para investigar, ou seja, realizar atos de Polícia Judiciária. Pior que isso. Hoje sabemos que fazia parte de um esquema bem maior, de fundo político, e bem pode apresentar vícios graves em todo o seu desenrolar.

As ações dos presos infiltrados no Gradi e na ARI da Polícia Militar não causaram mortes apenas nas ruas. As ações comandadas por Paganotto culminaram, indiretamente, com o assassinato de um antigo e importante membro do PCC, Blindado, e também do detento Dionísio César Leite. Pois foram os dois que, não suspeitando da farsa, indicaram Bicho de Pena, Toco e Sapo para a compra dos trinta fuzis.

Os três rapazes eram também ligados a Gulu, que considerava principalmente Bicho de Pena um irmão, pois eram amigos desde a infância, em São Vicente, na Baixada Santista. Assim, segundo apurou o Deic, Gulu mandou matar Blindado e Dionísio.

Somente meses depois, Gulu descobriu que os dois haviam caído na cilada armada pelo serviço de espionagem e inteligência da PM.

Blindado e Dionísio foram executados durante a tarde do dia 3 de março de 2002, um domingo, por cinco detentos, entre os quais o conhecido "Rodriguinho". Era dia de visita dos presos. Blindado e Dionísio foram atacados pelos inimigos em suas celas, logo após a saída das visitas. Arrastando os dois feridos, os cinco gritavam aos funcionários do presídio:

– É acerto!! É acerto!!

Então, diante de várias testemunhas, deram duas estiletadas no peito de Blindado e outras tantas em Dionísio e lançaram os dois corpos do primeiro andar.

A mesma tática seria usada pela PM na chamada "Operação Castelinho". Só que, dessa vez, o número de mortos seria maior e o massacre teria péssima repercussão nas Comissões de Direitos Humanos da ONU e na Organização dos Estados Americanos (OEA). Assim como o massacre dos 111 presos da Casa de Detenção, o episódio da Castelinho também iria manchar a imagem do Brasil no Exterior.

* * *

Na manhã do dia 5 de março de 2002, uma terça-feira, um ônibus Mercedes-Benz da Lual Tur com oito homens deixou o município de Itaquaquecetuba, na região metropolitana de São Paulo, com destino a Sorocaba, no interior paulista. (O ônibus trazia a numeração 157, em cor azul, no lado esquerdo, e, coincidentemente, no Código Penal Brasileiro o número 157 refere-se ao crime de roubo.) Também formavam o comboio uma picape Ranger, roxa, roubada dias antes, com mais dois homens; uma picape D-20, também roubada, transportando outros dois homens; e uma Parati prata, ocupada pelo cabo Francisco Alexandre Filho, pelo soldado José Fernandes de Lima e também pelo preso Gilmar Leite Siqueira, o "Siqueira".

Um ônibus, uma Ranger, uma D-20 e uma Parati.

Por sua vez, dois Monza seguiam de alguma distância o comboio. Transportavam os sargentos João Carlos Salatiel, Hélio Moraes e Eduardo Nélson Parra Marin, o cabo Maurício dos Santos, os soldados Paulo Sérgio de Oliveira e Rogério Viana Andrade.

Somando-se, portanto, os passageiros dos dois Monza com os da Parati – o último veículo do comboio –, havia ao todo oito policiais militares e um detento. Enquanto isso, os outros 12 – oito no ônibus, dois na Ranger e dois na picape – seguiam com suas mentes concentradas na missão: assaltar o avião-pagador que pousaria no aeroporto de Sorocaba, transportando a quantia de 28 milhões de reais.

O comboio seguiu pela rodovia Ayrton Senna, pegou a Marginal Tietê e entrou na rodovia Castello Branco, a "Castelo". Eram sete horas quando o comboio entrou na rodovia Senador José Ermírio de Moraes, a "Castelinho".

Os 12 assaltantes não poderiam imaginar que, após o pedágio do quilômetro 12,5, os veículos estavam sendo aguardados por dezenas de policiais militares da Rota, comandados pelo coronel José Roberto Martins Marques, por homens da Polícia Rodoviária, do Comando de Operações Especiais (COE) do Batalhão de Sorocaba e também por homens do Gradi. A uns 300 metros do pedágio, os PMs bloquearam parte da rodovia com um guincho da ViaOeste e com pinchos – barras com pinos de aço pontiagudos.

A um quilômetro dali, pousado em uma olaria, um helicóptero Águia da Polícia Militar também aguardava.

Os três primeiros veículos passaram pelo pedágio. A Parati, que levava o detento Siqueira e dois PMs, tinha uma espécie de senha – um giroflex – para passar pelo bloqueio.

Numa das cabines do pedágio, Tao, ao lado de um sargento do Gradi, assistia a toda a encenação.

***

Desse modo, Tao começou a mostrar a sua ira contra o Partido do Crime. Recrutado pelo Gradi para ajudar a combater as ações do PCC, Tao articulou um falso roubo e convenceu os 12 homens a roubar um avião-pagador que não existia. Para pôr o plano em prática, Tao contou com a colaboração de outros detentos retirados da cadeia para serem também infiltrados no Gradi. Além de Siqueira, Tao foi ajudado por Ronny Clay Chaves, o "Roniclei", e Rubens Leôncio.

Os quatro presos recrutados participaram de dezenas de reuniões na sede do Gradi, em uma sala nos fundos do CPChoque, no bairro da Luz. Munidos de telefone celular, os detentos recrutados fizeram contatos com membros do PCC "nas ruas" e da Penitenciária de Iaras (quando Blindado ainda estava vivo e preso por lá), para dizer que estavam em liberdade e que precisavam de parceiros "sangue nos olhos" – de confiança – para fazer uma "fita" – um assalto. Então o assaltante Djalma Fernandes Andrade de Souza, conhecido como Djalma "Koban", havia fugido da Penitenciária do Estado e foi indicado por Blindado para participar do roubo e fazer o contato inicial com os interlocutores.

Djalma era conceituado no Partido do Crime. Foi ele, por exemplo, que jogou uma das bombas na sede da Secretaria da Administração Penitenciária. (No dia 30 de outubro de 2000, Djalma também ajudou a resgatar Eduardo Cara Gorda, um dos fundadores do PCC, preso na época na Penitenciária de Marília. Durante o resgate, que aconteceu no Hospital das Clínicas de Marília, houve perseguição e troca de tiros com a polícia. Cara Gorda foi baleado e morreu um dia depois.)

Assim, o plano de roubar um avião-pagador foi passado a Djalma, que, como bom ladrão, acatou a ideia. Disse que poderia, sim, recrutar uns parceiros, mas que, no entanto, não tinha armas adequadas para o assalto.

O planejamento do roubo começou a ser feito um mês antes.

Em 25 de fevereiro de 2002, Siqueira e mais dois PMs do Gradi, o cabo Alexandre e o soldado Fernandes, se reuniram na Praça de Alimentação do Shopping Tatuapé, na zona leste, com dois criminosos que se diziam integrantes do PCC. Durante esse encontro foi acertado o roubo do avião-pagador. Dois dias depois, o grupo viajou para Sorocaba e fotografou o alvo do ataque. Siqueira, o cabo e o soldado também se reuniram com os 12 criminosos na casa de Djalma, em Itaquaquecetuba.

Tao e Roniclei se encarregaram de arrumar o armamento para a quadrilha.

Os ladrões só não sabiam que a munição era de festim.

Assim, os oficiais do Gradi convenceram o bando a roubar um avião-pagador inexistente. O assalto, primeiramente, foi marcado para o dia 1º de março. Depois acabou adiado para o dia 5.

O Ministério Público concluiu que o Gradi poderia, sem disparar um único tiro, prender os 12 homens na Castelinho por formação de quadrilha e porte ilegal de arma; no entanto, não foi o que aconteceu.

O objetivo da operação seria mostrar que em São Paulo o crime organizado não tinha vez; que a polícia paulista podia ser implacável com os criminosos; que o secretário de Segurança, recém-empossado no cargo, era linha-dura.

Três meses depois da Operação Castelinho, em 27 de junho de 2002, a cúpula das Polícias Civil e Militar e da Secretaria da Segurança Pública dava uma nova coletiva à imprensa. Saulo de Castro Abreu Filho não compareceu e foi representado pelo secretário-adjunto, Marcelo Martins de Oliveira.

O encontro com a imprensa foi mais uma tentativa de rebater as declarações do vice-prefeito de São Paulo, Hélio Bicudo, representante no Brasil da Comissão Interamericana de Direitos Humanos, que, dois dias antes, de posse de um relatório assinado pelo legista Nélson Massini, defendia a tese de que os 12 homens no ônibus e nas duas caminhonetes foram covardemente massacrados pelos policiais. Na avaliação de Hélio Bicudo, os tiros sofridos nas costas e nos braços indicavam que eles apenas tentaram se defender, protegendo-se das balas sem oferecer resistência.

– As vítimas foram baleadas do tórax para cima e algumas delas à queima-roupa.

(Nota: O Gradi da PM foi extinto justamente nessa época em que Hélio Bicudo tornava público o que a polícia se esforçava por abafar.)

A pedido de Bicudo, o professor da UFRJ analisou os laudos do IML de São Paulo. De acordo com o relatório final de Massini, durante a Operação Castelinho, morreram, com um total de 61 tiros:

Djalma Fernandes Andrade de Souza, 34 anos, com cinco tiros no rosto, três na barriga, um na coxa direita, um na cabeça e um no braço direito;

Fábio Fernandes Andrade de Souza (irmão de Djalma), 29 anos, com dois tiros na cabeça e um no braço direito;

Gerson Machado da Silva, 30 anos, com um tiro na cabeça e um no peito;

Alessandro de Oliveira Araújo, 27 anos, com dois tiros na cabeça e um no antebraço esquerdo;

Laércio Antonio Luiz, 39 anos, com quatro tiros na cabeça e um no antebraço esquerdo;

José Aírton Honorato, 34 anos, com quatro tiros na cabeça;

Jefferson Leandro Andrade, 23 anos, com dois tiros na cabeça, um no peito, um na boca e um no polegar esquerdo;

Luciano da Silva Barbosa, 26 anos, com seis tiros na cabeça;

José Maria Menezes, 42 anos, com um tiro na cabeça, cinco nas costas e dois na barriga;
Sandro Rogério da Silva, 32 anos, baleado quatro vezes na cabeça e uma no olho esquerdo;
Sílvio Barrandíno do Carmo, 28 anos, com cinco tiros no rosto e um na cabeça;
José Cícero Pereira dos Santos, 26 anos, baleado três vezes no peito.

Contudo, apesar das evidências, na citada coletiva o secretário adjunto alegava que, para que não pairassem quaisquer dúvidas sobre a legalidade da postura da Polícia Militar na Castelinho, ele então reunia na Secretaria os diretores do IML, Jorge Jarjura, e da Polícia Científica, Celso Periolli, o delegado-geral Marco Antônio Desgualdo, o comandante-geral da PM, coronel Alberto Silveira Rodrigues, e o delegado Ivaney Cayres de Souza, então diretor do Deinter-7, em Sorocaba, onde ocorreu o episódio.

Os comandantes da operação Castelinho e os policiais responsáveis pela investigação do caso se uniram na tese da legítima defesa:

– A ação policial ocorreu dentro da legalidade e sem excesso – afirmou o secretário adjunto.

– Nada existe no laudo que prove que houve tiros à queima-roupa – alegou, por sua vez, o diretor do IML.

– Houve sim a troca de tiros entre policiais e bandidos – argumentou Cayres de Souza. – Os 12 homens tentaram furar o bloqueio e resistiram à prisão. A ação foi legítima e os PMs responderam à altura.

Segundo o delegado, foram apreendidas 16 armas com o grupo dos assaltantes. Todas elas teriam sido periciadas e 11 deram resultado positivo de uso. Cayres de Souza também ressaltou que, no local atrás de onde os PMs estavam posicionados, foram encontradas várias cápsulas deflagradas.

– Isso comprova que houve intenso tiroteio – concluiu.

Mas não foram feitos exames residuográficos nas mãos das vítimas. Exames estes que indicariam se havia ou não sinais de pólvora nas mãos dos mortos e, portanto, permitiriam dizer se houve ou não a alegada troca de tiros.

Os jornalistas saíram da entrevista dando risadas. Como sempre ocorre nos casos de "resistência à prisão" alegados pela PM, novamente nenhum policial saiu ferido na suposta troca de tiros.

Alguns oficiais superiores da Polícia Militar, responsáveis pelo comando da Operação Castelinho, foram promovidos. Já os delegados da Polícia Civil responsáveis pelo inquérito do caso foram transferidos. O comandante da Rota, tenente-coronel Martins Marques, foi promovido a coronel. Ele assumiu o CPChoque. Outro tenente-coronel, Romeu Takami Mizutami, comandante do 1º Batalhão da Polícia Militar Rodoviária, também foi promovido a coronel e assumiu o Comando do Policiamento Rodoviário Estadual (CPRV). O major Roberto Mantovan, do

Gradi, foi igualmente promovido a tenente-coronel e em seguida passou para a reserva. O delegado Cayres de Souza, diretor do Deinter-7, assumiu a diretoria do Departamento de Narcóticos (Denarc). O delegado titular da Seccional de Sorocaba, Everardo Tanganelli, tornou-se o diretor divisionário do Denarc.

O inquérito da operação Castelinho foi inicialmente presidido pelo então delegado seccional de Sorocaba, Everardo Tanganelli. E o promotor Amaury Chaves Arfelli, do fórum de Itu, foi designado para acompanhar o caso.

Algum tempo depois, Caveirinha descobriu que o promotor havia sido policial militar e também servira no CPChoque, a unidade que comandou a operação na Castelinho. Arfelli ingressara na Polícia Militar em 1979 e saíra em janeiro de 1990. Então o próprio promotor, que ficou cinco meses acompanhando as investigações, sugeriu ao procurador-geral Luiz Antonio Guimarães Marrey a designação de outros quatro colegas para investigar a Operação Castelinho.

O relatório do "Caso Gradi" (como ficou conhecido o texto da ouvidoria da Polícia) foi divulgado em primeira mão por Alessandro Silva e Gilmar Penteado, repórteres da *Folha de S.Paulo*. Entre outras coisas, o relatório da ouvidoria expunha uma carta do preso Roniclei, que, após ter sido torturado por policiais do Gradi (justamente o grupo que o tirou da cadeia para infiltrá-lo em ações criminosas nas ruas), resolveu denunciar a farsa. Tanto Roniclei como seu parceiro Rubens Leôncio foram torturados. Os dois haviam sido indicados por Tao para colaborar com o Gradi. Ambos ficavam presos no antigo COC, de onde eram retirados pelos policiais do Gradi, com a autorização do juiz Octávio Augusto Machado de Barros Filho, conforme consta no relatório.

Escrita a caneta por um amigo, a carta ditada por Roniclei tinha 14 páginas e foi entregue a entidades de direitos humanos. Nela, o detento admite que, por conta da promessa de que ganharia benefícios na prisão ou até mesmo a liberdade plena, decidiu colaborar com o grupo de inteligência da PM. Explica que se reuniu com os integrantes do bando em um sítio alugado em Sorocaba. E que, infiltrado como bandido, um soldado do Gradi também participou desse encontro. Detalha que utilizou um Vectra com placas de Curitiba, alugado na locadora Vip, para entregar, junto com Tao, o armamento para o chefe da quadrilha no sítio em Sorocaba.

Sobre a emboscada, Roniclei alega: "É claro que houve reação, mas festim não mata ninguém. As armas não estavam no assento, e sim no porta-bagagem do ônibus".

No depoimento à Justiça, Roniclei confirmou as informações da carta, amplamente divulgada na imprensa. Que foi torturado por PMs do Gradi (e também por Tao e por Siqueira); que foi agredido com um taco de beisebol e pedaços de pau; que tinha medo de ser assassinado e vinha sofrendo várias ameaças. (Na carta, Roniclei inclusive apela para que suas denúncias não sejam levadas à Corregedoria dos Presídios.)

De nada adiantaram as solicitações do preso, pois, mesmo depois dos serviços prestados à PM, Roniclei continuou correndo riscos:

– Esse grupo está ameaçando a mim e à minha família, pois eu sei tudo a respeito da operação da polícia na Castelinho. Eu sei como foi feita a encenação. Não teve competência da PM, houve sim uma armação. Eu estava lá!

Em 29 de agosto de 2002, Roniclei prestou depoimento aos deputados estaduais Renato Simões (PT), Wagner Lino (PT), Sidney Beraldo (PSDB) e Rosmary Corrêa (na época do PMDB), todos integrantes da CPI do Sistema Prisional. O detento reiterou as acusações e também disse ter grampeado telefones de políticos e delegados para o Gradi. Contou ainda que chegara a sair do presídio não apenas sem escolta, mas com carro, dinheiro, arma e telefone celular cedidos pelo Gradi.

Tao também foi ouvido pelo Ministério Público e por Renato Simões. Ele não fez por menos: denunciou toda uma rede de corrupção formada, segundo ele, por policiais civis, agentes penitenciários, diretores de presídios, advogados e juízes. (Foi assim, com base nas informações de Tao, que a polícia estourou as centrais telefônicas do PCC, isolou chefes e fundadores da facção criminosa e prendeu advogados defensores de detentos ligados à facção.) Segundo ele, policiais do Gradi e da Rota faziam até ritual de batismo para os novos PMs envolvidos em operações de extermínio na periferia de São Paulo.

Condenado a 97 anos de prisão, Tao foi recrutado 68 vezes pelo Gradi e, de março de 2001 a abril de 2002, ficou fora da prisão 115 dias.

– Fomos [ele e Siqueira] até o Canal 2, em Santos, com o PM Alexandre, do Gradi, e pegamos com dois agentes federais uma metralhadora e um fuzil. O armamento foi entregue para os 12 homens. A munição, como vocês sabem, era de areia, mas, independentemente disso, dos 12 que morreram, eu vi três serem fuzilados depois de descerem do ônibus, mesmo com as mãos para cima.

Enquanto isso, o deputado Renato Simões já tinha em mãos um ofício secreto do Gradi. O documento de duas páginas, datado de 25 de abril de 2002, era assinado pelo tenente-coronel (então ainda major) Roberto Mantovan, coordenador do grupo. Seu destinatário original era Elizabeth Regina Ferreira Toledo Duarte, na época coordenadora dos Estabelecimentos Prisionais de São Paulo. Nele, Mantovan elogia as atividades desempenhadas pelos presos infiltrados nas ações e afirma: "Tiveram participação ativa no sucesso e êxito em todas as operações realizadas através de levantamentos criminais, com diversas unidades de elite da PM, como Rota, Gate, COE, Força Tática, Polícia Rodoviária e Polícia Civil". Em seguida, Mantovan defende benefícios aos detentos colaboradores: "Demonstraram fazer jus aos possíveis benefícios que legalmente este juízo poderá oferecê-los, de modo a amenizar a pena que lhes foi imposta pela justiça, por terem, no passado, cometido ilícitos penais. (...) Foram retirados de circulação dezenas de marginais, que representavam risco iminente à integridade física, à vida e ao patrimônio de cidadãos honestos e trabalhadores".

O oficial elogiou os presos infiltrados no Gradi, mas as promessas feitas aos detentos recrutados pelo grupo nunca foram cumpridas. Pelo contrário, a maioria continuava presa em cadeias controladas pelo PCC e, desse modo, corria sérios riscos de vida.

Caveirinha sabe que foi o "porta-voz" de um desses presos recrutados pelo Gradi que entregou o citado documento a Renato Simões. Tal pessoa ainda disse ao deputado possuir outros documentos comprobatórios das ações ilegais do Gradi e que, no entanto, só iria entregá-los quando os detentos infiltrados estivessem em segurança e em um presídio fora do estado de São Paulo.

As ações ilegais do Gradi e os recrutamentos de presos nas penitenciárias por homens do serviço secreto da Polícia Militar levaram o TJ a afastar (não do judiciário, mas dos seus cargos) os juízes Machado de Barros Filho, corregedor dos presídios, e Maurício Porto Alves, do Dipo. Ambos foram acusados por juristas, entidades de direitos humanos e pela OAB/SP de autorizar saídas de presos usados como agentes infiltrados em organizações criminosas por PMs do Gradi e de permitir a realização de interceptações telefônicas fora dos critérios legais. O relatório da Ouvidoria contendo todas estas informações foi entregue à imprensa numa entrevista coletiva na OAB.

O TJ tomou a decisão depois de receber, do procurador-geral Guimarães Marrey, representação pedindo a apuração de eventuais crimes cometidos pelos juízes e também pelo secretário Abreu Filho.

À imprensa, o secretário de Segurança Pública não admitiu ter conhecimento do uso de presos infiltrados em quadrilhas por PMs do Gradi, limitando-se a dizer que não teve participação no planejamento da Operação Castelinho: "Não comento apuração em andamento". Em contrapartida, a Comissão de Direitos Humanos da OAB/SP criticou o silêncio de Abreu Filho e questionou o motivo da matança:

– O secretário Abreu Filho deveria tomar uma atitude ética e pedir o próprio afastamento – disse o deputado federal Orlando Fantasini (PT/SP), presidente da Comissão de Direitos Humanos da Câmara dos Deputados.

Irritado, Abreu Filho rebateu:

– A entidade, como defensora dos direitos humanos, deveria respeitar o meu direito individual de garantir a minha idoneidade até prova contrária.

Em agosto de 2002, a juíza corregedora do Dipo, Ivana David Boriero, sucessora de Maurício Porto Alves no cargo, pediu a devolução do armamento emprestado ao Gradi. Contudo, algumas armas não foram devolvidas. O tenente Henguel e o sargento Carmona chegaram a prestar queixa de furto no 13º Distrito Policial (Casa Verde), mas, segundo o Ministério Público, eles simularam o furto para acobertar o desvio de uma submetralhadora nove milímetros, Ingran, e de outra submetralhadora Uzi Pistol. Elas estavam sob a custódia do Gradi, mas foram encontradas, posteriormente, nas mãos de bandidos, durante assaltos.

O Movimento Nacional dos Direitos Humanos (MNDH), entidade representada por 42 organizações, pedia o afastamento do secretário da Segurança Pública para que as investigações das ações do Gradi prosseguissem sem qualquer interferência. Também pedia ao então ministro da Justiça, Paulo de Tarso Ribeiro, garantias de vida para os quatro detentos que denunciaram as ações do grupo secreto da Polícia Militar. O MNDH também denunciou as ações do Gradi à Organização dos Estados Americanos (OEA) e à Organização das Nações Unidas (ONU).

No dia 20 de agosto de 2002, representantes de trinta entidades de direitos humanos tentaram realizar um ato público na Assembleia Legislativa de São Paulo, pedindo o afastamento de Abreu Filho. O protesto seria realizado no auditório Franco Montoro, mas diretores de departamentos da Polícia Civil, delegados seccionais, delegados titulares e investigadores chegaram em carros da corporação à Assembleia e lotaram o auditório. Num gesto de apoio ao secretário, pelo menos 350 policiais impediram a realização do ato público. Os defensores dos direitos humanos foram vaiados pelos policiais armados e tiveram de se reunir em uma sala improvisada.

– O que eles fizeram foi uma intimidação física – acusou, numa coletiva, João José Sady, advogado e coordenador da Comissão de Direitos Humanos da OAB/SP.

No dia seguinte, Caveirinha e o repórter Rodrigo Hidalgo, da rádio Jovem Pan, divulgaram um telex assinado pelo então delegado titular da Seccional Sul, Olavo Reino Francisco. A mensagem, que foi enviada para os delegados titulares de 11 distritos da Zona Sul, dizia: "Determino a Vossas Senhorias comparecerem à Assembleia Legislativa do Estado hoje às 13:30 horas, acompanhados de policiais dessa unidade, a fim de assistir e participar do ato público, em que deputados do Partido dos Trabalhadores (PT), os drs. Hélio Bicudo e Renato Simões, irão fazer críticas à Polícia Civil do Estado de São Paulo. Para tanto, convoco Vossas Senhorias, senhores delegados de polícia, plantonistas e demais policiais a participarem comigo de um repúdio a esse ato".

Homens da tropa estavam sendo acusados de assassinatos, mas não por acaso, pois os PMs que compunham o Gradi foram escolhidos a dedo. Dos 64 PMs citados no relatório Gradi da Ouvidoria, um dos sargentos era o policial com maior número de homicídios e já havia respondido a 32 processos. Ele participara de casos polêmicos, como um conflito com integrantes do MST na Favela Socialista, em Diadema, no Grande ABC, em dezembro de 1990, onde duas pessoas morreram e 76 ficaram feridas.

Outro sargento envolvido na Operação Castelinho foi condecorado e promovido por bravura pela Polícia Militar, apesar de já ter sido acusado de 19 homicídios, 11 dos quais já arquivados pelo Tribunal de Justiça Militar:

– Tenho orgulho de tudo o que fiz – disse o sargento ao repórter Caveirinha. – A Polícia Militar é a minha vida.

Além dos 12 homens mortos na Castelinho, dos cinco homens executados no Jardim Elisa Maria, de outros cinco assassinados na rodovia dos Bandeirantes, de três rapazes mortos numa falsa venda de armas em Piracicaba e de outros dois homens mortos a tiros na avenida Eliseu de Almeida, no bairro do Butantã, em São Paulo, num total de 27 mortes, o serviço secreto da Polícia Militar infiltrou presos em outras 16 operações só no período de abril a setembro de 2001. Todas as ações constam do relatório assinado por Roberto Mantovan.

Todos os inquéritos envolvendo as ações do Gradi foram avocados pelo TJ. O desembargador Sinésio de Souza foi designado como relator das investigações para apurar a responsabilidade de Abreu Filho e dos juízes Machado de Barros Filho e Lemos Porto Alves. Como as investigações envolviam um secretário de Estado e dois juízes, o desembargador decretou segredo de justiça: a investigação transcorreria em sigilo. O inquérito acabaria arquivado pelo Tribunal de Justiça do Estado de São Paulo por 21 votos a um em fevereiro de 2005.

Em 17 de junho de 2003, o Ministério Público denunciou 13 PMs do Gradi, entre os quais o tenente Henguel e o tenente-coronel Roberto Mantovan. Tao também foi denunciado. Isso ocorreu porque, no dia 27 de março de 2002, Roniclei e Leôncio haviam recebido mais uma missão do Gradi: os dois deveriam se infiltrar em uma quadrilha que planejava roubar o Hotel Casa Grande, no Guarujá. Contudo, ao serem alertados por um parceiro de que poderiam ser assassinados por integrantes do PCC, os dois quiseram desistir da missão.

Essa história é um tanto mal contada. Roniclei e Leôncio teriam supostamente despistado a escolta do Gradi e se refugiado na casa de uma empresária, no Brooklin, na zona sul. Mas, num dos seus depoimentos, Roniclei disse que até ligou para o Gradi para avisar onde estava, ou seja, que em nenhum momento fugiu e que inclusive estava com carro e um celular fornecidos pelo Gradi.

Então os PMs teriam descoberto o esconderijo de Roniclei e Leôncio, e, no dia 31 de março, invadiram a casa. Segundo o Ministério Público, Leôncio teria sido jogado do telhado da casa pelo sargento Hélio Moraes e quebrado, na queda, a perna direita. Já Roniclei teria sido espancado a socos e pontapés e jogado da escada pelos soldados Paulo Sérgio de Oliveira, José Fernandes de Lima e pelos sargentos João Carlos Salatiel, Rodney Carmona e Hélio Moraes. O soldado Fernandes ainda teria quebrado um dente de Roniclei com uma coronhada.

A dona da casa e sua filha também teriam sido torturadas.

Ao que parece, Leôncio foi levado para o Pronto-Socorro de Santana, enquanto Roniclei foi levado para o Batalhão de Choque. De acordo com a denúncia do Ministério Público, já no quartel, Roniclei foi torturado pelos sargentos Everaldo Borges de Souza, Hamilton Oliveira de Morais, Eduardo Souza Izabo e Eduardo Nelson Parra Marin, pelo cabo Francisco Alexandre Filho, pelo soldado Marco Antonio Gomes Dias e pelo preso Marcos Massari, o Tao. Ainda segundo a denúncia, o tenente Henguel e o tenente-coronel Mantovan assistiram à tortura e nada fizeram.

Em 30 de junho de 2003, a juíza Deborah Ciocci, da 20ª Vara Criminal da Capital, aceitou a denúncia de tortura oferecida contra os PMs e Tao por promotores de Justiça. Contudo, a Polícia Militar não providenciou advogados para os seus homens. Logo na primeira denúncia oferecida pelo Ministério Público contra o Gradi, os 13 PMs denunciados tiveram que pagar advogados com o dinheiro dos seus próprios bolsos.

Os 13 PMs do Gradi denunciados por crime de tortura voltaram a se encontrar no Fórum Mário Guimarães, na Barra Funda, no dia 30 de outubro, uma quinta-feira. Deborah Ciocci marcou uma audiência para ouvir as testemunhas de acusação contra os PMs. Um dia antes, porém, o repórter Caveirinha já informava, no *Diário de S. Paulo*, que Tao (um dos réus no processo), Roniclei e Leôncio (as vítimas), e ainda Siqueira (outra testemunha de acusação), todos recolhidos em penitenciárias do interior paulista, não queriam comparecer à audiência porque estavam com medo de ser escoltados por PMs.

A audiência deveria começar às 13 horas. O dia estava quente e os termômetros de rua marcavam 32 graus. Siqueira e Leôncio foram trazidos à capital, mas Roniclei não compareceu e Tao se recusou mesmo a ser escoltado por PMs. (Agentes federais foram buscá-lo, mas chegaram quatro horas depois do horário previsto para o início da audiência.) Enquanto a juíza e também a imprensa aguardavam, alguns dos PMs acusados conversavam com Caveirinha e lhe expunham suas insatisfações com o governo estadual e a Polícia Militar. Estavam revoltados por não receberem assistência jurídica da corporação. Um PM contou ao jornalista que os 13 acusados já tinham desembolsado, juntos, 154 mil reais para advogados. Que um deles pagou, sozinho, 24 mil reais. Já outro contraíra dívidas.

– As nossas ações no Gradi foram feitas com autorizações judiciais e ordens de oficiais superiores. Estávamos em serviço. Nossas ações ajudaram muita gente a se eleger. Agora estamos abandonados. No passado, fomos elogiados e condecorados com medalhas. Hoje, passamos de heróis a bandidos. Não temos ajuda da Polícia Militar, do governo do estado e das entidades de classe.

(Até o final da década de 1990, a Caixa Beneficente da Polícia Militar pagava as despesas com advogados para os PMs envolvidos em ocorrências com mortes de civis. Assim, por exemplo, ocorreu em relação aos PMs envolvidos no massacre do Carandiru.)

A juíza decidiu adiar para 9 de dezembro os depoimentos das testemunhas de acusação. Nesse dia, a audiência começou no horário previsto. Roniclei não quis prestar depoimento na presença dos PMs, de modo que os 13 acusados foram retirados do plenário. Articulado, o presidiário confirmou ter sido espancado e torturado pelos PMs. Disse que apanhou no sobrado da empresária e foi levado para a sede do Gradi, onde ficou trancado num carro, numa temperatura elevada, por pelo menos duas horas. Disse inclusive ter recebido dos PMs uma garrafa com urina para limpar os ferimentos.

O preso Rubens Leôncio foi o segundo a ser ouvido pela juíza. Mas Leôncio negou ter sido torturado pelos PMs. Disse que a fratura exposta na perna foi consequência da queda do telhado do sobrado:

– Invadiram o sobrado. Eu não sabia quem era. Tentei fugir e pulei do telhado. O pessoal do Gradi nunca me agrediu.

Depois finalizou:

– Sempre fui bem tratado por eles.

Siqueira também foi ouvido. Ele chegou ao fórum escoltado por policiais federais. Com medo dos PMs, o detento recusara a escolta de homens da corporação.

Siqueira confirmou que Roniclei fora agredido por Tao na sede do Gradi:

– Porque ele chamou o Tao de "traidor" e de "filho da puta".

A juíza também ouviu médicos que atenderam os dois presos torturados, bem como ex-diretores e ex-funcionários do antigo Centro de Observações Criminológicas. Segundo todas as testemunhas, os presos disseram ter sido torturados pelos homens do serviço de inteligência da PM.

Dos 13 PMs acusados, o tenente Henguel, os sargentos Everaldo e Hélio Moraes e o soldado Fernandes foram condenados na 20ª Vara Criminal de São Paulo, em agosto de 2008, a cinco anos e cinco meses de prisão, mas com o direito de recorrer da sentença em liberdade. Massari recebeu a pena de quatro anos e quatro meses. Porém, em fevereiro de 2016, o desembargador Ivan Sartori, da 3ª Câmara Criminal Extraordinária do Tribunal de Justiça do Estado de São Paulo, absolveu os cinco réus.

Isso aconteceu porque Roniclei, que durante a fase de inquérito e em juízo havia confirmado as denúncias de tortura, mudou sua versão. Em documento lavrado no 4º Tabelionato de Notas de São Paulo, em 14 de outubro de 2014, ele declarou que nunca foi agredido nem ameaçado pelo tenente Henguel. Disse ainda que, anteriormente, ao depor na 20ª Vara Criminal de São Paulo, relatou que foi torturado porque estava com raiva e por temer por sua segurança.

Mas a denúncia de tortura não seria a única envolvendo praças e oficiais do Gradi. Em julho de 2003, o promotor Marco Antônio Ferreira Lima havia oferecido denúncia contra o tenente-coronel Mantovan, os tenentes Henguel e Álvaro Inocêncio de Jesus, o major Rafael de Albuquerque Pereira e o sargento Rodney Carmona. (Dos cinco, Mantovan, Henguel e Carmona integravam o Gradi.) Todos acusados do sumiço das armas emprestadas ao Gradi e encontradas com assaltantes. Nada foi provado contra eles.

E, além dessa denúncia, a promotora Vania Maria Tuglio, da Comarca de Itu, designada pelo procurador-geral Guimarães Marrey para investigar a Operação Castelinho em substituição ao promotor Arfelli, iria dar outro duro golpe na PM. No dia 4 de dezembro, Vania denunciou 53 PMs pela execução dos 12 integrantes do PCC. (Os presos Tao e Siqueira também foram denunciados.)

Os 53 PMs e os dois presos foram denunciados por homicídio triplamente qualificado – motivo fútil, meio cruel e emboscada, abuso de autoridade e violação de dever. A pena máxima prevista para este crime, envolvendo os 12 mortos, é de 370 anos. Dos 53 PMs denunciados, dez eram oficiais e, apesar da extinção do Gradi, quatro haviam sido promovidos desde a Operação Castelinho.

Os ex-coordenadores do Gradi, o tenente-coronel Mantovan e tenente Henguel, o cabo Alexandre e o soldado Fernandes também foram denunciados em consequência do roubo dos dois veículos usados pelos 12 homens na Operação Castelinho. Assim a promotora argumentou em seu relatório:

> É certo que o roubo prévio de veículos fazia parte do plano arquitetado pelos denunciandos, já que serviria de "desculpa" para qualquer episódio, uma vez que os mesmos estariam inseridos em "caráter geral", ou seja, comunicação de roubo a todas as viaturas policiais, que passariam a trabalhar na localização e interceptação dos mesmos.

Henguel e outros dois tenentes, Dimas Mecca Sampaio e Paulo César Valentim, e mais os soldados Gilberto Martins e José Bezerra Leite foram denunciados por fraude processual. São acusados de sumir com provas do crime, inclusive as fitas com as imagens da ação da PM no pedágio da Castelinho. (Os promotores apuraram que os PMs sumiram com as fitas do pedágio do quilômetro 12,5 e entregaram outras editadas ao Ministério Público.)

O promotor Carlos Cardoso, assessor especial da Procuradoria Geral de Justiça, em entrevista a vários jornais, defendeu o afastamento e a prisão dos policiais denunciados:

– Foi uma grande farsa, uma farsa macabra, talvez a maior da história da polícia de São Paulo. O Gradi militar, na verdade, é uma quadrilha de criminosos, de policiais bandidos, torturadores e assassinos.

E, novamente, a Secretaria da Segurança Pública divulgou uma nota defendendo a legitimidade da ação: "A polícia fez o cerco com quase uma centena de policiais exatamente para que não houvesse o confronto".

O repórter Caveirinha foi chamado por Guimarães Marrey à Procuradoria Geral de Justiça para conversar com a promotora. Lá, Caveirinha entregou a Vania Tuglio duas fitas cassete com depoimentos de um ex-colaborador do Gradi e também indicou, como possíveis testemunhas, parentes de mortos na Castelinho.

Tuglio já tinha ouvido testemunhas presenciais (como alguns funcionários da ViaOeste que trabalhavam no pedágio; ou os integrantes de um caminhão atingido por balas perdidas) e também ouviu outras que inicialmente mantiveram contato com Caveirinha. Todos eram unânimes em reafirmar a tese da execução premeditada, contradizendo, obviamente, as testemunhas apresentadas pelos PMs.

Em 11 de dezembro de 2003, o juiz Paolo Pellegrini Júnior, da 1ª Vara da Comarca de Itu, aceitou a denúncia oferecida pela promotora.

Em 4 de novembro de 2014, o juiz Hélio Vilaça Furukawa, da 2ª Vara Criminal de Itu, filho de Nagashi Furukawa, absolveu os 55 acusados de envolvimento na Operação Castelinho. Em fevereiro de 2017, a 4ª Câmara Criminal do Tribunal de Justiça do Estado de São Paulo manteve a sentença de primeira instância. Ninguém foi punido pelas mortes dos 12 homens na estrada.

As conclusões da promotora Vania Tuglio, bem como as do promotor Carlos Cardoso, haviam sido anunciadas quase um ano e meio antes por Hélio Bicudo, cuja atuação foi fundamental para mostrar ao Brasil e ao mundo a farsa da Operação Castelinho.

Também tiveram participação decisiva na exigência de transparência e visibilidade da Operação Castelinho o então ouvidor da Polícia, Fermino Fecchio, o advogado João José Sady, presidente da Comissão de Direitos Humanos da OAB/SP, e também o deputado estadual Renato Simões (PT), presidente da Comissão de Direitos Humanos da Assembleia Legislativa de São Paulo. Porque fizeram o que a própria polícia poderia ter feito: investigaram as ações do Gradi.

A DEVASSA

A música "Coração Civil", de Milton Nascimento e Fernando Brant, era como um bálsamo para Débora, que a ouvia sempre que se sentia triste.

Pelo telefone, Caveirinha reconhecia aquela canção soando por detrás das palavras da amiga:

– Uma vez eu fui ver o Sombra lá em Taubaté e o clima tava ruim. Então eu resolvi cantar essa música e aí todos ficaram emocionados, o Sombra, os outros também, o próprio Matheus.

Por fim, ela desabafou:

– Antes, eu acreditava mesmo que o PCC ia consolidar a união dos presos, que eles iam respeitar a paz, a justiça, a liberdade. Mas, depois que o Sombra foi traído pelos próprios irmãos do Partido, eu entendi que o meu sonho era utopia.

Débora estava melancólica, pois sabia que, no dia seguinte, a Polícia iria realizar uma das maiores ofensivas contra o Partido do Crime. Débora já não era a ativista de antes, mas, certamente, na devassa que a polícia programava realizar, haveria amigos seus sendo presos.

De fato, no dia 23 de maio de 2002, o governo, a Polícia Civil e o Ministério Público deram um importante passo para a desarticulação do PCC.

Na realidade, a devassa sobre a principal facção criminosa paulista teve início bem antes. Em maio de 2001, o Ministério Público criou a Assessoria Especial de Coordenação das Atividades de Combate às Organizações Criminosas. O Gaeco estava subordinado a esse departamento e, quatro meses depois, começou a mostrar serviço.

Num trabalho conjunto, a Polícia Civil e o Ministério Público desmantelaram sete centrais telefônicas do PCC, o que, de cara, impediu um assalto milionário a uma empresa de transporte de valores de Campinas. A equipe do delegado-titular Ruy Ferraz Fontes, e do delegado-assistente Alberto Matheus Pereira Júnior, da 5ª Delegacia de Roubo a Bancos do Deic, gravou a conversa dos presos, planejando o roubo.

O Deic e o Gaeco começaram a investigar a rede de comunicação do PCC no final de fevereiro de 2001, logo após a megarrebelião. Chegaram às centrais telefônicas após rastrearem ligações feitas por detentos: a polícia já tinha quase quinhentas horas de conversações gravadas. Nos grampos, havia conversas inclusive do repórter Caveirinha com Natália e a advogada Ana.

Nessas centrais, promotores e policiais do Deic prenderam oito mulheres e quatro homens. Foram apreendidos aparelhos de telefones convencionais, celulares, HTs, câmeras de vídeo e listas telefônicas do PCC. Uma central desmantelada funcionava no Parque Edu Chaves, na zona norte. Segundo a polícia, essa era a base comandada por Playboy, então preso na Penitenciária da Papuda, em Brasília. Em Campinas, uma central era mantida por Geleião e outra por Mamá, ambos presos em Piraquara, no Paraná.

No Deic, duas "telefonistas", mãe e filha, disseram que eram forçadas a trabalhar para parentes de presos. As duas operavam uma base da facção desmantelada no Caxingui, na zona oeste.

Os integrantes do Partido do Crime compravam os telefones com nomes e documentos falsos e empregavam parentes e parceiros de ações criminosas. As contas telefônicas eram de valores altos. Os débitos variavam de 2 mil a 5 mil reais.

O promotor Alberto de Oliveira Andrade Neto fez um alerta:

– Se o estado não instalar bloqueadores de telefones e não impedir a entrada de celulares nas prisões, vai ser difícil vencer a guerra contra o PCC.

Mas, para o promotor Márcio Sérgio Christino, o bloqueio de celulares nas prisões não barraria a comunicação dos "cobras" do PCC:

– Os principais integrantes da facção vão arranjar um meio de se comunicar. Eles têm mais dinheiro, mais recurso, e vão poder, por exemplo, corromper funcionários e falar por celular via satélite, que tem um custo bem mais caro do que o pré-pago.

Assim, no dia 13 de junho de 2001, o Ministério Público denunciou, na 15ª Vara Criminal da Capital, sete integrantes do PCC por formação de quadrilha. Na lista dos denunciados estavam Geleião e Mamá. Ambos teriam liderado uma rebelião na Penitenciária de Piraquara, durante a qual três detentos e um agente penitenciário foram assassinados. Na denúncia, os promotores relataram o esquema de atuação do PCC dentro e fora das cadeias, envolvendo agentes penitenciários, policiais e, para a época, um avançado sistema de comunicação.

Em realidade, a imprensa paulista já havia sido informada sobre a megaoperação da polícia. Apenas, por razões óbvias, não anteciparia nada.

Ainda não havia amanhecido, e 1500 policiais, entre militares e civis, já estavam na rua.

Foram realizadas revistas em 81 penitenciárias. A Tropa de Choque acompanhou os trabalhos em 16 presídios. Agentes penitenciários apreenderam

498 estiletes, 44 facas, 15 barras de ferro, dois alicates, 309 trouxinhas de maconha, 98 papelotes de cocaína, 159 telefones, 72 carregadores, 33 baterias e duas antenas de celular.

Além disso, foram presas 18 pessoas e estouradas 32 centrais telefônicas do PCC na capital e na região metropolitana de São Paulo.

Débora tinha mesmo razão em se preocupar, pois Natália estava entre as pessoas presas. Segundo policiais do Deic, gravações de conversas telefônicas revelavam o envolvimento da mulher de Cesinha no repasse de dinheiro (incluindo notas falsas) para integrantes da facção. Natália foi acusada de cuidar de contas bancárias da organização criminosa.

Os integrantes do PCC e um grupo de advogados estavam sendo investigados pelo Deic e pelo Gaeco havia quatro meses, desde a série de atentados comandados pela facção contra fóruns e prédios públicos. A polícia então montara um organograma com a função de cada um na facção criminosa. Três advogados, Anselmo Neves Maia, Leyla Maria Alambert e Mônica Fiore, tiveram a prisão temporária de 15 dias decretada pela Justiça. Segundo o delegado Ferraz Fontes, os três levavam e traziam recados dos integrantes da facção. Transmitiam as ordens para o PCC executar ações criminosas dentro e fora dos presídios.

No dia 27 de maio, Anselmo, Leyla e Mônica foram indiciados por crime de formação de quadrilha qualificada. Mônica Fiore, no entanto, foi solta naquele mesmo dia, pois teria participação de menos destaque em relação aos demais advogados.

Natália também foi libertada. As duas mulheres iriam responder a seus processos em liberdade.

Em junho de 2002, o Tribunal de Justiça e Disciplina da Ordem dos Advogados do Brasil de São Paulo suspendeu o advogado Anselmo Neves Maia por 90 dias. A Comissão da OAB ouviu seu depoimento no 13º Distrito Policial (Casa Verde). Ele foi representado por um advogado indicado pela OAB, pois o advogado (e sócio de Neves Maia) Mário Sérgio Mungioli desistira do caso. A decisão de suspender Neves Maia foi unânime. O então presidente da OAB de São Paulo, Miguel Aidar, afirmou:

– As provas de envolvimento de Anselmo com facções criminosas são nítidas. É evidente que a atuação dele excedia a conduta normal de um advogado que está defendendo seus clientes. E claro que ele é integrante da facção criminosa.

Neves Maia, que atuava na área criminal desde 1977, sempre falava de seus planos na política. Pretendia candidatar-se a deputado federal e chegou a se filiar ao Partido da Mobilização Nacional (PMN). Uma de suas metas, se eleito, ele dizia, seria lutar pelo direito de voto do presidiário. Contava com o voto dos integrantes livres da facção, bem como de parentes, amigos e advogados dos presos.

O advogado conhecia bem o sistema prisional. Além do quê, também esteve preso no Piranhão.

Mas, segundo a Polícia Civil, agora as gravações o envolviam na tentativa de assassinato de um agente penitenciário de Avaré, ocorrida em 2002. O advogado foi acusado de fornecer o endereço da vítima aos criminosos. Ainda segundo a Polícia, a ordem para matar o funcionário de Avaré teria partido de Geleião, preso na mesma penitenciária. O funcionário levou cinco tiros, mas sobreviveu. Nada ficou comprovado contra Geleião.

Desde o início das investigações sobre as atividades do Partido do Crime até o fim de maio de 2002, o Deic já havia prendido um total de 41 pessoas. E todos os líderes da facção identificados foram também transferidos para o Deic.

Chefes do PCC, como Playboy e Psicopata, que não se viam havia algum tempo, então ficaram frente a frente.

Para a polícia, Playboy disse que não era integrante da facção. Psicopata, mesmo algemado, precisou ser contido para não voar em seu pescoço.

Ana acompanhou os depoimentos e contou que o secretário adjunto da Administração Penitenciária deu um telefone celular para Playboy a fim de que ele ligasse para os pilotos dos principais presídios dominados pelo PCC e ordenasse a paz no sistema prisional. Segundo a advogada, Playboy cumpriu a ordem e, em troca, não foi mandado para o CRP de Presidente Bernardes, destino seguinte dos demais fundadores e chefes do Partido do Crime.

Em novembro de 2002, mais um advogado apontado como pombo-correio do Partido do Crime foi preso. Pois, quando levado para o Deic, Geleião acusou Abrahão Samuel dos Reis, seu antigo defensor, de ter trocado drogas por um carro e também de ter passado um recado ordenando a execução de oito rivais da facção na Baixada Santista. Os mortos seriam todos inimigos do próprio Geleião e de Cesinha.

Outras 19 pessoas, muitas delas ex-parceiros de Geleião, também foram por ele denunciadas.

No final de 2002, foi apresentado à imprensa um organograma com 17 nomes e fotos dos chefes do PCC. No primeiro escalão apareciam apenas os nomes de Playboy, Gulu e Carambola. O sequestrador Andinho e o advogado Samuel dos Reis também foram apontados como colaboradores do grupo.

Todos foram indiciados por formação de quadrilha e seriam isolados em prisões de Regime Disciplinar Diferenciado, sendo que 11 deles iriam para o recém-inaugurado Centro de Readaptação Penitenciária (CRP) de Presidente Bernardes.

Então a Polícia Civil resolveu criar um espetáculo na mídia para a opinião pública. Decidiu acorrentar os presos para mostrar que, em São Paulo, bandido perigoso, mesmo do Partido do Crime, não tinha vez. Além de algemados, Andinho, Carambola e Andrezão apareceram com os pés acorrentados.

O delegado Bittencourt Filho afirmava:

– A facção é hoje uma organização falida, mas não acabou. É como um câncer. Tem de ser isolado e extirpado.

Mesmo depois da desarticulação e do isolamento dos chefes do PCC, o Gaeco e o Deic não dariam trégua à facção criminosa. A meta dos promotores do Gaeco, Roberto Porto e Márcio Sérgio Christino, e dos delegados Ruy Ferraz Fontes e Alberto Matheus Pereira Júnior era tentar bloquear os bens e fazer uma devassa nas contas bancárias das mulheres, parentes e advogados dos integrantes do PCC.

A polícia apurou que o dinheiro arrecadado em assaltos, sequestros e tráfico financiou a compra de um apartamento em Guarulhos, utilizado por Natália.

No dia 4 de setembro de 2002, uma quarta-feira de inverno, o advogado Mário Sérgio Mungioli, a quem Caveirinha fora apresentado no exato dia da prisão de Neves Maia, lançou o livro *Prisioneiras da Opressão*, sobre "aspectos da vida de familiares e amigos de internos no sistema prisional", editado pela "Afaísca", a Associação de Familiares e Amigos de Internos no Sistema Carcerário.

No lançamento, estavam presentes algumas primeiras-damas do PCC, inclusive Natália e a advogada Ana. Sobre uma cadeira, um par de algemas representava o advogado Anselmo Neves Maia, coautor do livro, então preso em Avaré.

Em 2002, Mungioli chegou a ser candidato a deputado estadual e a fazer campanha em frente ao Carandiru, onde centenas de mulheres pegam ônibus para visitar os maridos, filhos e parentes em penitenciárias do interior.

Um ano depois, na tarde de 30 de setembro de 2003, uma terça-feira, Mungioli foi preso na saída do CRP de Presidente Bernardes, onde fora visitar Playboy, seu cliente. Segundo a polícia, o advogado era mais um pombo-correio da facção. Após ter deixado cair um bilhete na saída do parlatório do presídio, Mungioli passou a ser monitorado durante as suas visitas aos presos tanto no CRP de Presidente Bernardes como em Avaré.

De fato, a polícia apreendeu alguns bilhetes com o advogado na saída do CRP. Num deles, o preso X, recolhido no RDD de Avaré, pedia à liderança do PCC que realizasse outros atentados em São Paulo para pressionar o governo estadual a mudar as regras do RDD.

Segundo o Deic e o Gaeco, após a prisão de Mungioli, a polícia apurou que o PCC comprara um lança-granada e também adquirira dois fuzis AK-47 para cometer possíveis atentados na estação Jabaquara do metrô, a segunda mais movimentada da linha norte-sul, e que outra meta do Partido do Crime era explodir torres de transmissão para provocar um apagão na capital. Outro plano, ainda, envolvia o sequestro de uma autoridade ligada ao governador, no intuito de negociar a liberdade dos chefes da facção presos no CRP e em Avaré.

Dias antes da prisão do advogado, o PCC voltou a ser manchete dos noticiários de rádio, de televisão e dos principais jornais de São Paulo.

Primeiro, uma denúncia foi feita à imprensa, por carta, por um preso do interior do estado, acusando a facção de planejar o sequestro do padre Marcelo Rossi. No entanto, Caveirinha apurou que o autor da denúncia tinha problemas mentais e já havia passado diversas vezes por psiquiatras no Manicômio Judiciário, em Franco da Rocha, e na Casa de Custódia e Tratamento de Taubaté. Na penitenciária onde se encontrava recolhido, o preso falava sozinho, ou, em pleno pátio, gritava frases sem sentido. Ou então dizia que integrantes das Farc (Forças Armadas Revolucionárias da Colômbia) estavam prestes a invadir terras no Mato Grosso do Sul.

O PCC então passou a ser destaque novamente nos noticiários graças a uma falsa reportagem veiculada no programa *Domingo Legal*, no SBT, apresentado por Gugu Liberato. A reportagem mostrava dois encapuzados, um deles armado com um revólver 38. Diziam pertencer ao Primeiro Comando da Capital e que iriam matar e sequestrar autoridades, inclusive, e novamente, o padre Marcelo Rossi. Contudo, logo o Deic e o Gaeco apuraram que tudo não passara de um factoide forjado para garantir uma alta audiência ao programa.

A falsa reportagem foi muito criticada pelas emissoras de televisão concorrentes. Gugu ficou dias em silêncio. Depois foi ao programa de sua colega Hebe Camargo, também do SBT, onde chorou e jurou que não tinha visto a matéria antes de sua exibição.

O advogado Mário Sérgio Mungioli telefonou para o repórter Caveirinha para entregar uma carta escrita pela liderança do PCC negando a intenção de sequestrar autoridades e o padre Marcelo, e também desmentindo supostos planos de assassinar jornalistas em São Paulo. A mesma carta foi entregue a outros repórteres de jornais e de emissoras de televisão.

* * *

Por ironia do destino, Mário Sérgio Mungioli foi mandado para a mesma prisão onde estava o seu ex-sócio e amigo Neves Maia, em Avaré. Depois de prenderem o advogado, policiais foram ao seu escritório, situado num prédio antigo na região central da cidade, tentar apreender uma máquina de escrever, com a qual supostamente Mungioli escrevia seus bilhetes para os chefes da facção. Mas ela não foi encontrada. Então, o delegado Ferraz Fontes foi ao fórum Mário Guimarães e conseguiu cópias de petições feitas por Mungioli. Segundo o delegado, os exames feitos por peritos do Instituto de Criminalística (IC) comprovaram que as petições e os bilhetes foram datilografados com a mesma máquina.

Nos primeiros dias atrás das grades, o advogado não conseguia se controlar emocionalmente e chorava muito, segundo mulheres de presos contaram a Caveirinha. Os presos mais próximos de sua cela tentavam acalmá-lo. Mungioli nunca havia sido preso e foi parar, logo de cara, no temido Regime Disciplinar Diferenciado.

Pouco depois, em novembro de 2003, Anselmo Neves Maia foi solto. Após ter passado pelo 13º Distrito Policial e pela Casa de Custódia e Tratamento de Taubaté, ele havia sido, para seu azar, transferido para Avaré, mesma unidade onde trabalhava o agente penitenciário vítima do atentado ordenado pelo PCC. Os funcionários do presídio estavam ansiosos para se vingar do advogado, segundo Neves Maia contou a Caveirinha. Ele disse também ao repórter que foi levado para uma sala onde acabou espancado a socos e pontapés. Apanhou tanto que bateu a cabeça numa caixa de luz e desmaiou.

Ao deixar a prisão, Neves Maia estava magro, amarelo pela falta de banho de sol, abalado pelo que passou e, principalmente, revoltado. Afirmou a Caveirinha ser inocente de todas as acusações e prometeu processar o Estado por danos morais e materiais.

Leila ficou presa durante um ano e três meses e também alegou ao repórter ser inocente de todas as acusações.

Cemitério dos vivos

A fim de isolar os chefes das organizações criminosas, o governo estadual construiu uma cadeia diferenciada, projetada para monitorar o preso 24 horas, deixando-o isolado, sem qualquer contato com o mundo exterior. Assim é o Centro de Readaptação Penitenciária (CRP) de Presidente Bernardes.

Para seus "hóspedes", o CRP é o "Cemitério dos vivos".

Foram gastos 8 milhões de reais em sua construção. Com capacidade para 160 detentos, o novo presídio foi erguido em um morro situado ao lado da Penitenciária I, perto da margem da rodovia Raposo Tavares, na pista sentido Mato Grosso do Sul/São Paulo. Não existem muitas casas nas proximidades.

Na opinião de Ricardo Chilelli, ex-oficial do serviço de inteligência das Forças Armadas do Brasil, apesar de ser dotado com equipamentos de segurança de moderna tecnologia, o CRP de Presidente Bernardes foi construído num local inapropriado. Consultor na área de segurança internacional e formado em engenharia aeronáutica, Chilelli argumenta:

— O CRP fica no oeste do estado, perto de uma rodovia, a poucos quilômetros da divisa com o Mato Grosso do Sul e não muito distante da fronteira com o Paraguai; quando o ideal seria ele estar afastado de qualquer pista de pouso, ou rio, ou fronteira seca. Veja o exemplo das "Supermax", as penitenciárias de segurança máxima dos Estados Unidos, que são todas construídas numa região central de cada estado.

Nagashi Furukawa disse ter sido uma coincidência o fato de o presídio ser construído na cidade onde ele nasceu:

— O CRP era para ser construído na capital, onde a maioria dos presos tem audiência, mas não achamos um terreno perto de outra penitenciária. Os municípios do interior também resistem à construção de presídios. Só conseguimos um terreno aqui, próximo à Penitenciária I, que já tem 12 anos de existência.

Então a inauguração do CRP reuniu políticos, juízes, promotores e policiais da região. Aliás, uma das mais quentes do estado.

Uma banda de Presidente Bernardes executou o hino nacional. No palanque improvisado perto da porta de entrada do CRP, Furukawa explicava:

– O CRP vai abrigar os presos mais perigosos e aqueles com situação processual já definida. Os mais cotados são aqueles que promoveram rebeliões, que quebraram o bom convívio nas prisões, que participaram de alguma matança, ou aqueles que chefiam facções criminosas.

O então prefeito de Presidente Bernardes, o padre Umberto Laércio Bastos de Souza (PTB), doou o terreno para a construção do presídio, mas, em troca, estabeleceu uma parceria com o governo do estado:

– Agora queremos a duplicação do trevo da rodovia Raposo Tavares, na entrada da cidade. Queremos também mais carros da Polícia Militar, porque só temos três. Pedimos ainda melhorias no único hospital, geração de empregos e, consequentemente, mais impostos!

O diretor-geral do CRP, Antônio Sérgio de Oliveira, era antes o diretor de Vigilância e Disciplina da Penitenciária de Presidente Prudente e foi escolhido por Furukawa para assumir o novo cargo:

– Vou manter a disciplina e o respeito mútuo entre funcionários e presos. O objetivo é recuperar o detento e mandá-lo de volta para outra penitenciária, onde possa ter mais regalias.

Enquanto os políticos elogiavam a construção do presídio, sindicalistas da região de Presidente Prudente faziam suas críticas. O coordenador da subsede oeste do Sindicato dos Funcionários do Sistema Prisional do Estado de São Paulo, Luís da Silva Filho, apontava que o CRP começaria a funcionar com apenas trinta agentes penitenciários:

– Quando o ideal seriam 120! – ele afirmava.

E o então coordenador da Coesp na região Oeste respondia em entrevista ao repórter Caveirinha:

– O CRP já conta com 40 funcionários, e o quadro será completado ainda nesta semana. Por que não dizem que os presos ainda não foram transferidos?

E assim, no dia 2 de abril de 2002, foi inaugurado o CRP de Presidente Bernardes.

A cidade parou nesse dia. Uma multidão de visitantes fez fila para conhecer as dependências do presídio. Mas nem todos puderam conhecê-lo tão de perto: a Secretaria da Administração Penitenciária alegou motivos de segurança para impedir a entrada de repórteres, fotógrafos e cinegrafistas.

A assessora de imprensa da SAP, Rosângela Sanches, alegou:

– O governo teme que as celas e as áreas de segurança do presídio sejam filmadas ou fotografadas, e que as imagens venham a ser úteis para os criminosos.

Na fila de visitantes, havia até rapazes sem camisa. A imprensa não pôde registrar devidamente o CRP, mas muitos parentes de presos e moradores das cidades vizinhas – Presidente Prudente, Presidente Venceslau e Presidente Epitácio

– tiveram acesso às celas. Os jornalistas puderam apenas passar pela revisora, uma das entradas do presídio – onde o detento é encaminhado à inclusão – e também conhecer o pátio. O CRP tem dois pavilhões, cada um com oitenta celas, e na entrada desses pavilhões há detectores de metais. Nas paredes externas, bloqueadores de telefone celular. No pátio, cabos de aço para impedir pousos de helicópteros. Sobre as muralhas, muito arame farpado, guaritas de concreto e vidros à prova de bala.

– O CRP de Presidente Bernardes não tem masmorra porque já é uma masmorra – afirmou o sindicalista Luís da Silva Filho.

Caveirinha estava no pátio, ao lado do fotógrafo Lopinho, quando o secretário Furukawa pediu para chamá-lo. O calor era insuportável. A assessora de imprensa da SAP, Rosângela Sanches, os encaminhou ao prédio da administração, onde a "diretoria" os aguardava. Furukawa lhes ofereceu um suco de maracujá gelado e apresentou os jornalistas ao corregedor e juiz da Vara de Execuções Penais da região de Presidente Prudente, Antônio José Machado Dias.

– Satisfação – disse o juiz, apertando-lhes a mão.

Caveirinha se adiantou:

– O doutor é um ilustre corintiano.

– Sim, como sabe?

– Eu sempre ouço falar do juiz... "Machadinho", é como dizem.

– Sim. Eu realmente já fui um bom torcedor.

Lopinho saboreava seu suco. Furukawa perguntou a Caveirinha:

– Você, que conhece boa parte dos presídios paulistas, acha que seria possível fugir daqui?

O repórter sorriu:

– Talvez.

– Talvez?

– Se houver conivência de funcionários, talvez. Se houver, como ocorreu em Araraquara, sequestro de familiares dos diretores, talvez sim.

Furukawa condescendeu:

– Tem razão, acima de tudo é necessário ter funcionários idôneos e honestos. Importante que os senhores saibam, os agentes penitenciários que vão trabalhar aqui já passaram por muitas horas de aulas sobre direitos humanos e cidadania, sobre normas e regime penitenciário, sobre relações humanas, sobre princípios de técnicas não letais. Os senhores me acompanhem, por favor.

O secretário os conduziu à sala em que as diversas câmeras, espalhadas por todo o presídio, são monitoradas. Dezesseis câmeras estão instaladas nas quatro alas do presídio, cada uma com quarenta celas. Não é por acaso que o CRP de Presidente Bernardes também foi apelidado de "Big Brother Bernardes" (BBB).

Além do sistema de câmeras, as conversas dos detentos com advogados, mulheres e parentes são gravadas.

No CRP não existe privacidade. Detentos e agentes penitenciários são monitorados 24 horas, todos os dias.

A ventilação das celas é feita por uma pequena abertura no teto, pois, além de grades de ferro, as janelas têm vidros à prova de bala. Não existe a ventana por onde, em outras prisões, os detentos se penduram e conversam com seus vizinhos de cela. A água do lavatório, do chuveiro e da descarga do vaso sanitário, como no Piranhão, é controlada apenas do lado de fora da cela, pelos agentes penitenciários. As portas das celas são de aço e impedem que um detento veja o outro.

Até as 22 horas, os presos podem conversar entre si. Contudo, a fim de dificultar qualquer articulação entre eles, a mudança de cela é comum.

O diálogo entre funcionários e detentos é expressamente proibido.

– Também é impossível cavarem túneis aqui – explicou Furukawa. – O piso das celas e do pátio contém uma camada de concreto e mais umas tantas placas de aço.

Caveirinha estava impressionadíssimo.

Lopinho nem palavras tinha.

Na manhã de 9 de abril de 2002, uma segunda-feira, seis dias após sua inauguração, o CRP de Presidente Bernardes recebeu seus cinco primeiros detentos. Junto com o preso Polaco, vieram Osmar Aparecido Filho, o "Pirata"; Alexandre Fernandes Sandorfy, o "X"; Aílton Chaves da Conceição, o "Itinha"; e Edilson Borges Nogueira, o "Birosca", todos transferidos da Penitenciária II de Presidente Venceslau. Polaco foi o detento de prontuário número 1 no presídio mais seguro do Brasil. Dos cinco, ele era o único que ainda não tinha cumprido castigo em Regime Disciplinar Diferenciado.

Agora todos permaneceriam seis meses no castigo. Teriam, a princípio, direito a uma hora e meia diária de banho de sol, quando seriam vigiados por funcionários e cães ferozes. Durante as outras 22 horas e meia, permaneceriam em cela individual, sem acesso a jornais, revistas, rádio ou TV. No CRP, os presos só poderiam receber visita uma vez por semana e, mesmo assim, separados por um vidro: presos e visitas, sejam parentes ou advogados, não têm contato físico. Todas as conversas são gravadas. Do lado de fora da sala das visitas, um cão fareja por baixo da porta. Para sair da cela, o presidiário é vigiado por pelo menos três funcionários e as algemas lhe são postas ou retiradas por uma pequena abertura – o "guichê" – na porta já trancada por fora.

Aos poucos, as 160 celas do CRP iam sendo preenchidas. No dia 11 de abril de 2002, uma quinta-feira, Cesinha chegou a Presidente Bernardes transferido de avião.

Um mês depois, no dia 11 de maio, foi a vez de Andinho chegar ao CRP, no final da madrugada, sob forte escolta da Polícia Militar.

Com a chegada do sequestrador, já eram 50 os detentos recolhidos no presídio.

No dia 25 de maio de 2002 (dois dias após a devassa empreendida pela Polícia Civil e o Ministério Público), um grande comboio chegou ao CRP de Presidente Bernardes. Cesinha, que fora levado ao Deic para prestar depoimentos, retornava acompanhado de Geleião, Gulu, Psicopata, Andrezão, Mamá, entre outros integrantes da facção. A transferência começou às quatro horas da manhã, quando a Companhia de Engenharia de Tráfego isolou as ruas próximas ao prédio do Deic. Os líderes do Partido do Crime deixaram o prédio às 7h30, em um caminhão da polícia. O veículo foi escoltado por mais de 50 policiais em dez carros e um helicóptero. No aeroporto de Congonhas, algemados e escoltados por 20 policiais civis, os detentos foram colocados em um voo fretado. O avião pousou em Presidente Prudente às 9h30 e, de lá, o grupo foi, em outro caminhão, escoltado até o presídio por 40 policiais em mais 15 carros.

Já na manhã de 30 de novembro de 2002, após a elaboração, pela polícia, do novo organograma do PCC, outro grupo de detentos foi removido do Deic para o CRP de Presidente Bernardes. Vestindo calças bege e camisetas brancas, os presos foram levados em um avião turbo-hélice, com capacidade para 40 lugares. Eles foram algemados nas cadeiras do avião, e cada detento tinha um policial sentado ao seu lado. Além de Andinho, Andrezão e Carambola, que saíram do Deic com as mãos algemadas e os pés acorrentados, também seguiram no voo os detentos Lucien, Faísca, Facca, Baianão, Zildo Caramujo, Nego Manga, Magaiver e Conrado, todos homens do segundo e terceiro escalões do Primeiro Comando da Capital.

A população carcerária do CRP de Presidente Bernardes não parava de crescer. Eram quatro horas da manhã de 27 de fevereiro de 2003, uma quinta-feira, quando o presídio recebeu um detento "ilustre" no mundo do crime. O traficante carioca Fernandinho Beira-Mar, chefão do Comando Vermelho, chegava ao "Cemitério dos vivos" sob forte esquema policial. A transferência de Beira-Mar para o CRP causou pânico e polêmica. Ninguém queria hospedar o bandido, considerado um dos mais perigosos do país. O então prefeito de Presidente Bernardes, padre Umberto Laércio Bastos de Souza, temia uma possível invasão da cidade pelos comparsas do traficante carioca. "Nós só temos três carros de polícia e 23 policiais", reclamou o prefeito em declaração ao repórter Caveirinha. O governador de São Paulo, Geraldo Alckmin, garantiu que Beira-Mar não ficaria mais que 30 dias no estado. Alckmin alegou que era preciso colaborar e, por isso, cedera ao pedido de transferência feito pelo governo federal, em especial pelo ministro da Justiça, Márcio Thomaz Bastos, que lhe telefonou duas vezes para pedir abrigo provisório para Beira-Mar.

– Há uma situação de emergência, e nós temos condições de ajudar. É nosso dever colaborar – alegou o governador.

Já no Rio de Janeiro, a transferência do traficante carioca trouxe alívio ao governo estadual. Em jornais e TVs, a governadora Rosinha Matheus fez um alerta: "Não quero esse bandido de volta". As autoridades prisionais dos dois estados tinham, no entanto, um medo em comum: que a permanência de Beira-Mar em Presidente Bernardes pudesse fortalecer ainda mais a relação do traficante carioca, chefe do CV, com os integrantes e a nova cúpula do PCC.

O secretário Nagashi Furukawa foi categórico:

– Isso não vai ocorrer. Não há contato entre presos. A rigidez do CRP já foi notada pelo recém-chegado.

A cela de Beira-Mar foi batizada de "cela selvagem" pelos detentos. O xadrez do líder do Comando Vermelho era mais vigiado do que os dos demais presos.

No CRP de Presidente Bernardes, Beira-Mar ficaria isolado dos outros detentos e também de outro velho parceiro seu: Márcio Alves dos Santos, o "Carioca", que chegara ao presídio em setembro de 2002.

(Além de Carioca, outro parceiro de Beira-Mar, o detento Leomar de Oliveira Barbosa, vulgo "Leozinho da Vila Ipiranga", ficou no CRP no período de 16 de junho a 26 de julho de 2002, quando então foi transferido para a Penitenciária de Iaras, no interior paulista. Leozinho é considerado o braço direito de Beira-Mar.)

No final da noite de 4 de abril de 2003, uma sexta-feira, chegou a vez de Playboy ser transferido para o CRP de Presidente Bernardes, sendo recebido com aplausos pelos colegas de facção. Ele chegou às 23h10, sob forte esquema de segurança, escoltado por dez carros da Polícia Militar. Playboy era o único chefe do Partido do Crime que ainda não havia sido mandado para o CRP.

Enquanto isso, a permanência de Beira-Mar em São Paulo continuava gerando polêmica entre os governos federal, de São Paulo e do Rio de Janeiro. Em 27 de março de 2003, o traficante carioca deixou o CRP de Presidente Bernardes e foi levado para a sede da Polícia Federal de Maceió, em Alagoas. Mas a novela "Quem quer Beira-Mar?" não estava terminando. Depois de 39 dias, em 5 de maio de 2003, Beira-Mar deixou a carceragem da PF em Maceió acompanhado por 50 homens das polícias Federal, Civil e Militar numa operação cercada de sigilo. Às 15 horas, ele embarcou num helicóptero da Polícia Federal que o levou ao aeroporto Zumbi dos Palmares. De lá, entrou em outro avião da PF e seguiu para Brasília. Beira-Mar perguntava: "Vocês vão me levar para onde?". Nem quis se alimentar a bordo. A aeronave pousou no Aeroporto Internacional de Brasília às 21h40, numa escala de 20 minutos. A Polícia Federal se negava a informar o destino final da viagem. Porém, funcionários da Polícia Militar e do governo de São Paulo garantiam que o traficante carioca estava sendo aguardado no CRP de Presidente Bernardes. Nesse dia, Geraldo Alckmin participava de um evento na Câmara Municipal de São Paulo e não quis comentar o assunto. Disse que só falaria sobre Beira-Mar no dia seguinte.

O sobrevoo de um helicóptero da Polícia Federal sobre o CRP no fim da tarde do dia 5 foi o principal indício do retorno de Beira-Mar a Presidente Bernardes. Pouco tempo depois, agentes do Comando de Operações Táticas da Polícia Federal, armados de fuzis e metralhadoras, circulavam pelo pátio e pelo saguão do aeroporto estadual de Presidente Prudente, onde havia outra aeronave em um ponto estratégico da pista. Guarnições da 6ª Companhia da Polícia Militar foram acionadas para acompanhar a transferência de Beira-Mar pela PF, mas ninguém confirmava o horário da chegada do traficante carioca, que desembarcou somente na madrugada seguinte.

Após a transferência, o presidente do Sindicato dos Policiais Federais de Alagoas e diretor da Federação dos Policiais Federais, Jorge Venerando, protestou contra o custo das operações da PF com o traficante:

– Este preso está causando um prejuízo mensal de 400 mil reais aos cofres da União.

Assim que chegou pela segunda vez ao CRP, Beira-Mar perdeu, novamente, a arrogância. Ele já sabia que iria ficar isolado, "numa quebradinha forçada", como dizem os presos. Porém a nova remoção de Beira-Mar para Bernardes apenas encerraria outro capítulo de uma novela que ainda apresentaria novos episódios e outras tantas batalhas na Justiça.

Na manhã de 6 de setembro de 2003, um sábado, o governo do estado transferiu para o CRP os dirigentes do Movimento dos Trabalhadores Rurais Sem-Terra

(MST), José Rainha Júnior e Felinto Procópio dos Santos, o "Mineirinho". Segundo a Agência Brasileira de Inteligência (Abin), os dois foram removidos da Penitenciária II de Venceslau, onde se encontravam anteriormente, porque estariam sendo ameaçados de morte por integrantes do PCC. O Partido do Crime, no entanto, desmentiu essa informação.

Os dois líderes do MST foram condenados, junto com outros nove representantes dos sem-terra, por furto, formação de quadrilha e ocupação de uma fazenda, em junho de 2000.

Assim, além de chefes de facções criminosas, o CRP agora abrigava líderes do MST. O que fazia lembrar até o presídio da Ilha Grande, no Rio de Janeiro, onde, nas décadas de 1970 e 1980, presos comuns ficaram recolhidos junto a prisioneiros políticos.

O ministro da Justiça Márcio Thomaz Bastos telefonou para Geraldo Alckmin pedindo providências para garantir a integridade de Zé Rainha e Mineirinho.

– A transferência é em caráter provisório – assegurou o governador à imprensa.

O governo do estado também foi pressionado pelos sem-terra, de modo que os líderes do MST não ficaram mais que cinco dias no CRP. No dia 11 de setembro, o secretário da Justiça e Defesa da Cidadania, Alexandre de Moraes, anunciou a transferência de Zé Rainha e Mineirinho para a Penitenciaria de Dracena, a 90 quilômetros de Presidente Prudente.

Já Fernandinho Beira-Mar não teve a mesma sorte. Seu retorno para o Rio de Janeiro havia sido determinado no dia 1º de setembro, pelo juiz Miguel Marques e Silva. Entretanto, alguns dias depois, o ministro Jorge Scartezzini, da 3ª Seção do Superior Tribunal de Justiça (STJ), determinou, em caráter liminar, a suspensão da transferência de Beira-Mar do presídio de Presidente Bernardes. O ministro considerou consistentes os argumentos do procurador de Justiça do Rio de Janeiro, Antônio Vicente da Costa Júnior, que pediu o cancelamento da volta de Beira-Mar ao Rio, alegando que o detento representava risco à segurança pública no estado.

No dia 9 de novembro de 2003, o programa *Fantástico* exibiu uma fita obtida com exclusividade pelo repórter Valmir Salaro, da Rede Globo de Televisão. A fita mostrava Beira-Mar reclamando da rígida disciplina do CRP e revelava trechos de conversas suas com os promotores Márcio Sérgio Christino e Roberto Porto, do Gaeco. Beira-Mar dizia jamais ter visto algo parecido com o CRP de Presidente Bernardes:

– Eu não desejo esse castigo nem pro meu pior inimigo, eu tô enlouquecendo nesse lugar. Já tô chamando grilo de "meu louro"!

Dois dias depois da exibição da reportagem, o procurador-geral de Justiça, Luiz Antônio Guimarães Marrey, afastou do Gaeco os dois promotores. Porto reassumiu o cargo meses depois.

Em 22 de março de 2003, um sábado, o chileno Maurício Norambuena, um dos criminosos mais perigosos no país, que participou do sequestro do publicitário Washington Olivetto, também foi mandado para o CRP de Presidente Bernardes.

No CRP de Presidente Bernardes, o isolamento e a rígida disciplina pesam sobre os presidiários. Alguns, como Cesinha, Gulu e Geleião, que já passaram por experiência semelhante no Piranhão, continuaram fortes. Porém, para outros detentos do CRP, a única ideia que vai e volta a cada minuto é a do suicídio.

No dia 12 de novembro de 2002, uma terça-feira, foi registrada a primeira morte no CRP de Presidente Bernardes. O detento Rodrigo Leonardo Paes, o "Rodriguinho", de 24 anos, foi encontrado enforcado em sua cela, em um lençol amarrado na grade de uma entrada de ar no teto.

Quatro dias depois, agentes penitenciários encontraram o detento Marcelo Madureira, de 30 anos, enforcado na cela 85.

No dia 10 de março de 2003, quem tentou se matar foi o detento Gilberto de Oliveira Filho, o "Bilica". Perturbado, ele ateou fogo em sua cela e, por sorte, sofreu apenas queimaduras leves. Então foi transferido para o Hospital Psiquiátrico de Taubaté, onde ficou em tratamento.

Os advogados de Beira-Mar continuavam travando batalhas judiciais, até que, no dia 22 de dezembro de 2003, o juiz Marques e Silva determinou a saída do traficante do CRP de Presidente Bernardes. O juiz-corregedor baseou-se na resolução 026 da SAP, que estabelece o período máximo de seis meses para o castigo no Regime Disciplinar Diferenciado. Beira-Mar já estava há oito meses e 16 dias no RDD. O juiz deu prazo de cinco dias para o governo estadual transferir Beira-Mar. No documento de nove páginas, o corregedor criticou o Ministério da Justiça, afirmando que a remoção de Beira-Mar do Rio de Janeiro para São Paulo, efetivada pelo ministro Márcio Thomaz Bastos, havia sido "uma afronta ao Estado Democrático de Direito". Segundo o juiz, ao remover o traficante carioca para São Paulo, o "Poder Executivo invadiu a competência exclusiva do Poder Judiciário".

Caveirinha foi ao gabinete do secretário da Administração Penitenciária saber se Beira-Mar seria ou não transferido. Nagashi Furukawa lhe respondeu:

– Decisão judicial a gente não discute. A gente cumpre. Tenho cinco dias para decidir para onde o preso será transferido.

Porém, um dia depois da determinação do juiz corregedor, seis promotores da Vara das Execuções Criminais da Capital impetraram, no Tribunal de Justiça, um mandado de segurança com pedido de liminar contra a saída de Beira-Mar do RDD de Presidente Bernardes. Em junho de 2003, o traficante não deu o verdadeiro nome de uma mulher que iria visitá-lo e também mentiu ao dizer que essa mulher era sua parente de primeiro grau. (No CRP, apenas mulheres e parentes de primeiro grau podem ter os seus nomes incluídos no rol de visita dos detentos.) Assim, os promotores alegavam que o traficante havia cometido uma falta grave e, nos termos da lei, deveria ficar mais um ano isolado no castigo.

Como o recurso do Ministério Público só seria analisado na semana seguinte, o traficante passou o Natal no presídio.

No dia 29 de dezembro de 2003, o desembargador Maurilio Gentil Leite concedeu liminar provisória ao mandado de segurança impetrado pelos promotores. Com essa decisão, Beira-Mar iria ficar por tempo indeterminado no RDD de Presidente Bernardes.

O isolamento, o curto período diário de banho de sol e as restrições para alimentos, remédios e produtos de higiene levaram os chefes do PCC presos no CRP de Presidente Bernardes a apresentar, no início de novembro de 2003, uma lista de reivindicações à direção do presídio. Paralelamente às exigências dos detentos, uma série de atentados contra bases policiais acontecia em diferentes pontos do estado de São Paulo.

O Ministério Público já não tinha dúvida: os chefes do PCC recolhidos no presídio mais seguro do país haviam ordenado a realização dos atentados para forçar o governo estadual a autorizar regalias no Regime Disciplinar Diferenciado. Promotores passaram a defender essa tese depois que tiveram acesso à lista com os pedidos dos presidiários. A relação de exigências da facção criminosa, batizada pela Polícia Civil de "cesta básica do PCC", incluía o direito de receber da família, todos os meses, creme hidratante, iogurte, goiabada, fumo de corda e outros produtos. Os presos pediam visita íntima uma vez por mês, três horas de visitas semanais e duas horas de banho de sol com dez internos por vez no pátio (em vez de apenas cinco). Exigiam ainda banho quente para os detentos doentes e jogo de futebol.

Pediam também uma cozinha no presídio, pois a comida dos presos e dos agentes penitenciários do CRP era feita pelos detentos da vizinha Penitenciária I de Presidente Bernardes.

No CRP de Presidente Bernardes, a entrada de alimentos e produtos de limpeza levados por parentes esbarrava em várias restrições. Os presos só podiam receber, mensalmente, cinco sabonetes, um xampu transparente, cinco aparelhos de barbear descartáveis, entre outras pequenas quantidades. As famílias só podiam levar camisetas brancas, calções, pares de tênis sem cadarço, cinco cuecas e cobertor de solteiro.

O próprio Nagashi Furukawa considerou legítimas algumas reivindicações, como o banho quente para os doentes e as escovas de cabelo e de dentes. Outras exigências, porém, como visita íntima e jogo de futebol, o secretário classificou de absurdas.

Segundo a SAP, os detentos pediram até água de coco e rocambole.

Em contrapartida, o governo, em resposta aos atentados, propôs o aumento do período mínimo de castigo no RDD de 180 dias iniciais para 365 dias.

Até de seu gabinete, no décimo andar do prédio número 1247 da avenida São João, o secretário Nagashi Furukawa podia assistir a todos os passos dos presos mais perigosos de São Paulo. E, ao mesmo tempo, monitorava diretores e funcionários do CRP de Presidente Bernardes.

Porém o monitoramento de agentes penitenciários, em Presidente Bernardes, desagradou o Sindicato dos Funcionários do Sistema Prisional do Estado de São Paulo. Segundo a entidade, os funcionários são controlados mesmo depois do horário de expediente. Muitos agentes penitenciários procuraram o sindicato para reclamar de possíveis grampos nos telefones residenciais. Enquanto alguns solicitaram mudança de número, outros preferiram até ficar sem telefone. Sindicalistas também desconfiaram de grampo no telefone da subsede do Sindicato, em Presidente Venceslau. No dia 17 de julho de 2003, ela foi invadida e muitos de seus documentos foram roubados.

Para piorar, em 15 de abril de 2004, um incêndio suspeito destruiu a subsede.

Contudo, ainda no final de 2003, funcionários do presídio procuraram o repórter Caveirinha para responsabilizar a diretoria do presídio pelo suicídio de Marcelo Madureira. Diziam ter havido negligência dos diretores em sua morte. Também alegaram estar assustados com ameaças feitas por integrantes do crime organizado. Reclamaram do salário e das condições de trabalho no CRP.

As denúncias dos funcionários constam todas de uma carta então publicada pelo repórter. Cópias da carta também foram enviadas para a Corregedoria do Sistema Prisional e para o senador Eduardo Suplicy (PT). No documento, funcionários afirmam ter retirado Madureira do raio 2 porque, ameaçado pelos outros detentos, ele estava emocionalmente abalado. Mas, por decisão da diretoria do presídio, o preso foi mandado de volta para o mesmo raio e não suportou as pressões dos rivais. Pelo mesmo motivo, o presidiário Rodriguinho também teria se enforcado quatro dias antes. Os funcionários do CRP também contam que já haviam procurado a polícia para comunicar o recebimento, em suas casas, de cartas ameaçadoras e que a diretoria do CRP orientou-os a não prestar queixa à polícia.

Na correspondência, os agentes penitenciários do CRP afirmam ainda que, mesmo cuidando dos detentos mais perigosos do país, eles recebem o menor salário do sistema prisional paulista. Que, além disso, a alimentação servida já lhes chega fria e azeda. E reclamam até da falta de bebedouros nos pavilhões da penitenciária.

Não bastasse isso, nessa época, várias mulheres de presos do CRP procuraram o repórter Caveirinha. Disseram que alguns presos evacuaram sangue e precisaram ser medicados no CRP, porque, segundo elas, as refeições estariam sendo sabotadas.

A divulgação da carta dos agentes penitenciários e a publicação da lista de reivindicações dos detentos do CRP levaram a diretoria do presídio a fazer uma reunião com funcionários. Agentes penitenciários foram punidos com mudança de turno. Alguns foram obrigados a trabalhar à noite. Um diretor do CRP chegou a comentar que o repórter Caveirinha não se importava com as reivindicações dos agentes, mas sim com as exigências dos chefes do PCC:

– Caveirinha também é integrante do PCC!

O mesmo comentário foi feito por um preso de Avaré e consta em documento assinado pelo então diretor-geral Fernando Tomazella.

Coincidência ou não, após a divulgação na mídia, o governo, na véspera do Natal de 2003 e um mês após a entrega da lista com as reivindicações, cedeu a algumas exigências dos detentos do CRP de Presidente Bernardes. A SAP autorizou a entrada do jumbo semanal e o aumento de produtos na lista mensal de alimentos. A partir de 27 de dezembro, os detentos então poderiam receber, semanalmente: bolo; 200 gramas de frios fatiados (mortadela, queijo ou presunto); seis frutas (maçã ou pêra); pão de forma; refrigerante com garrafa descartável (sabor limão ou guaraná) e não congelado, além de um pacote de bolacha de 500 gramas (sem recheio). As mães também poderiam entrar no CRP com mamadeiras para os filhos.

A partir de 10 de janeiro de 2004, os detentos também poderiam receber mensalmente: duas barras de chocolate (e não somente uma, como antes) e dois quilos de açúcar (em vez de um quilo). Agora, os presos podiam receber, por mês, um quilo de aveia, produto que até então não era autorizado. As famílias também podiam levar camisetas brancas, oito cuecas em vez de cinco, três canetas – antes eram duas –, 50 envelopes e 50 selos – antes eram 30 unidades de cada –, caderno de 60 folhas, um litro de desinfetante, oito rolos de papel higiênico – dois a mais que antes –, um quilo de sabão em pó e três tubos de creme dental, em vez de apenas dois.

A autorização, pela Secretaria da Administração Penitenciária, da entrada do jumbo semanal e o aumento na lista de produtos do jumbo mensal significaram a primeira vitória dos detentos do CRP. A luta dos chefes do PCC no "Cemitério dos vivos" estava apenas começando. Afinal, estavam "enterrados", mas não mortos ainda.

O ÚLTIMO BONDE

No domingo do dia 8 de setembro de 2002, os 160 presos restantes da Casa de Detenção receberiam, pela última vez, a visita de seus parentes. Outros mais de 7 mil já haviam sido removidos para penitenciárias do interior paulista.

Palco de rebeliões, fugas, de casamento coletivo de presos, inaugurada em 1956 pelo governador Jânio Quadros, a Casa de Detenção estava quase vazia e preparada para a implosão.

Os pátios estavam lotados de pombos. O mato tomava conta dos campos de futebol. Nas galerias dos pavilhões 2, 5, 6, 8 e 9, a maioria das grades havia sido arrancada. Nos corredores viam-se espalhados os tijolos das paredes demolidas e muita madeira. Nas celas desocupadas, havia camas destruídas, roupas velhas, louças, ratos e muitas fotos de mulheres nuas. Nos pátios externos dos pavilhões, armários, mesas, móveis velhos, máquinas de escrever.

As celas-fortes permaneciam escuras, úmidas e exalando mau cheiro, mesmo já desocupadas. Haviam sido construídas na parte térrea do pavilhão 5, o mais sombrio da Detenção, batizado de "amarelão", por abrigar detentos proibidos de sair para o banho de sol. Já o terceiro andar, conhecido como "Paris" ou "Ala das flores", era o que abrigava os detentos homossexuais, e o quinto andar, o que reunia os estupradores, os tuberculosos e os portadores do vírus HIV.

No pavilhão 4 ficavam, junto a desconhecidos, os presos ditos ilustres, como o cantor Lindomar Castilho, ou o médico e escritor Hosmany Ramos, e também os detentos doentes que estavam em trânsito, vindos de outras prisões para a audiência nos fóruns.

Nos pavilhões 2, 6 e 8, havia muitas pinturas e desenhos cobrindo as paredes. Boa parte, do rosto de Jesus Cristo. Já nos corredores havia pichações com o slogan "Paz, Justiça e Liberdade", a sigla PCC e os números 15.3.3. Nas celas, corredores, portas e galerias de todos os pavilhões, havia também o timão do distintivo do Corinthians, pintado em preto, branco e vermelho. O Timão era o mais querido da Detenção.

Os últimos 160 detentos estavam no pavilhão 7. Apenas 50 pessoas os visitaram naquele domingo. E a visita causava sentimentos diferentes nos poucos parentes dos detentos. Enquanto alguns agradeciam a Deus pelo fim do presídio, a mãe de um presidiário se referia à Detenção com saudades:

– Nesse lugar meu filho conheceu Jesus. Se não fosse isso aqui, hoje ele estaria morto.

Na terça-feira seguinte, foi realizado o último jogo de futebol da Detenção, evento organizado pela Fifa (Federação Interna de Futebol Amador). Rodeado por um batalhão de fotógrafos e cinegrafistas nacionais e internacionais, Nagashi Furukawa preparou-se para dar o pontapé inicial da partida. O time da casa vestia o uniforme de treino do São Paulo Futebol Clube, presente entregue por um supervisor do clube. A equipe visitante, formada por funcionários da Administração Regional da Sé, não se intimidou com o adversário e venceu o primeiro jogo por 3 a 0; na segunda partida, a equipe local deu o troco e ganhou pelo mesmo placar.

Dois dias depois, 84 dos 160 detentos restantes da Casa de Detenção foram transferidos para o interior do estado. Os outros 76 seriam transferidos dali a três dias, no domingo.

O governo já havia planejado tudo. Os 300 mil metros quadrados do presídio dariam lugar ao "Parque da Juventude", um grande centro de lazer, com atividades esportivas, culturais, educacionais e sociais. O projeto do governo estadual, em parceria com o Instituto dos Arquitetos do Brasil, previa a criação de três áreas na Detenção: uma esportiva, uma central e uma institucional. Previa-se a construção, num espaço arborizado, de dez quadras esportivas, uma pista para corrida, outra de skate, além de áreas de lazer e descanso. A área central corresponderia a um total de 130 mil metros quadrados, servindo de integração entre as áreas esportiva e institucional.

A implantação do programa custou 22 milhões de reais aos cofres públicos. A ideia seria preservar, nesse espaço, os 50 mil metros quadrados da mata nativa do Complexo do Carandiru. A área central contaria ainda com uma concha acústica para apresentações musicais. Já a área institucional previa a utilização de quatro pavilhões da Detenção. No pavilhão 2, que abrigava a triagem (onde os presos primários se adaptavam ao presídio), iriam funcionar os centros de cultura. Ali seriam oferecidos cursos grátis de dança, teatro e música. As celas do pavilhão 4, destinadas no passado aos presos com curso superior, iriam ceder espaço para o centro de tecnologia de informação e inclusão, com direito até a biblioteca virtual. O pavilhão 7 iria sediar o centro tecnológico Fatec/Paula Souza, que, pelo projeto do Parque da Juventude, seria o núcleo responsável pelo oferecimento de atividades educacionais, como programas de formação profissional e cursos de nível básico e tecnológico. O pavilhão 5 iria abrigar o Centro de Excelência em Terceiro Setor: as masmorras do pavilhão dariam lugar a associações e organizações não governamentais.

* * *

Às nove horas de 15 de setembro de 2002, o palanque na Divineia já estava montado à espera de políticos e convidados do governo estadual para a cerimônia de transferência dos últimos 73 presos (e não mais 76, pois dois estavam em trânsito e já não voltariam à Detenção, enquanto outro passara para o regime semiaberto no dia anterior).

Do lado de fora da Detenção, na avenida Cruzeiro do Sul, um grupo de cem manifestantes se aglomerava em frente ao portão principal.

O governador Alckmin chegou ao Carandiru às dez horas. Acompanhado por Nagashi Furukawa, pela secretária da Juventude e Esportes e por diversos deputados, Geraldo Alckmin foi direto para o pavilhão 8, onde entrou em algumas celas.

Em seguida, as autoridades, na Divineia, acompanharam a saída dos quatro caminhões que levaram 50 presos para as Penitenciárias de Hortolândia I, II e III, e outros 23 detentos para a Penitenciária de Casa Branca, todas no interior paulista. Nos caminhões, faixas traziam as inscrições: "O sistema prisional agora tem outra história para contar"; "A Casa de Detenção não existe mais" e "Último bonde da Detenção". Enquanto os caminhões manobravam para sair, era possível ouvir os socos e chutes dos detentos nas carrocerias, além dos piores palavrões vindos de dentro dos veículos.

No palanque, Furukawa, citando números de cabeça, lembrou que 117 mil presos haviam passado pela Detenção em seus 46 anos de história:

– Aproximadamente 1300 detentos morreram de forma violenta no presídio. A Detenção tinha capacidade para 3500 homens, mas chegou a abrigar 8 mil.

Cinco dias depois da desativação, a Casa de Detenção foi aberta para visitação pública. Mas os visitantes não tinham acesso ao pavilhão 9, palco do massacre dos 111 presos, não podiam visitar o pavilhão 8, destinado aos detentos reincidentes e mais perigosos, nem os pavilhões 4 e 5, onde ficavam as masmorras (áreas de castigo), e nem o pavilhão 6. A entrada só foi permitida nos pavilhões 2 e 7. No primeiro, o público assistia a filmes sobre a Casa de Detenção e presenciava trabalhos do artista plástico Siron Franco. Ele expôs no pátio pinturas e desenhos feitos pelos presos em pelo menos 111 portas arrancadas das celas.

De 20 de setembro a 15 de novembro de 2002, pelo menos 90 mil pessoas visitaram a desativada Casa de Detenção.

Todavia, em 2 de outubro, uma quarta-feira, uma série de protestos marcou os dez anos do massacre do Carandiru.

Há exatos dez anos, o preso José André de Araújo, o André Du Rap, fazia 23 anos. E, já desde cedo, ao tomar o café da manhã com os três parceiros de cela, André comentava como seria a partida de futebol naquele domingo. Horas depois, ele estava sob os corpos dos colegas massacrados no pavilhão 9 da Casa de Detenção.

Para não ser executado por PMs da Tropa de Choque nesse dia, o aniversariante usou a mesma estratégia de outros detentos: fingiu-se de morto. Ele foi um dos sobreviventes da maior chacina do sistema prisional brasileiro.

A data foi relembrada com manifestações contra a impunidade e missa em memória dos mortos. Os protestos foram realizados pela Igreja, por organizações não governamentais e entidades de direitos humanos. Passados dez anos do massacre, o repórter Caveirinha tinha plena convicção de que a carnificina no Carandiru foi realmente o ponto de partida para a organização dos presos e também para a criação do PCC. A matança protagonizada por agentes do estado gerou a maior facção criminosa do país. As autoridades sabiam disso, embora jamais tivessem admitido. E por isso queriam a demolição do presídio, acreditando que a destruição da unidade prisional fosse apagar da história a covardia cometida pelos policiais militares no dia da invasão ao Pavilhão 9.

O governo estadual marcou para as onze horas do dia 8 de dezembro de 2002, um domingo, a implosão da Casa de Detenção. Por razões de segurança, o metrô interrompeu a circulação de trens entre as estações Tietê e Santana e fechou temporariamente a estação Carandiru, na linha azul (Jabaquara-Tucuruvi). A SPTrans alterou o itinerário de 14 linhas de ônibus que operavam na zona norte. Cento e trinta pessoas que moravam nas proximidades do presídio foram retiradas de suas casas pela Defesa Civil e levadas a um hotel que lhes serviu um café da manhã.

Pelo menos 450 pessoas, incluindo autoridades e jornalistas, foram convidadas para assistir à cerimônia. Sabia-se que o então ministro da Justiça, Paulo de Tarso Ramos Ribeiro, e o governador Geraldo Alckmin estariam presentes à cerimônia.

O repórter Caveirinha acordou cedo no dia 8. Desde as sete da manhã ele e o motorista Eliseu já estavam na avenida General Ataliba Leonel, onde um palanque havia sido montado para receber as principais autoridades e os demais convidados. O trânsito nas imediações da Detenção fora interditado. Fotógrafos e cinegrafistas, munidos de equipamentos de última geração, disputavam os melhores lugares nas coberturas dos prédios vizinhos ao Complexo do Carandiru para registrar as melhores imagens. E havia inclusive telões para o público.

Em clima de festa política, os pavilhões 6, 8 e 9 da Casa de Detenção vieram abaixo. Exatamente à hora marcada, os detonadores dos 250 quilos de explosivos foram acionados por Alckmin, por Paulo de Tarso e por Nagashi Furukawa. A garoa não prejudicou os trabalhos de implosão, nem afugentou os convidados, entre eles deputados estaduais, vereadores, secretários de Justiça e de Segurança Pública de dez estados. Um segurança protegia o governador com um guarda--chuva. Em sete segundos, os três pavilhões foram transformados em 80 mil toneladas de entulho.

Após a implosão, o ministro da Justiça afirmava que o estado de São Paulo acabava com a casa de horror e punha fim à escola do crime.

Nagashi Furukawa dizia que sua meta era construir mais penitenciárias para retirar os 11 mil presos dos distritos e das cadeias públicas de São Paulo.

Muito aplaudido, o governador Geraldo Alckmin salientava o cumprimento de uma velha promessa:

– O fim da Detenção é um marco histórico. Representa uma virada no sistema penitenciário brasileiro. A Casa de Detenção era um modelo ultrapassado no sistema prisional paulista, não oferecia segurança e tampouco recuperava os presos. O Carandiru morreu do mesmo jeito que viveu, sem deixar saudades.

Expresso Carandiru – Linha 1533

A avenida Cruzeiro do Sul, mesmo endereço da antiga Casa de Detenção, é o ponto de partida e de chegada dos ônibus do chamado "Expresso Carandiru".

O fechamento da Casa de Detenção obrigou o governo estadual a construir penitenciárias no interior paulista, para onde o secretário Nagashi Furukawa transferiu pelo menos 12 mil presos em um ano. Os detentos da capital cumpririam a pena longe de suas famílias. Muitas mães e mulheres, que já não tinham o dinheiro da condução para visitar seus parentes no Carandiru, ficaram, desse modo, ainda mais distantes de seus filhos e maridos presos.

As remoções não atingiram somente os detentos ligados ao PCC. Presos de outras facções rivais também foram transferidos para penitenciárias recém-inauguradas nas regiões norte, noroeste e oeste do estado.

Para os donos das linhas alternativas, que já transportavam tantos familiares de presos até as penitenciárias de Iaras, de Presidente Venceslau (1 e 2), de Araraquara e de outras cidades, tudo isso foi bom, pois precisaram colocar carros extras na rua para atender ao aumento dos passageiros.

Além das linhas do Expresso Carandiru, outros 40 ônibus alternativos levam parentes de detentos para as penitenciárias do interior. Até 2003, os ônibus transportavam pelo menos 1840 pessoas às sextas-feiras e aos sábados, faturando em torno de 3,3 milhões de reais por ano. Alguns ainda levavam passageiros no corredor ou até deitados no bagageiro. A maioria dos veículos também não oferecia condições de segurança nem de higiene. Mulheres de presos disseram que muitos motoristas dirigiam embriagados.

Em 11 de outubro de 2002, um ônibus da empresa City Tour, que havia saído da Barra Funda com destino à penitenciária de Dracena, bateu em um caminhão no quilômetro 448 da rodovia Raposo Tavares, região de Assis, no oeste do estado. O acidente deixou 18 mortos e 51 feridos. O ônibus transportava 68 passageiros, ou seja, 22 além da capacidade.

Procurado para falar sobre o assunto, o secretário Nagashi Furukawa argumentou, em entrevista coletiva, que ao estado não cabia a responsabilidade de subsidiar e controlar o transporte de familiares de presos.

Seja como for, os parentes dos presidiários escolhem os ônibus alternativos porque a passagem é mais barata. O bilhete de ida e volta custava em média

40 reais. Já para as cidades do oeste do estado, como Dracena, Martinópolis, Lucélia, Pacaembu, Presidente Prudente, Presidente Bernardes e Presidente Venceslau, a passagem de ida e volta saía por 50 reais.

Algumas mulheres mais pobres preferem até ir morar na cidade onde o marido está preso. Assim, poupam 200 reais por mês. (Para que se tenha uma ideia, em 2003, o aluguel mensal de uma casa simples em Presidente Venceslau era de 100 reais.)

Apenas o bilhete de uma das linhas, a chamada "1533", com destino a Avaré e ao CRP de Presidente Bernardes, é gratuito.

É o PCC quem banca, até hoje, o frete desses ônibus.

Em abril de 2002, quando ainda havia muita gente presa na Casa de Detenção, Cajarana, ao chegar à avenida Cruzeiro do Sul, foi avisada de que os ônibus da linha 1533, fretados pelo PCC, seriam metralhados a mando de integrantes do Comando Revolucionário Brasileiro da Criminalidade (CRBC). Assustada, Cajarana ligou para Lucien, preso na Penitenciária do Estado, e lhe contou o que estava acontecendo. O celular do detento permitia que três pessoas falassem simultaneamente e, assim, enquanto Cajarana aguardava na linha, Lucien telefonou para Andrezão, em Iaras:

– Aí, firmeza, mano? A dona Cajarana tá aqui na linha com a gente. É que as mulheres dos irmãos tão lá na Detenção e tá rolando um papo que os vermes querem metralhar o ônibus delas.

Cajarana foi enfática:

– É neguinho do CRBC que tá armando isso.

– Ah, é? – fez Andrezão. – Então aguarda aê um instantinho, senhora. Segura as pontas aê, Lucien, que eu vou dar um toque no Gulu.

Andrezão foi até a ventana da cela e gritou para Gulu, então preso no mesmo raio que ele. Após uns dois minutos, tornou a falar no celular:

– Aí, irmão, tá me ouvindo? Dona Cajarana, tá na escuta? – perguntou Andrezão. E continuou: – O comando já tomou as providências. A senhora pode ficar sossegada e avisa às outras senhoras também que já tá tudo certo. Daqui a três minutos vai chegar um pessoal nosso aí na Detenção. Eles vão acompanhar vocês até a entrada de Iaras.

Cajarana ainda se despedia de Lucien quando três carros chegaram à avenida Cruzeiro do Sul. A fim de que o comboio, em caso de blitz na estrada, não chamasse a atenção da polícia, cada "irmão" ao volante estava acompanhado de uma mulher.

Cajarana e as amigas viajaram tranquilas. O ônibus do Expresso Carandiru com destino à penitenciária de Iaras foi escoltado até a entrada da cidade.

Ao longo de todo o ano de 2002, antes de tomarem o Expresso Carandiru com destino ao presídio em que estivessem os seus respectivos maridos, Madona, Cajarana, Potira e Tina costumavam se reunir no Vermelhinho, um bar situado em frente ao portão principal da Casa de Detenção.

No Vermelhinho, as primeiras-damas comemoraram os nove anos da facção.

Num dia de agosto de 2002, Ana telefonou para o repórter Caveirinha. Chovia na cinzenta capital paulista. Caveirinha perambulava sem guarda-chuva e com um fone de ouvido pela rua Xavier de Toledo, no Centro. Naquele momento o repórter ouvia Martinho da Vila cantar que "Chuva fininha é garoa" e por isso não se importava com os pingos em sua cabeça.

A advogada lhe disse:

– Você acredita que as meninas querem fazer uma festa para comemorar o aniversário do PCC? Estão com a ideia de alugar uma chácara e tudo pra festa.

– Aí depois pegam um dois oito oito...

– Pois é, elas são completamente sem noção.

– A Débora sabe?

– Ela também foi convidada pra festa.

– Ela vai?!

– Claro que não. A vida dela já tomou outro rumo. Acho que a tendência é ela se afastar cada vez mais. E tá mais do que certa.

Geleião e Cesinha desejavam mesmo alugar um imóvel para comemorar o aniversário da organização. Para evitar uma possível prisão e indiciamento dos convidados por formação de quadrilha e apologia ao crime, os dois acabaram desistindo da ideia.

Se bem que o local escolhido para a celebração, o Vermelhinho, na verdade, ficava também a menos de um quilômetro do Deic, a unidade de elite da Polícia Civil escolhida pelo governo estadual para investigar, combater e desarticular o PCC.

O sequestrador Andinho, preso no CRP, recebeu de Geleião a incumbência de providenciar o dinheiro para as primeiras-damas comemorarem o nono aniversário do Primeiro Comando da Capital. As orientações para as mulheres foram repassadas num dia de visita. O dinheiro de Andinho financiou camisetas com a sigla e o slogan do PCC para as mulheres dos fundadores e chefes do grupo.

Nas camisetas, todas brancas, havia um "PARABÉNS", escrito em cor preta e em maiúsculas, além de um coração vermelho com os números 15.3.3 na cor preta. Andinho também mandou providenciar um bolo e uma grande faixa com uma mensagem parabenizando a facção criminosa "pelos nove anos de resistência".

Fizeram dezenas de convites. O texto dizia: "Você é um convidado especial para comemorar os nove anos de resistência contra a discriminação e a opressão carcerária". No convite havia, desenhada, uma pomba branca, o slogan "Paz, Justiça e Liberdade" e o número 15.3.3. Havia inclusive os nomes dos oito fundadores, encabeçados por Cesinha e Geleião, os únicos ainda vivos. Os nomes dos outros seis estavam em memória: Mizael, Paixão, Cara Gorda, Isaías Esquisito, e inclusive os de Bicho Feio e Da Fé, mortos pelos soldados de Sombra, no Piranhão, na rebelião de 17 de dezembro de 2000. O nome de Sombra também constava do convite. As primeiras-damas tomaram cerveja e comeram o bolo 15.3.3.

Lá estiveram presentes Natália, Marília, Anita, mulher de Andrezão, Tina, mulher de Polaco, Cláudia, mulher de Bandejão, entre outras. Até a sogra de Andinho, a única trajando calça e blusa pretas, participou da festa.

A comemoração foi encarada pelos integrantes da organização como uma "festa de família". E, de fato, as mulheres dos detentos levaram filhos, parentes e amigos. Em uma das diversas fotografias tiradas pelas primeiras-damas, Natália e Marília saíram abraçadas, sorrindo. Em outra, Anita segurava a filhinha no colo, ao seu lado aparecia Tina, que usava gorro preto, e em seguida vinha a sogra de Andinho. Cláudia, mulher de Bandejão, aparecia com a mão direita na cabeça e o braço direito apoiado em uma das mesas vermelhas do bar. Todas sorriam muito nas convincentes fotos. O clima da festa parecia o melhor possível.

Na noite de 27 de setembro de 2002, uma sexta-feira, duas horas antes da saída do ônibus 1533 com destino ao CRP de Presidente Bernardes, as primeiras-damas do Partido do Crime se encontraram no Vermelhinho. O inverno terminara havia poucos dias, mas ainda fazia frio. Uma fina garoa incomodava os parentes de presos dispostos a enfrentar outra longa viagem para o interior paulista. Natália e Marília, as principais primeiras-damas do Partido do Crime, já tinham deixado as malas no bagageiro, por isso bebiam cervejas, descontraídas. O repórter Caveirinha estava lá, conversando com Cajarana, Potira, Tina e Cláudia. Cajarana e Potira iam para Iaras; Cláudia, para Avaré; e Tina, para Presidente Bernardes. Até que Natália acenou para o repórter, chamando-o para sua mesa. Natália apresentou Caveirinha a Marília, pediu outra cerveja e começou a falar sobre uma chacina ocorrida na Baixada Santista.

Entre as supostas vítimas da chacina em São Vicente estariam Luís Carlos Moncaior Júnior, o "Juquinha", um sequestrador conhecido na Praia Grande; além de "Selma", uma integrante do PCC.

O delegado titular de Praia Grande, Rubens Barazal, afirmou:

– Não sabemos nada a respeito dessa chacina. Procuramos os corpos em todos os necrotérios da Baixada e não achamos nada.

No dia 24 de setembro, contudo, pela morte de Juquinha, traficantes decretaram toque de recolher na Praia Grande. Pelo menos 80% das lojas da avenida Presidente Kennedy – principal via de acesso da cidade –, no bairro Aviação, entre Cidade Ocian e Boqueirão, fecharam as portas, temendo represálias.

– Isso foi uma brincadeira de mau gosto e de muita irresponsabilidade – afirmou o delegado Barazal.

Segundo comerciantes, três adolescentes comentaram em um bar que traficantes da favela Amas teriam dado o recado: "O bicho vai pegar se o comércio não fechar as portas em respeito à morte de Juquinha".

Com um copo de cerveja na mão e um cigarro na outra, Natália garantia ao repórter Caveirinha e à sua amiga Marília que Juquinha, Selma e os outros haviam sido assassinados.

– Mas e os corpos? – perguntou Marília.

Natália, de olhos pretos e arregalados, feito jabuticabas, comentou:

– Se o serviço foi feito direito, os corpos não vão aparecer. Eles devem ter sido mortos no mangue. Se a barriga de cada um foi bem cortada com uma peixeira, os corpos não vão subir.

A cúpula do PCC começou a desconfiar de Selma e seus parceiros em abril de 2002, quando ela foi presa em Iaras e levada para o Deic. Integrantes da facção suspeitavam que, para não ficar presa, Selma teria delatado amigos até então de sua confiança e ligados aos chefes do Partido do Crime. Cinco meses depois, descobriram, segundo o Deic, que Selma e seu grupo pretendiam formar outra facção criminosa. Assim, foram todos decretados pela "corte marcial" da facção e executados.

– Se fodeu, a piranha.

Natália tinha motivos de sobra para comemorar o assassinato de Selma. Nas conversas telefônicas de Cesinha, grampeadas com autorização judicial pelo Deic e pelo Ministério Público, o marido de Natália lhe passou várias cantadas. Chegou a convidar Selma para visitá-lo em Bangu I (e ainda lhe pedia que fosse de saia). Quando falavam sobre sexo, nas transcrições dos diálogos o perito apenas mencionava: "futilidades".

Tanto os advogados quanto as mulheres e os parentes de presos integrantes da cúpula do Partido do Crime tiveram acesso aos autos. Cesinha, que foi chamado de "talarico", ficou com o filme bastante queimado na facção.

A guerra no Partido do Crime estava apenas começando.

Natália e Marília tomaram o último gole de cerveja. Despediram-se do repórter Caveirinha e embarcaram no ônibus Expresso Carandiru, com destino ao CRP de Presidente Bernardes, onde foram visitar Cesinha e Geleião.

Uma semana depois, no início de outubro de 2002, Marília encontrou-se com Ana e pediu para a advogada agendar uma conversa com Caveirinha. Marília queria saber se o jornalista poderia publicar um manifesto escrito por Geleião criticando o governador Geraldo Alckmin. Ana telefonou para o repórter e propôs um encontro no Shopping Internacional, em Guarulhos. Caveirinha foi ao encontro no horário e local combinados, mas apenas para retransmitir a Marília a decisão da chefia de sua editoria de que o jornal não iria publicar o manifesto, uma vez que já não havia publicado uma carta escrita por Geleião no mês de julho. A sigla PCC e o nome da facção estavam proibidos no jornal desde que o repórter Caveirinha havia publicado a carta de Mizael.

No CRP de Presidente Bernardes, tempo não faltava para Geleião escrever suas cartas de protesto. Em 17 de julho de 2002, ele redigiu uma carta para o coordenador dos Estabelecimentos Prisionais da Região Oeste do Estado de São Paulo, Carlos Panucci. A carta, de três páginas, com muitos erros de português, dizia o seguinte:

> Eu, readaptando, venho respeitosamente perante ao senhor solicitar que o mesmo tome as providência ao seguinte assunto: por entender que o regime do CRP é um regime sem sentido e totalmente cruel, dentro de uma democracia em pleno século 21, um regime que na realidade não irá recuperar ninguém, como o senhor mesmo pela experiência de vida sabe como é a realidade de tudo. Não quero aqui subestimar vossa inteligência e muito menos ensiná-lo, pois o mesmo melhor do que eu sabe como funciona as leis que muitas vezes, absurdas, são aplicadas. Que queremos, aqui, é que o senhor venha a intervir perante a secretaria em relação a esses cortes da nossa alimentação, como o leite em pó, os frios, os livros, são coisas que há anos tem e não é justo que faça isso com nós pelo simples prazer de nos massacrar. Faz um trato depois vem retirando tudo aquilo que dentro do trato estava. Se nós querer o que é de direito, o senhor mesmo sabe que as unidades não suprem nossas necessidades. Parece que as pessoas sentem orgulho em nos provocar. Mas estamos primeiro procurando as pessoas que possa resolver, foi o que foi falado, não foi? Mas se for continuar desta forma, o senhor pode ter certeza que iremos ter problemas no futuro, porque não é justo fazer isso não. Bom, o senhor, como o coordenador do Oeste, estamos fazendo esse pedido para o senhor, que libere os itens mencionados para nós que não representa nenhum perigo. Queremos apenas nossos direitos. Nada mais. Por entender que o

senhor como responsável pelo centro oeste, acreditamos em vossa pessoa. Sem mais, certo em poder contar com o espírito de justiça e humanitário, aguardo deferimento.

Atenciosamente.

Se esta carta de Geleião já não tivesse sido publicada, Caveirinha não conseguiria nunca publicar o manifesto de Geleião contra o governo de São Paulo. As críticas do fundador do PCC lembravam até os discursos de oposicionistas e parlamentares contrários à reeleição de Alckmin, em programas eleitorais gratuitos e nos palanques:

Ilustre Senhor governador do Estado de S. Paulo. Senhor "Alckmí". Por ora, eu o readaptando vulgo Geleião, preso no C.R.P. de Presidente Bernardes. Venho comunicá-lo, que toda propaganda que o mesmo realizou, sobre minha pessoa e ao meu partido, aqui venho dizer e mostra para a sociedade que durante oito ano de governo, o mesmo não realizou nada que pudesse ajudar a sociedade, e muito menos construiu escola, casa própria para a população de baixa renda. O seu governo apenas construiu cadeia, uma forma de roubar a verba pública, um governo que teria condições de acaba com as crianças de rua. Construindo escola, creche, dando um salário digno aos pais de família, mas não fez absolutamente nada. Hoje, vem querendo se promover em cima de mim e do PCC, querendo mostrar para população que está combatendo a criminalidade. Na verdade, é pura mentira, está sim combatendo o PCC porque nós sabemos dos roubos de verbas que dentro do seu governo aconteceu, grande desvio de verbas, desvio de alimento dos presos. Um governo que diz que gastou 8 milhões de reais neste presídio, pura mentiras, porque nós não temos banheiro de ouro. Uma penitenciária que não tem nem cozinha para fazer a alimentação. Um governo que diz que cadeia foi feita para preto, um governo totalmente "racista". O governador já armou para a Polícia Militar me matar três vezes. Já deixa bem claro quanto eu tiver vida, fôlego, eu irei lutar para mostrar para a população e a sociedade todos os roubos e desvios de verbas e abuso de poder que esse governo durante oito anos cometeu. Ele pode me matar, mas jamais irá acabar com o PCC porque o PCC nasceu para combater os ditadores e opressores deste país. Queremos deixar bem claro, temos mais de 5 milhões de votos e nenhum votos deste o ilustre governador irá receber. Pode ter certeza absoluta disso. Você está gastando mais de 100 milhões de reais na sua campanha e não teve coragem nem de construir um hospital digno para atendimento da população carente. Mas seu fim chegou. Você herdou um governo de um grande homem, mas não soube zelar por ele. Aqui finalizo apenas esperando sua reação massacrante, mas passarei por suas torturas e pelos seus lacraio com dignidade, porque prefiro morrer de pé do que de joelho. Lembre, apenas, que você não é dono do mundo, mas sim filho do dono, seu racista.

Sem mais, Geleião, fundador do PCC.
"PAZ, JUSTIÇA E LIBERDADE."

* * *

Na tarde de 21 de outubro de 2002, um domingo, Marília, ao deixar o presídio após o término do horário de visitas, foi presa por policiais do Deic.

Dois dias antes, a Justiça havia decretado sua prisão preventiva. O telefone celular da mulher de Geleião estava grampeado desde o início de 2002.

Marília já havia sido condenada em juizado de pequenas causas e, como pena alternativa, prestava serviços comunitários em Caçapava, no Vale do Paraíba.

Ademais, em maio de 2002, Marília foi processada na 7ª Vara Criminal da Capital por formação de quadrilha.

Porém dessa vez a mulher de Geleião poderia ser indiciada por homicídio. Segundo o delegado Ruy Ferraz Fontes, Marília foi acusada de ter ordenado o ataque, no dia 8 daquele mês, ao posto da Polícia Militar em Campinas, o qual levou à morte o soldado Queiroz.

Segundo o Deic, Marília ainda teria dito, nas conversas rastreadas, que mataria Natália caso ela tentasse impedir a execução dos atentados do PCC.

Ana, tão amiga de Marília como de Natália, não sabia o que fazer. Sabia, sim, que Marília desejava cumprir ordens do marido e ordenar uma série de atentados em São Paulo. E sabia que o PCC havia mandado um grupo de seus soldados montar um carro-bomba para ser usado num ataque contra algum prédio público. Ana só não sabia quem estava montando o carro e *onde* seria a explosão.

Dias antes da prisão de Marília, a advogada já havia telefonado para Caveirinha dizendo que temia pelo pior. Afirmou ter ido até a penitenciária de Iaras para conversar com um preso e tentar descobrir quem estava por trás do tal plano.

Assim, no dia seguinte à prisão de Marília, Ana acordou cedo e foi para o Deic acompanhar os depoimentos e prestar assistência jurídica à amiga.

Após insistentes apelos, a advogada dissuadiu Marília de autorizar o atentado.

Na mesma manhã, parceiros de Marília telefonaram para o Deic avisando sobre um Gol cinza abandonado no quilômetro 91 da rodovia Anhanguera, em Campinas.

No veículo, roubado na noite do dia 20, havia 30 quilos de dinamite.

A polícia apurou que a intenção do Partido do Crime era explodir os artefatos em frente ao prédio da Bolsa de Valores de São Paulo, na região central da capital, onde circulam milhares de pessoas nos dias úteis. Para os chefes do PCC, o prédio da Bovespa era um símbolo do capitalismo, ou, nas palavras de Cesinha, "do sistema econômico responsável pela riqueza de poucos e pela pobreza de milhões".

Segundo o Ministério Público, Marília coordenava o atentado com o detento Nilson Paulo Alcântara dos Reis, o "Faísca", recolhido na época na penitenciária de Iaras. Pelo telefone, Faísca teria ordenado o roubo do veículo.

O promotor Roberto Porto contou que, nas gravações das conversas telefônicas de Marília, ela avisou aos subordinados de Geleião que a ordem era para que realizassem um atentado por dia até o segundo turno das eleições. Marília falava em código com o preso e dizia: "O Cavalo Branco (entenda-se, Geleião) quer uma 'festa' por dia". Dessa vez, a Polícia Civil e o Ministério Público evitaram uma tragédia.

Mais calma, Ana retornou para sua casa, em Guarulhos. À noite, tomou banho, jantou e foi logo dormir, pois acordaria cedo e viajaria para Presidente Bernardes, onde visitaria, no CRP, tanto Cesinha como Geleião.

Na manhã seguinte, após tomar o café da manhã com o filho e a empregada, Ana telefonou para um amigo, morador da região de Presidente Bernardes, querendo saber se lá chovia ou se apenas fazia frio:

– Amiga, aqui sempre faz calor. Vem com uma roupinha leve mesmo.

A notícia deixou Ana bem-humorada. E logo ela abria o portão da garagem de sua casa, no bairro Inocoop, em Guarulhos.

Ana mal havia entrado em seu carro quando um homem, portando uma pistola calibre 45, lhe acertou dois tiros na nuca.

A empregada, em estado de choque, avisou a Polícia Militar. A advogada morreu no caminho para o Pronto-Socorro.

Menos de cinco minutos após o assassinato, Natália telefonou para o repórter Caveirinha. Ligava de seu apartamento, também em Guarulhos, mas comprado, segundo a polícia, com dinheiro do PCC.

Aos prantos, Natália mal conseguia falar:

– Mataram ela!! Mataram ela!!

Testemunhas disseram ter visto o assassino entrar num veículo ocupado por uma mulher. Policiais do Instituto de Criminalística fizeram perícia no local do crime para tentar colher impressões digitais. Investigadores da 5ª Delegacia do Deic, armados com fuzis e metralhadoras, foram à casa de Ana, e também a PM fez buscas no bairro Inocoop. Contudo, ninguém foi preso.

A Polícia Civil trabalhava com três hipóteses: uma delas era a de que Ana tinha sido assassinada a mando da própria Natália. Ana teria descoberto que a amiga tinha um amante policial e (hipótese ainda mais improvável), viajando a Presidente Bernardes, pretendia delatar Natália a Cesinha.

A ausência de Natália e de outras primeiras-damas do PCC no enterro da amiga, no cemitério de Guarulhos, era mesmo um sinal da guerra que se iniciava.

Mas Natália negou veementemente a acusação. O policial acusado, um investigador do Deic, também desmentiu essa informação.

A outra versão da polícia sugeria que Geleião tivesse sido o mandante do crime. Pois, ao convencer sua mulher Marília a entregar o carro-bomba que realizaria o atentado ao prédio da Bovespa, Ana teria contrariado os planos do Partido do Crime.

A terceira hipótese da Polícia Civil e do Deic dizia que Ana fora executada a mando de seu próprio ex-marido. Playboy estaria irritado com a ex-mulher porque ela estaria se engraçando com Cesinha, que, ainda segundo a polícia, também teve a sua morte decretada a partir de então.

Os dois telefones da advogada, o celular e o residencial, já estavam grampeados. Todas as suas conversas, principalmente com Playboy, estavam sendo monitoradas por investigadores do Deic havia algum tempo.

Após um mês de investigações, o delegado Ferraz Fontes afirmou que Natália mandou matar a advogada, mas não explicou o motivo. Isso também não foi provado.

Na penitenciária de Araraquara, onde Playboy cumpria pena, os presos decretaram luto pela morte de Ana. Foi lá que os dois se casaram no início de 1990.

O assassinato de Ana e o medo de possíveis atentados levaram a polícia de São Paulo a entrar em alerta máximo, no final de outubro de 2002, véspera do segundo turno das eleições estaduais. Policiais foram orientados a andar em grupos. No Deic, o temor era de um possível resgate de Marília. As seguranças interna e externa foram reforçadas por homens do Garra (Grupo Armado de Repressão a Roubos e Assaltos) e do GER (Grupo Especial de Resgate).

Nesses últimos dias de outubro, a guerra interna do PCC provocaria mais uma baixa. Em represália à morte de Ana, os detentos da cúpula do PCC ligados a Playboy ordenaram a execução de Erenita Galvão Guedes, a "Lenita", uma grande amiga de Natália e mulher do detento Rodrigo Leonardo Paes, o "Rodriguinho". Lenita foi assassinada a tiros na casa onde morava, na zona sul de São Paulo. (Duas semanas depois, Rodriguinho foi encontrado enforcado no CRP de Presidente Bernardes.)

Dias depois da morte de Lenita, na madrugada de 31 de outubro de 2002, Natália sofreria mais um golpe. Carolina, sua irmã de criação, foi assassinada a tiros.

Carolina era uma mulher bonita, loira, de olhos claros. Tão destemida quanto a irmã, ela também tinha várias "broncas" no currículo. No Rio Grande do Sul, Carolina era chamada de "Lili Carabina", por causa dos assaltos a bancos.

A irmã de Natália estava com o marido, Gerson, num Tipo azul, estacionado em frente ao número 27 da rua Sebastião Gonçalves Silva, no Mandaqui, na zona norte de São Paulo, quando dois homens portando pistolas surpreenderam o casal. Gerson, mesmo baleado, conseguiu escapar. Ele foi levado por PMs ao Hospital do Mandaqui, de onde fugiu algumas horas depois. Gerson também tinha passagens pela polícia e não queria ser preso.

No dia 4 de novembro de 2002, outro irmão de Natália, o pistoleiro Ceará, foi morto no bairro do Brás, na região central da cidade.

O Deic apurou que, poucas horas antes de ser arrastado para a morte, Ceará contou a Júnior, irmão de Playboy, que "Marcolinha" havia marcado um encontro com ele no Brás para conversar sobre o assassinato de Ana.

Robson Lima Ferreira, o Marcolinha, era o braço direito de Playboy nas ruas.

– Aí, irmão – Júnior lhe advertiu –, não vai nessa parada não, hein.

Ceará ignorou o conselho do amigo e foi ao encontro. Segundo o Deic, Marcolinha o esperava no local combinado. Confiante, Ceará até deixou sua pistola automática no porta-luvas. Pretendia dizer apenas a verdade, que havia executado a advogada Ana a mando do PCC.

De acordo com o Deic, Marcolinha o abraçou e, sem nem debater, atirou à queima-roupa em sua cabeça.

Segundo a polícia, Ceará foi mesmo o autor dos dois disparos contra Ana. Tanto ele como Carolina (que o aguardava no veículo) teriam sido reconhecidos pela empregada da advogada e por outras testemunhas.

Ceará sempre fora conceituado pelo PCC. Mesmo assim, não foi poupado. Importantes integrantes da facção afirmaram que o irmão de Natália só matou Ana porque pensou que a ordem tivesse sido dada com o consentimento de todos os chefes do PCC. Que a própria Natália o teria enganado ao dizer que o PCC decretara Ana.

Para a turma de Playboy, faltava apenas matar Natália. A nova cúpula do PCC colocou um exército à sua procura.

Por ter muitos informantes, todos desafetos do grupo ligado a Playboy, Natália conseguiu fugir. Mas já nem podia visitar o marido no CRP de Presidente Bernardes. No ponto dos ônibus da linha 1533, havia gente só aguardando para executá-la.

* * *

Marília estava presa no Deic. Para tentar livrar a mulher da prisão, Geleião traiu o PCC. Escreveu uma carta para a cúpula policial do Deic, informando estar disposto a falar sobre os atentados a bomba e a disputa pelo poder no PCC.

Na noite de 6 de novembro de 2002, uma cela na desativada carceragem do Deic foi especialmente reservada para abrigar Geleião. Temendo pela vida do detento, o Deic não recebeu, naquela noite, seis homens do PCC presos com armas por PMs na Baixada do Glicério, território da região central de São Paulo dominado por homens ligados a Playboy.

Geleião, que estava no CRP de Presidente Bernardes, foi trazido de avião para a capital. O delegado Ferraz Fontes foi em pessoa buscá-lo. Geleião chegou ao Deic às 20 horas, escoltado, pela porta dos fundos. Algemado, Geleião usava macacão bege, estava de óculos, barbudo e com a cabeça raspada.

O marido de Marília ficou duas semanas no Deic, tempo suficiente para Geleião quebrar o código de honra da bandidagem e delatar um de seus sócios no tráfico de drogas. Foi assim que, no feriado de 15 de novembro, uma sexta-feira, policiais do Deic prenderam Alex Ramos de Oliveira, sócio de Geleião, em Embu-Guaçu, na região metropolitana de São Paulo. No sítio de Alex, a polícia apreendeu 17 quilos de cocaína escondidos em um banco com fundo falso, além de um rifle calibre 22 e uma pistola 380.

Oliveira comandava o tráfico de drogas na Cidade Ademar, zona sul de São Paulo.

Geleião contou ao delegado Ferraz Fontes e ao promotor Porto que arrecadava, quando estava preso fora do estado de São Paulo, 70 mil reais por mês com o tráfico de drogas nas ruas, com os assaltos e a contribuição dos integrantes do PCC em liberdade. Revelou detalhes sobre a contabilidade do PCC. Disse que em São Paulo tinha lucros mensais de 50 mil reais. Ele também revelou detalhes de ações do Comando Vermelho, inclusive sobre o traficante Fernandinho Beira-Mar, por conta do período em que ficou, junto com Cesinha, preso no Rio de Janeiro.

Geleião acusou até o amigo Cesinha e também Gulu como mandantes das mortes de oito pessoas na Baixada Santista, em setembro de 2002. Disse ainda que o filho de um diretor da Penitenciária I de Guarulhos foi executado em 2000 a mando de Julinho Carambola.

Também acusou Playboy de ter mandado matar Lenita, mulher de Rodriguinho, além de Carolina e Ceará, irmãos de Natália, como vingança pelo assassinato de Ana.

Acusou também o advogado Abrahão Samuel dos Reis, seu antigo defensor, de ter repassado recados para mandar matar oito inimigos de Cesinha na Baixada Santista. Entre as vítimas estariam Selma e seu grupo.

Geleião revelou que extorquia dinheiro do sequestrador Andinho. Que, inclusive, mandara tomar dois carros importados de Andinho. Que encarregou o advogado Abrahão Samuel de vender os veículos e dar o dinheiro para Marília.

Além disso, acusou Andinho de ter mandado matar o prefeito de Campinas, Toninho do PT, por ter sido prejudicado pela decisão do prefeito de acabar com lotações irregulares. De acordo com Geleião, Andinho era dono de várias vans clandestinas na cidade. Geleião também contou que Andinho era integrante do PCC, destinava à organização criminosa parte do dinheiro arrecadado com os sequestros e dera ao Partido do Crime uma casa em Brasópolis.

Geleião acusou o preso Andrezão de ter guardado 80 quilos de explosivos de um lote de 120 quilos adquiridos para cometer atentados. Segundo ele, os 40 quilos restantes foram usados no carro-bomba no fórum da Barra Funda.

As delações foram gravadas em vídeo; o material foi editado e divulgado para a imprensa. O depoimento de Geleião tinha 12 páginas. Depois das delações feitas por Geleião, 16 integrantes do PCC – a maioria já estava presa – foram intimados a prestar depoimentos no Deic e apontados como responsáveis por diversos atentados em São Paulo.

O PCC jamais voltaria a ser o mesmo.

A vigilância permanente do governo, do Deic e do Ministério Público, ao longo de todo o ano que se passou, não podia mesmo ser motivo de comemoração entre os integrantes da facção e suas respectivas mulheres. Em 31 de agosto de 2003, as comemorações do décimo aniversário do PCC precisaram ser bem mais discretas.

Coube a outro grupo de mulheres, capitaneadas por Madona, que não esteve na celebração do nono aniversário da facção, a iniciativa de realizar um melancólico soprar de velas em 31 de agosto de 2003.

Madona não era mais casada com Rolex. O longo tempo na prisão o havia transformado em um psicopata. Não era raro Madona aparecer com visíveis hematomas no corpo e no rosto.

Porém os dois não se separaram por uma iniciativa dela.

Em janeiro de 2002, Rolex saiu da penitenciária de Iaras. Seis meses depois, no dia 29 de julho, Rolex havia marcado um encontro com Tina, pois seu revólver 38 tinha quebrado e Tina iria levá-lo até um conhecido especialista em conserto de armas.

Antes, Rolex ficou fazendo hora num bar. Num determinado momento, dois homens, supostamente menores de idade, pararam de moto em frente ao bar. Um deles entrou no estabelecimento, pediu licença ao marido de Madona e seguiu em direção ao banheiro. Na volta, sacou um revólver 38 e, sem dizer nada, atirou à queima-roupa no rosto de Rolex, que ainda tentou correr, mas foi atingido por outro disparo, pelas costas. A morte foi instantânea. O assassino subiu na garupa da moto e fugiu com o piloto.

Segundo suas próprias amigas, a morte de Rolex foi um alívio para Madona.

No final da noite de 29 de agosto de 2003, uma sexta-feira, o primeiro ônibus com destino ao CRP de Presidente Bernardes, fretado pelo PCC, iniciou mais uma viagem. Mas essa pareceu ainda mais longa e cansativa que de costume, pois o silêncio imperava naquele ônibus praticamente vazio.

No ano anterior, depois de saborear o bolo financiado por Andinho e de beber alguns goles de cerveja, o grupo de mulheres entrou alegre no ônibus fretado pelo PCC e seguiu viagem com destino a Presidente Bernardes. As mulheres ainda estavam unidas e esperançosas. Contudo, em agosto de 2003, a situação era diferente. O PCC havia sofrido diversos rachas internos. Algumas mulheres de presos, como Lenita, morreram na guerra do Partido do Crime. Outras, como Marília, foram presas e seus maridos acabaram excluídos da organização. Em Avaré, a situação da cadeia era tão precária que alguns detentos já solicitavam transferência para o "Big Brother" de Presidente Bernardes. Uma chuva fraca já era o suficiente para molhar roupas e cama e para estragar os poucos objetos dos presidiários.

A união das primeiras-damas não era mais a mesma. Antes, por exemplo, Tina e Madona eram grandes amigas. Mas os laços fraternais haviam-se rompido. Menos de um ano depois do assassinato de Rolex, Madona se juntou a Polaco, um dos melhores amigos do finado e ex-marido de Tina.

Tina não só havia se separado de Polaco como este a jurou de morte. Com medo, Tina desapareceu. Integrantes do PCC chegaram a dizer que, em represália pela briga e a separação, ela denunciou planos e ações da facção. Porém, nada foi provado contra ela.

Nem Playboy, o novo homem forte da facção, tinha o que comemorar. A facção continuava na mira cerrada do Deic e do Ministério Público. Um ano se passara, e todos os homens da cúpula da organização continuavam de castigo no CRP de Presidente Bernardes e na Penitenciária de Avaré. Os detentos do então primeiro escalão do PCC, Playboy, Gulu, Andrezão, Polaco, X, Carambola, Paulinho Neblina, todos tinham sido punidos pela SAP com o "repique", ou seja, tiveram o castigo prolongado por mais um ano no Regime Disciplinar Diferenciado.

Em Avaré e em Presidente Bernardes, parte dos presos recebia visita no sábado e outra parte no domingo. Na noite de sábado, véspera do aniversário da facção, Anita, mulher de Andrezão, e Sílvia, a nova mulher de Playboy, viajaram para o CRP de Presidente Bernardes.

Às duas mulheres, sobrava apenas a esperança de acompanharem, em 2004, a saída dos maridos do RDD. Sílvia sonhava em ver Playboy transferido para uma penitenciária comum, onde pudesse receber jumbo à vontade, visita íntima, ou ter um aparelho de televisão na cela. Anita, mais otimista, aguardava a mudança de Andrezão para o regime semiaberto e sonhava até mesmo com o alvará de soltura, com a liberdade plena.

Anita, Sílvia e outras mulheres dos chefes e de homens do primeiro e segundo escalões do PCC retornaram de Presidente Bernardes no início da tarde de 31 de agosto de 2003, data do décimo aniversário do PCC, da mesma maneira como foram para lá, ou seja, com muitos sonhos individuais, mas sem quaisquer conquistas coletivas.

Para elas, esta já não parecia uma data significativa.

Em Avaré, após o término do horário da visita, Madona reuniu um grupo de mulheres na saída da penitenciária e providenciou a compra de um bolo e de refrigerantes. Em uma pensão, as mulheres dos presos cantaram parabéns, pediram paz dentro e fora das cadeias, repartiram o bolo. Somente então tomaram o ônibus que as traria de volta para São Paulo.

Ao chegarem à zona norte da capital, já de noitinha, despediram-se umas das outras com a tradicional saudação:

– Um beijo no seu coração. Fica com Deus.

No final de semana seguinte, todas estariam ali novamente, prontas para mais uma longa e cansativa viagem de visita aos maridos "institucionalizados" no cotidiano carcerário.

O PODER MUDA DE MÃOS

Os novos chefes da organização criminosa acusaram Geleião de infringir o artigo 5 do estatuto do PCC, em que é dito que "aquele que causar conflito dentro do partido, tentando dividir a irmandade, será repudiado e excluído do partido". O fundador do PCC teve sua morte decretada pela facção. Os mesmos que antes reverenciavam Geleião como o "Cavalo Branco" agora o chamam de "Pangaré cor-de-rosa".

A mesma sentença foi aplicada a Cesinha, então só chamado de "talarico" pelos membros da facção. (Por outro lado, Cesinha nunca pretendeu conquistar benefícios em troca de informações e acusações de parceiros. Ao menos nesse ponto, o detento ainda mantém o "proceder" e sempre afirmou que iria morrer honrando esse mandamento do mundo do crime.)

Já Marcão Psicopata, amigo de Cesinha, também não era mais visto com bons olhos por muitos da facção. Psicopata ocupou, por pelo menos três anos, o cargo de secretário-geral do PCC, sendo o piloto-geral de todas as penitenciárias dominadas pela facção. Seu cargo o colocava abaixo apenas dos "generais" do "Partido". A palavra de Psicopata era respeitada e, a rigor, ele decidia o que poderia ou não acontecer dentro das prisões. Nenhum rival poderia ser executado sem o seu consentimento. Tampouco poderia haver rebelião ou fuga sem a sua autorização.

Porém, Psicopata também traiu o Partido do Crime em troca de uma delação premiada. Além de entregar velhos parceiros de crime e de prisão, o ex-piloto--geral e ex-tesoureiro do PCC revelou, para policiais do Deic e promotores do Gaeco, o mecanismo de arrecadação de dinheiro pela facção.

Foi assim que Psicopata conseguiu deixar o CRP de Presidente Bernardes.

Até a delação, ele era alguém que parecia seguir à risca os mandamentos do estatuto do PCC. Mas, então, o detento passou a ser o mais novo jurado de morte pela facção.[4]

Em 8 de novembro de 2002, uma sexta-feira, Cláudia, mulher de Bandejão, encontrou-se com o repórter Caveirinha na avenida Cruzeiro do Sul. Ela tinha

---

4. Tanto Psicopata quanto Geleião foram retirados da cadeia por diversas vezes a partir de então para fazer escutas telefônicas para a PM, sem, entretanto, nunca terem recebido nenhum benefício em troca.

acabado de tingir os cabelos de vermelho e estava mais alegre do que normalmente já era. Usava uma saia longa, de tecido fino, estilo indiano.

Cláudia era formada em direito e também não falava muitas gírias. Algumas mulheres dos presos a achavam arrogante, outras a consideravam uma mulher solidária.

Entre estas últimas estava sua amiga Tina, mulher de Polaco, que chegou ao encontro logo em seguida. Cláudia iria para Avaré e Tina para Iaras. Então os três foram ao bar em frente ao ponto de ônibus da linha 1533 para se despedirem. Caveirinha pediu um guaraná. As duas mulheres pediram uma cerveja. Tina fumava um cigarro atrás do outro, enquanto Cláudia dizia ao repórter:

– Amigo, vai morrer muita gente ainda. E a matança vai ser na cadeia e no asfalto, escreve o que eu estou falando.

Tina pediu a "saideira" ao garçom e as duas beberam rapidamente, pois os ônibus já estavam de partida. Foi quando Cláudia abriu sua bolsa, tirou dela um envelope e o entregou ao repórter Caveirinha:

– A turma do Playboy pediu para lhe entregar estes papéis. São partes de um processo.

As duas se despediram do repórter e cada uma embarcou em seu ônibus. Caveirinha pagou a conta no bar, atravessou a Cruzeiro do Sul e entrou no carro do jornal. Rogério Risadinha o aguardava ao volante.

Caveirinha também contava com o apoio de outros motoristas do jornal, como Eliseu Cabeça Chata, Nivaldo Rosto Inchado, Torquete Porra Louca, Eduardo Sangue Bom, Mendonça Amigo da Onça, Andrade Sete Léguas, Bonfim The End, Ramon Pança e Adelio Fanático, para citar apenas alguns. A despeito dos apelidos, são todos profissionais sérios, e sem o esforço e a coragem desses e de outros motoristas, muitas pautas não seriam realizadas. A rapidez é, geralmente, uma arma das equipes de reportagem nas ruas. Principalmente quando a matéria envolve reféns, tiroteios, salvamentos, tragédias ou catástrofes. O primeiro a chegar pode conseguir boas imagens e depoimentos. Mas isso é impossível sem a experiência do motorista, quase sempre não valorizado pelas empresas.

A caminho da redação, Caveirinha acendeu a fraca luz interna do carro e, sem os óculos, lia com dificuldade os documentos entregues por Cláudia. O repórter parecia estarrecido.

– Aconteceu alguma coisa, amigo? – perguntou Risadinha.

– Aqui diz que um dos fundadores do PCC, o Geleião, escondeu durante todos esses anos uma condenação por *estupro*.

* * *

O segredo foi revelado pela nova cúpula da organização. Os documentos, redigidos na máquina de escrever, mostravam que, em 1979, Geleião e o parceiro José Rubens Dias foram acusados de estuprar a estudante E.M. O crime teria acontecido na madrugada do dia 10 de maio do mesmo ano, num terreno baldio na rua Versínio Pereira de Souza, no Jardim Tietê, na zona leste de São Paulo.

Segundo o processo 835/79, a vítima voltava da escola. Geleião e o parceiro, portando facas, abordaram a estudante: "É um assalto. Não grita". Dias e Geleião roubaram o material escolar e o dinheiro da garota (na época, 250 cruzeiros). Porém, não satisfeitos, os dois arrastaram a estudante para um terreno baldio. E.M., que era virgem, foi violentada por Geleião e depois por Dias. O futuro fundador do PCC foi acusado ainda de ter dado facadas no pescoço da vítima, que chegou em casa ensanguentada e em estado de choque, sendo então levada para o Hospital das Clínicas.

Descobriu-se, depois, que Geleião havia morado na mesma rua em que a vítima morava. Na época, ele era conhecido como "Marcinho", e Dias, como "Binho". Os dois foram condenados a 11 anos de reclusão. O estupro ainda não era crime hediondo.

Caveirinha chegou ao jornal e mostrou a documentação para o editor. O jornal estava no fechamento, mas, ao ler rapidamente os documentos, o editor ordenou:

– Manda bala!!

Geleião, que não tinha mais advogado, ainda estava preso no CRP de Presidente Bernardes, onde as entrevistas com os detentos são proibidas. Marília, sua mulher, estava presa na Casa de Custódia e Tratamento de Taubaté e também não poderia falar em defesa do marido.

Caveirinha foi então à SAP atrás dos antecedentes criminais de cada um dos fundadores e de alguns dos líderes da facção. Elementar ou não, ele ainda se surpreendeu ao descobrir que não apenas Geleião, mas também Mizael e Bicho Feio tinham condenações por estupro.

Ao deixar a prisão, Marília disse a uma fonte de Caveirinha que Geleião não estuprou E.M., e sim que a vítima foi violentada pelo então parceiro de seu marido.

No início de dezembro de 2002, Geleião já estava de volta ao CRP de Presidente Bernardes. Funcionários do presídio redobraram a atenção para com o ex-chefe do Partido do Crime. Geleião ficou numa ala em que todas as demais celas estavam vazias. Ele saía sozinho para tomar banho de sol.

Segundo agentes penitenciários, deprimido, o detento não apenas manifestou a intenção de cometer suicídio, como, em sua cela, encontraram uma corda feita com fronhas e lençóis. A diretoria do presídio ainda apreendeu, no xadrez do detento, uma carta dele à família. Na correspondência, o preso comunicava que "já havia cumprido sua missão neste mundo". Jurado de morte, hostilizado pelos ex-parceiros, Geleião não estava suportando as pressões dos vizinhos de cela no CRP, que, mesmo a distância, lhe gritavam dia e noite:

– Vai morrer! Vai morrer, gelatina! Pangaré cor-de-rosa, traidor, Jack filho da puta!

Mas a Polícia Civil também apurou que Geleião e outros dissidentes do PCC organizavam a criação de outra facção criminosa: o Terceiro Comando da Capital, o TCC, ou 19.3.3. O primeiro objetivo do TCC, segundo a polícia, era tirar Playboy da chefia do PCC e mostrar aos seus integrantes que ele traiu a facção. Que Playboy ordenou a matança de pessoas ligadas ao grupo e foi um dos últimos a ser transferidos para o "Big Brother Bernardes" apenas porque fez acordos com o governo.

O anúncio da organização dissidente irritou a nova cúpula do Partido do Crime, presa no CRP de Presidente Bernardes. Playboy, Gulu e Carambola assumiam outra prioridade: impedir o fortalecimento do TCC. O "salve" foi transmitido nas penitenciárias e nas ruas. Nas prisões, a ordem para os "soldados" do PCC era matar a qualquer custo Cesinha, Geleião e Psicopata. Nas ruas, a ordem era encontrar e eliminar as mulheres, os filhos ou qualquer outro parente desses detentos.

Para evitar a matança, a SAP permanecia constantemente transferindo os três, sempre em sigilo, ainda que nenhum diretor de presídio quisesse recebê-los. Mal desciam do "bonde" e já eram mandados de volta. Quando Cesinha foi removido para o Cadeião de Pinheiros, por exemplo, a muralha do presídio foi metralhada no mesmo dia. Horas depois, o detento foi levado de volta para o interior.

A SAP tentava manter em sigilo, mas a imprensa descobriu e informou que Cesinha, Geleião e Psicopata, depois de idas e vindas pelo interior e pela capital, tinham sido removidos para a Penitenciária de Oswaldo Cruz, uma cadeia somente de estupradores. Para os três, a transferência era uma das maiores humilhações a que se submetiam.

A SAP não teve outra alternativa, pois os detentos estupradores são os únicos que não fazem parte de qualquer facção. E no presídio de Oswaldo Cruz seria muito difícil alguém tentar matar Cesinha, Geleião e Psicopata, que, além do mais, ficaram em uma ala separada dos demais detentos.

(O diretor-geral da penitenciária de Oswaldo Cruz era ninguém menos que Jesus Ross Martins, o mesmo que dirigiu a Casa de Detenção na época da megarrebelião e das diversas fugas espetaculares no presídio, em 2001.)

Mas a ordem do PCC valia também para qualquer pessoa que fosse visitar os dissidentes na cadeia. Nos fins de semana, membros do PCC aguardavam disfarçados, de prontidão, na fila de visita, à espera da possível chegada de algum parente de Cesinha, Geleião ou Psicopata:

– Se a Natália ou a Marília aparecerem para visitar os maridos, vai ser pau no gato – disse a mulher de um preso ao repórter Caveirinha. E completou: – Pois o pente já tá preparado!

Da proteção de Cesinha, de Geleião e de Psicopata, o Estado parecia cuidar bem. Além disso, os três ainda tinham dezenas de seguidores, muitos dos quais ainda atuando em nome do PCC.

Um deles era Bandejão. Em dezembro de 2002, Bandejão se reencontrou com um amigo no banho de sol na Penitenciária I de Avaré. Muito ligado a Cesinha, Bandejão não se conformava com a exclusão do amigo. Alegava que um fundador da facção não poderia ser expulso do PCC e jurado de morte sem que houvesse um debate. Baiano de Itabuna, Bandejão, com quase 2 metros de altura e 100 quilos, era chamado de "Armário" pelos agentes penitenciários. E, mesmo assim, o detento ouviu do amigo, em tom ameaçador:

– Aí, mano. A gente corre pelo certo. Esse pessoal traiu a gente, virou talarico, cagueta e não respeitou as ordens de paz. Ou você fica do nosso lado, ou então vai ficar ruim pra você. Então escolhe!

Mas Bandejão já havia escolhido. E, pouco depois, os dois já estavam em presídios diferentes. O amigo foi mandado para o "Big Brother Bernardes" e Bandejão para a penitenciária de Iaras.

Apesar de advertido, Bandejão permaneceu no convívio normal com os demais detentos.

Então o amigo lhe mandou um recado. Aconselhou Bandejão a dar um fim em Cláudia, sua própria mulher. Dizia ter descoberto que Cláudia desviava dinheiro do Partido do Crime e ainda estava "aplicando multa" – ou seja, extorquindo dinheiro, em nome da facção – em "irmãos", na cadeia e também nas ruas.

Nem Bandejão acreditou nas acusações, como jamais obedeceria a essa ordem.

Mas bem que, quase um ano antes, em junho de 2002, Cláudia ligou para o repórter Caveirinha e, apreensiva, contou ter recebido um telefonema de um chefe do PCC. Ela não parava um instante de chorar:

– Estão ameaçando me matar e o meu marido também!

O repórter lhe dava atenção, mas em nenhum momento Cláudia explicava por que estariam ameaçando o casal.

Em contrapartida, posteriormente, em abril de 2003, Cláudia parecia estar feliz. Nas tranquilas ruas de Iaras, Cláudia era vista por outras mulheres de presos desfilando com seu Audi conversível e falando em um telefone celular de última geração. Ela não viajava mais nos ônibus da linha 1533.

Na verdade, Cláudia e Bandejão não se conheciam há tanto tempo. Até março de 2002, Cláudia ainda estava solteira. Havia, inclusive, acabado de desmanchar o seu relacionamento anterior, com o traficante Bruno Henrique Góes. (Góes, por sua vez, já era o ex-marido da traficante "Maria do Pó". Em janeiro de 1999, o casal foi preso no interior paulista com 340 quilos de cocaína. Dias depois, a droga foi furtada por policiais civis do Instituto Médico Legal de Campinas. Em abril de 2000, quando a CPI do Narcotráfico se instalou na Assembleia Legislativa de São Paulo, Góes estava recolhido na Casa de Detenção, onde deu entrada com outro nome falso, dessa vez de Gilberto Moreira do Carmo. Assim, o traficante conseguiu enganar a CPI. Segundo a Polícia Federal, seu nome verdadeiro é Cláudio da Silva Santos.)

Foi nessa época que Tina levou Cláudia ao apartamento de Madona. Cláudia estava descontraída e chegou a comentar com as duas mulheres que achava Playboy o homem mais bonito do sistema prisional. (Em geral, as primeiras-damas do PCC tinham essa opinião. Playboy era o galã das cadeias. Ana, que, mesmo separada, ainda tinha ciúmes dele, sofreu muito por conta disso.) Cláudia também confessou que desejava um namorado. Madona lhe disse que seu amigo Bandejão estava preso em Salvador e ansioso também por uma namorada nova. Afinal, é fundamental para qualquer preso ter uma namorada, tanto mais para um preso com poder, pois a namorada pode garantir a sua articulação com o lado de fora da prisão.

Interessada, Cláudia conseguiu falar, por telefone, com Bandejão. Seu nome foi então incluído no rol de visitas do detento.

No mesmo dia os dois começaram a namorar.

Às 16h30 do dia 17 de maio de 2003, um sábado, o horário de visitas na penitenciária de Iaras já tinha terminado. Cláudia, que visitara Bandejão, voltava com suas amigas para a cidade vizinha, Águas de Santa Bárbara, onde costumava se hospedar numa pensão. Enquanto "Sandra Patrícia" dirigia o Logus, "Renata Cecília" sentava no banco do carona e, no banco de trás, sentavam "Elaine", que carregava uma criança no colo, e Cláudia. Na vicinal Jair Gilberto Campanatti, estrada de ligação entre Iaras e Águas de Santa Bárbara, o Logus foi fechado por um veículo ocupado por dois homens. Os carros pararam no acostamento. Sandra e Renata foram obrigadas a descer e a ficar de costas para o veículo. Um dos assassinos entrou no Logus, encostou a arma no rosto de Cláudia e efetuou quatro disparos à queima-roupa.

Na penitenciária de Iaras, Bandejão também já estava morto.

O então diretor-geral do presídio, Roberto Medina, disse para o repórter Caveirinha que uns trinta detentos cercaram Bandejão a fim de dominá-lo:

– Ele era muito forte. Bom no braço também.

Por isso, mais de trinta detentos participaram do crime. Bandejão foi executado a golpes de estilete.

Contudo, apenas os presidiários Luís Eduardo Qualho, o "Tramontina", e José Pereira da Silva, o "Biluca", se apresentaram como autores da execução e foram autuados em flagrante por homicídio na delegacia de Iaras.

Emboscada fatal

Agentes penitenciários telefonaram para o repórter Caveirinha, alertando que algo poderia acontecer no dia "15.03.03", ou seja, no dia 15 de março de 2003. A numeração não era mera coincidência. O PCC queria fazer uma "festa" nessa data porque era uma referência aos números das iniciais da sigla da facção criminosa no "Alfabeto Congo", como já explicado: PCC é igual a 1533. Portanto, a data para a "festa" acontecer foi escolhida propositalmente.

Contudo, foi no fim da tarde do dia 14 ainda que o "algo" aconteceu.

Era sexta-feira e fazia um calor de 30 graus em Presidente Prudente, no interior paulista. Os bares próximos ao fórum da cidade estavam lotados. As cervejas chegavam geladas para um grupo de estudantes que cantava alegre. Mas, de repente, tiros de pistola interromperam a batucada.

Alvo de uma covarde emboscada, o juiz corregedor Antônio José Machado Dias foi executado com tiros na cabeça e no peito.

O crime aconteceu às 18h30, na rua José Maria Armond, Vila Roberta, perto do fórum. Machadinho, como era chamado pelos amigos, era o responsável por 14 presídios do oeste paulista, incluindo o CRP de Presidente Bernardes e as Penitenciárias I e II de Presidente Venceslau, fortes redutos de integrantes do Partido do Crime e do Comando Vermelho.

Testemunhas viram dois homens descerem de um Fiat Uno branco e atirarem na vítima. Os assassinos abandonaram o Fiat no local e fugiram em outro veículo.

O juiz estava sozinho em seu carro, um Vectra, pois justamente naquele dia ele havia dispensado a escolta da polícia.

A execução chocou desde policiais e funcionários do sistema prisional a políticos e pessoas ligadas ao Ministério Público e ao Poder Judiciário. Também causava especulações: alguns sugeriam que a emboscada fora encomendada pelo traficante carioca Fernandinho Beira-Mar (na época, Beira-Mar já estava na chamada "cela selvagem" do CRP de Presidente Bernardes); outros acreditavam que o magistrado fora assassinado a mando da cúpula do PCC.

Caveirinha conheceu Machadinho pessoalmente por ocasião da inauguração do CRP de Presidente Bernardes. Apesar da fama de linha-dura, o juiz era um homem bem-humorado. Tinha 47 anos e era pai de dois filhos, frutos de seu primeiro casamento. Em novembro de 2002, o magistrado namorava a juíza Cristina Escher, então transferida de São Paulo para a região de Presidente Prudente.

Por considerar justas as suas decisões, Machadinho acreditava que nada poderia lhe acontecer. Porém, concordou em andar com a escolta a partir do momento em que policiais encontraram, com presos da região, um bilhete ameaçando-o de morte. Depois, ainda, um tijolo foi lançado contra o muro de sua casa. Já estava escuro, mas o juiz ainda pôde enxergar um carro partindo com as luzes apagadas.

O corpo de Machadinho foi velado no prédio do Tribunal de Justiça do Estado de São Paulo sob forte esquema de proteção. Na entrada do TJ havia detectores de metais. Pelo menos 60 policiais faziam a segurança interna e, do lado de fora, mais PMs portavam metralhadoras e espingardas calibre 12. Compareceram ao velório secretários de estado, políticos, parentes e amigos do juiz, além da prefeita Marta Suplicy e do vice-prefeito Hélio Bicudo.

Igualmente presente, o ministro da Justiça Márcio Thomaz Bastos foi claro:
— Nós estamos em uma luta contra o crime organizado, que ganhou muito espaço no Brasil. Não vamos contemporizar ou brincar e não pretendemos fingir que o crime organizado não existe.

A juíza Cristina Escher estava muito emocionada:
— Eu pensava que esse tipo de crime só acontecia em países como a Itália, onde a Máfia manda matar magistrados. Eu fui até o local do crime e chorei. Alguns amigos me acompanharam e oraram comigo. Eu falo com ele para me dar força para continuar. E que não seja em vão a morte desse homem tão importante. Ele sempre falava que faria muito por todos nós, muito por nossa sociedade. Infelizmente, pagou com a vida, e isso é algo que gera muita insegurança. Eu também sou juíza, e essa coragem precisa permanecer ao meu lado. Quando escolhi essa profissão, escolhi ser honesta e zelar pela honestidade e pela segurança das pessoas. E se eu tiver que morrer que nem o meu amor, eu vou morrer, mas não vou abaixar a minha cabeça. Perdi meu bem precioso, minha joia, mas não vou me intimidar, eu não tenho medo.

Não muito longe de Presidente Prudente, o promotor Levy Emanuel Magno, do Gaeco, após interrogar alguns presos do CRP de Presidente Bernardes, admitia a existência de uma lista com cinco nomes de autoridades marcadas para morrer. Segundo ele, a lista seria encabeçada por um promotor de Justiça.

Magno e outros quatro promotores foram ao CRP ouvir os detentos Beira-Mar, Cesinha, Gulu e Carambola. Mas todos negaram envolvimento na emboscada a Machadinho e disseram não saber nada sobre o crime.

Na TV, os noticiários só falavam da morte do juiz.

* * *

Apesar do choque, nas cadeias do oeste paulista o clima não era de tristeza, muito pelo contrário. No dia seguinte ao assassinato, sábado, 15 de março de 2003 ou 15.3.3., os detentos de Avaré fizeram a festa prometida e improvisaram até um rap para comemorar o fato. E faziam coro no refrão, que cinicamente dizia:

Vamos chorar, vamos chorar, o Machadinho já era...

Era o juiz quem cuidava das transferências e dos benefícios concedidos aos detentos. E, na opinião de muitos presos de Avaré, do CRP de Presidente Bernardes e de outras penitenciárias do oeste do estado, Machadinho fazia vista grossa às sindicâncias abertas para apurar espancamentos nesses presídios. Ou para o fato de que os processos e os benefícios de muitos presos demoravam meses e anos para ser analisados. Muitos detentos que já deveriam estar em liberdade continuavam na cadeia por conta dessa morosidade.

O Poder Judiciário sofreu o impacto do assassinato. Os juízes das varas de execuções criminais de São Paulo, responsáveis por sentenças sobre a vida processual dos detentos, foram orientados a não ter os seus nomes divulgados. A prática seria uma espécie de "juiz sem rosto", tão adotada em países como a Itália, a Colômbia ou o Peru, a fim de proteger os juízes de possíveis ações de mafiosos, narcotraficantes e/ou terroristas.

O presidente do TJ, desembargador Nigro Conceição, determinou o reforço na proteção dos juízes das execuções criminais. Ele exigiu ainda o incremento da segurança e a instalação de detectores de metais nas entradas dos fóruns. Mais de 700 PMs foram colocados à disposição do Poder Judiciário.

No Palácio dos Bandeirantes, Geraldo Alckmin determinou ao secretário Abreu Filho empenho total das Polícias Civil e Militar para identificar e prender os autores da emboscada. A Polícia Federal também foi acionada. O esclarecimento do crime era prioridade e ponto de honra para o governo de São Paulo.

Quatro dias depois da execução do juiz, Nagashi Furukawa viajou para Brasília, onde se encontrou com Márcio Thomaz Bastos. O secretário entregou ao ministro, em nome do governo paulista, uma minuta da medida provisória que propunha, entre outros itens, a alteração da lei de isolamento do preso de 30 dias para até um sexto da pena.

Em São Paulo, as investigações sobre o assassinato do juiz corregedor foram assumidas pelo DHPP (Departamento de Homicídios e Proteção à Pessoa), o importante departamento da Polícia Civil dirigido pelo delegado Domingos Paulo Neto.

No entanto, até meados de 2003, o DHPP continuava sem esclarecer nenhum dos crimes de repercussão por cuja investigação se responsabilizou. Um deles, envolvendo a universitária Suzane Richthofen, acusada de participar do assassinato de seus próprios pais, foi esclarecido pelo delegado Enjolras Rello de Araújo, na época titular do 27º DP (Ibirapuera). O crime aconteceu na madrugada de 31 de outubro de 2002, na mansão do casal, no Brooklin Paulista, área nobre da zona sul de São Paulo. Os pais de Suzane foram mortos a golpes de paulada e ferro pelo namorado dela, Daniel Cravinhos, e o cunhado, Cristian Cravinhos.

Igualmente, o DHPP não esclareceu o assassinato do prefeito de Campinas, Antônio da Costa Santos, o Toninho do PT, morto a tiros em 10 de setembro de 2001, e o de Celso Daniel, prefeito de Santo André, sequestrado em 18 de janeiro de 2002, na Zona Sul. O corpo de Celso Daniel foi encontrado dois dias depois em Juquitiba, na região metropolitana de São Paulo. Os autores do crime foram identificados e presos pela equipe do investigador Erick, subordinada ao delegado titular Edison Santi, da 2ª Delegacia de Roubos do Deic.

Por tudo isso, era mais do que importante para o DHPP esclarecer o assassinato de Machadinho.

O primeiro passo para a polícia clarear as investigações foi dado por um agente penitenciário de Avaré. No dia 15 de março, um dia após o assassinato do juiz, o funcionário do presídio interceptou um bilhete escrito pelo detento Rogério Jeremias de Simone, o "Gegê do Mangue". Entregou-o então ao diretor de plantão Messias Alves, que, por sua vez, o encaminhou ao diretor-geral Fernando Tomazella. Segundo Messias Alves, o bilhete, endereçado a Playboy, saiu da cela de Gegê do Mangue e chegou a cruzar, preso a um barbante, as janelas externas de várias celas, quando então o funcionário interceptou a correspondência. O agente penitenciário lhe disse que Playboy não chegou a ver a mensagem ser interceptada e pensou que ela tivesse se perdido ou até caído no pátio; que Playboy gritou pela ventana, inconformado:

– Isso é coisa de moleque!! Como pode perder essa resposta, caralho?

Ainda segundo o agente, Playboy teria dito que seria difícil descobrirem os assassinos do juiz.

De fato, o bilhete poderia ser ainda mais explícito:

Se realmente foi isto, hoje virá algum salve para você. A caminhada é a seguinte. O Machado foi nesta. Passou em todos jornal da cidade e de São Paulo. Esse salve veio hoje pelo pessoal. Foi a Fia que passou. Acredito que é a caminhada do câncer, pois a operação que faltava foi marcada e o paciente operado (risos). Ela pediu pra dizer que tinham matado o Machado.

O papel foi entregue à Delegacia de Investigações Gerais (DIG) de Presidente Prudente. Para a Polícia Civil e o Gaeco, a mensagem dava novos rumos às investigações e reforçava as suspeitas de que a emboscada contra o juiz teria sido cometida a mando do PCC.

Além do bilhete apreendido, o Fiat Uno branco usado pelos assassinos de Machadinho era outra das poucas pistas da Polícia Civil. O carro pertencia a uma locadora e era usado pelo motorista Cristian Ângelo Bortolotti, funcionário de uma empresa de telefonia. Cristian foi interrogado pela equipe de investigadores do delegado Ferraz Fontes, do Deic, e acabou confessando a venda do carro por 350 reais ao traficante João Carlos Rangel Luise, o "Jonny". Para ficar com o dinheiro, Cristian teria ainda simulado o roubo do Uno, prestando queixa no 14º DP (Pinheiros), onde contou que foi atacado por três homens armados na avenida Queiroz Filho.

Isso ainda era pouco, e a Polícia Civil era a cada dia mais pressionada pela imprensa, que exigia a rápida identificação e a prisão dos matadores do magistrado, o que suscitava inclusive o desentendimento entre os Poderes Judiciário e Executivo de São Paulo. No Fórum Criminal Mário Guimarães, na Barra Funda, zona oeste da capital paulista, 60 juízes decidiram protestar contra o assassinato de Machadinho, vestindo preto. O desembargador Nigro Conceição também criticou o governo paulista por ter anunciado a falência do Primeiro Comando da Capital.

Mas Geraldo Alckmin foi cauteloso:

– Ninguém declarou que tinha acabado o PCC. É uma guerra longa contra o crime e não tem mágica. Não vamos fazer polêmica com outro poder.

No dia 19, uma quarta-feira, o cardeal-arcebispo de São Paulo, Dom Cláudio Hummes, celebrou, no salão dos Passos Perdidos do TJ, a missa de sétimo dia pela morte de Antônio José Machado Dias.

Dois dias depois, o Deic anunciou a prisão de outro suspeito, o que, por sua vez, gerou atrito na Polícia Civil:

– Os colegas do Deic não trocam informações com a gente – queixavam-se os policiais do DHPP.

Um investigador do Deic retrucou:

– O DHPP e até a Polícia Militar querem atropelar nossos trabalhos.

A Secretaria da Segurança Pública negava a desunião na Policia Civil. A Delegacia Geral de Polícia alegou que os trabalhos de informações eram feitos em conjunto pelos diretores dos dois departamentos e depois repassados às divisões. (E tanto o Deic como o DHPP acreditavam que o PCC estava por trás da emboscada ao juiz corregedor.)

Então o Deic apurou que o Fiat Uno branco que Cristian vendeu a Jonny tinha sido clonado com placa de Presidente Prudente. Que o responsável pela clonagem era um homem conhecido como Jairo. Também divulgou os apelidos dos dois homens acusados de matar a tiros o corregedor: Ferrugem e Funchal.

Em 26 de março, a mesma divisão da polícia prendeu Rosângela Aparecida Legramandi Peres, a "Fia". Seu apelido constava do bilhete escrito por Gegê do Mangue no RDD de Avaré. Fia foi presa na casa de uma amiga, em Osasco, na região metropolitana de São Paulo. No local, foram apreendidas agendas com nomes, endereços e telefones de pessoas ligadas ao Partido do Crime, além de recibos, cartas e bilhetes falando sobre a morte da advogada Ana e também sobre Natália. Fia era mulher de "Zampa", um preso que cumpria pena em Taubaté.

Fia foi apresentada pelo Deic e o Gaeco (segundo a polícia, o telefone de Fia já estava grampeado desde 2002) como a tesoureira do PCC, responsável, entre outras funções, pelos ônibus da linha 1533. O delegado responsável revelou trechos de uma conversa dela com o detento Andrezão. Em um dos diálogos, Fia dizia para o amigo: "Só nós quatro sabemos disso". Tratava-se, segundo o delegado, de um recado sobre o assassinato do juiz corregedor.

Dois dias após a prisão de Fia, o DHPP apresentou mais duas pessoas envolvidas no assassinato. Uma delas era Jonny, acusado de comprar o Fiat Uno usado pelos assassinos. A outra era Liliane Dias Nunes, apontada como a namorada de Funchal.

Logo o resto do bando foi identificado. Além de Jonny e Liliane, agora presos, a Polícia Civil identificou mais três envolvidos no assassinato do corregedor: Viviane Dias, irmã de Liliane; Ronaldo Dias, o "Chocolate"; e Jairo César da Silva.

Assim, o crime ia sendo esclarecido. Jonny foi acusado de fornecer o Fiat Uno para os bandidos. Jairo, de ter clonado, adulterado o chassi e falsificado os documentos do veículo. Ferrugem e Funchal, ainda foragidos, eram acusados de ter usado o Fiat Uno na abordagem ao Vectra de Machadinho e também de ter matado a tiros o corregedor, enquanto Chocolate, guiando um Gol branco, lhes deu cobertura e depois os conduziu para fora da cidade.

Mais de um ano antes, Caveirinha havia relatado, com exclusividade, a ousada fuga de Ferrugem (então conhecido como "Di") do Hospital Central Penitenciário. Segundo a polícia, Ferrugem era traficante e parceiro de Fernandinho Beira-Mar. Ele havia sido preso em São Paulo com um quilo de cocaína, uma pistola 45 e uma falsa carteira funcional de policial civil. Costumava usar dois RGs e também trocava de sobrenome. Mas seu nome verdadeiro é Adilson Daghia. Já havia fugido da Penitenciária de Franco da Rocha, na região metropolitana de São Paulo, e chegara a responder processos no Rio de Janeiro.

Ferrugem ("Di" na matéria de Caveirinha) fugiu pela porta da frente do hospital em 19 de março de 2001. Na Casa de Detenção, só deram pela falta do detento do Pavilhão cinco meses depois, no dia 24 de agosto. Segundo a direção do presídio, o detento era portador do HIV e fora levado ao hospital para fazer exames. Lá, um suposto agente penitenciário, ocupando uma ambulância da Detenção, requisitou a remoção de Ferrugem de volta para o presídio.

A fuga só foi descoberta porque o diretor-geral do Carandiru II, Sérgio Zeppelin, responsável pelos Pavilhões 4, 7 e 9 (em março de 2001, a Detenção havia sido dividida em três presídios), solicitou informações sobre o preso ao hospital.

Porém até o prontuário médico de Ferrugem havia sumido.

Ademais, o livro de controle de entrada e saída de carros e visitantes do hospital teve três de suas páginas arrancadas, entre elas, a que continha os registros do dia 19 de março, exatamente o dia da fuga de Ferrugem.

No dia 1º de abril de 2003, a Polícia Civil divulgou o retrato falado e a rota de fuga dos assassinos de Machadinho.

Mais detalhes se aclararam. Os assassinos do juiz se hospedaram por dois dias no Hotel Avenida, em Regente Feijó, a 18 quilômetros de Presidente Prudente. Funchal, Chocolate e Ferrugem também teriam contratado, por 40 reais, uma prostituta para levá-los ao fórum de Presidente Prudente, onde o juiz trabalhava.

A dona do hotel contou que, às 15 horas do dia 12 de março, dois dias antes do assassinato de Machadinho, dois homens ocupando um Gol branco chegaram ao hotel. Um deles, que se apresentou como João (Ferrugem), era branco, tinha 1,70 metro, pesava entre 70 e 80 quilos e tinha a barba por fazer. O outro (Funchal) era moreno, forte e tinha cabelos crespos. Ambos ficaram no quarto 15. Ainda na noite do dia 12, o homem que se apresentou como João reservou mais um quarto.

Na quinta-feira, dia 13, eles saíram de manhã e retornaram ao hotel às 16h30, agora acompanhados de um casal. A moça era morena, tinha cabelos compridos e encaracolados, olhos castanhos, 1,70 metro e aparentava ter uns 20 e poucos anos. O outro homem (Chocolate) era mulato, magro, alto e também tinha a barba por fazer. O casal se hospedou no quarto 14. Segundo a dona do hotel, esse homem mulato passou a maior parte do tempo conversando ao celular.

No início da noite, os três homens e a mulher saíram. Voltaram às 22 horas, mas dessa vez ocupando, além do Gol, um Uno branco. Ambos os veículos tinham placas de São Paulo.

Na manhã do dia seguinte, a moça foi embora, e, às 17h30 desse dia, os três homens pagaram 75 reais de despesas e deixaram o Hotel Avenida em dois carros.

Uma hora depois, o juiz corregedor foi assassinado.

Segundo a polícia, os criminosos seguiram para Osasco. Pegaram a rodovia Ângelo Renna, estrada vicinal que liga Regente Feijó a Presidente Prudente, depois seguiram pela Rodovia Assis Chateaubriand, passando por Martinópolis, Araçatuba e as rodovias Marechal Rondon e Castello Branco.

Contudo, talvez porque também fosse o dia da mentira, a polícia não poderia passar sem uma pequena farsa. No mesmo dia, 1º de abril, foi anunciada a prisão de Natália.

Pois, na verdade, várias negociações já haviam sido feitas entre ela e o juiz corregedor da Vara de Execuções Criminais de Tupã. Investigadores do DHPP foram buscá-la de avião em uma cidade do Nordeste. E, de volta a São Paulo, Natália ainda pôde visitar Cesinha na prisão. Mas tudo às escondidas.

Natália ficou alguns dias no prédio do DHPP, usando até telefone celular, e depois foi levada para uma penitenciária no interior paulista. Em troca da delação premiada, ela deveria colaborar com a polícia e procurar descobrir onde estavam os assassinos de Machado Dias e os mandantes do crime.

A Justiça procurou manter em sigilo o local para onde a mulher de Cesinha foi levada. Acusada pelo Deic de mandar matar a advogada Ana, e apontada como o pivô de uma crise – a maior delas – no Partido do Crime, Natália estava jurada de morte, e todo um exército do PCC estava à sua procura.

No final da noite de 4 de abril, Playboy foi transferido de Avaré para o CRP de Presidente Bernardes. O detento era apontado pelo Deic e pelo Gaeco como o possível mandante da execução de Antônio José Machado Dias. Porém a SAP alegou que a transferência do detento era uma medida administrativa. Ele era o único homem do primeiro escalão do PCC que ainda não havia sido mandado para a "Fortaleza".

No dia 5 de abril, a Polícia Civil anunciou a identificação dos acusados de matar o juiz corregedor.

O IIRGD (Instituto de Identificação Ricardo Gumbleton Daunt) confrontou digitais recolhidas no Fiat abandonado com as de Reinaldo Teixeira dos Santos, o Funchal, e levantou 13 pontos coincidentes.

– Para não haver dúvidas nas análises eram necessários 12 pontos coincidentes – explicou o divisionário Armando de Oliveira Costa Filho.

Funchal foi criado na favela do Vietnã, na zona sul de São Paulo, mas mudou para Itapevi, na região metropolitana, onde comandou o tráfico. Após um incidente, durante o qual levou um tiro na perna, o criminoso saiu de Itapevi para morar na favela Funchal, na zona sul, onde ganhou o apelido. Ele era traficante e sequestrador, mas só havia sido preso, até então, por furto. No dia 10 de janeiro de 2002, Funchal deixou o Centro de Detenção Provisória da Vila Independência, na zona sul da cidade.

Já Ronaldo Dias, o Chocolate, era traficante e autor de roubos e dois homicídios. Ele ficou preso no CDP da Vila Independência, em 2001, e antes, em 1996, na Penitenciária I de Presidente Bernardes.

Por último, Ferrugem (Adilson Daghia), como noticiara Caveirinha, era mesmo o fugitivo do Hospital Penitenciário.

À polícia restava prender os três acusados.

Três meses depois da identificação dos assassinos do juiz corregedor pela Polícia Civil, investigadores da 7ª Seccional Leste também prenderam Jairo César da Silva, outro dos homens indiretamente envolvidos na morte de Machadinho. O clonador do Fiat Uno branco foi preso no dia 1º de julho, uma terça-feira, em um ponto de ônibus em Itaquera, na zona leste. Segundo a polícia, Jairo confessou ter encomendado as placas frias do veículo usado pelos matadores do juiz. Porém negou envolvimento no assassinato:

– Não tenho nada com a morte do juiz e nem conheço quem matou ele. Me pediram uma placa para um táxi. Eu mandei fazer e depois fiquei sabendo que tinham matado o juiz. Fiquei com medo, fugi para o Paraná e só agora eu voltei para São Paulo.

Segundo o delegado Rogério Lopes de Figueiredo, Jairo já era foragido. Ele fora condenado a dez anos de prisão por estelionato, falsificação de documentos públicos e formação de quadrilha. Cobrou 100 reais para clonar o Uno branco. Disse à polícia que encomendou a placa com um rapaz conhecido como "Branco", um prestador de serviços no posto do Detran Aricanduva, na zona leste. (Branco foi localizado por investigadores da 7ª Seccional e levado ao DHPP.)

No mês seguinte, em 7 de agosto, "a casa caiu" para Chocolate. Ele foi perseguido e preso por policiais da Delegacia de Patrimônio do Deic, no Túnel Maria Maluf, na zona sul de São Paulo.

Chocolate foi apresentado à imprensa durante entrevista coletiva na sede do Deic. O criminoso confessou ao delegado Ferraz Fontes a sua participação na morte de Machadinho. Disse que devia dois quilos de cocaína para Bandejão e, como não tinha dinheiro para pagar a dívida, aceitara a missão.

Como recompensa pela missão, Chocolate e sua família tiveram algumas despesas custeadas pela facção. Ele próprio ficou escondido num apartamento de classe média, na Vila Mirim, em Praia Grande, Baixada Santista. A facção também lhe providenciou carros e telefones celulares.

Mas, não por acaso, outros trechos das declarações de Chocolate não foram enfatizados na entrevista coletiva dada pelos delegados Ferraz Fontes e Godofredo Bittencourt. Caveirinha conseguiu, com exclusividade, uma cópia do depoimento do criminoso. Chocolate contou que, ainda no final de fevereiro de 2003, um domingo, ele, Ferrugem, Funchal e uma mulher loura foram para Presidente Prudente e se hospedaram num hotel, onde ficaram quatro dias. Que, na terça-feira, trajando um terno para se passar por advogado, Ferrugem driblou a segurança, entrou no fórum de Presidente Prudente e fez o reconhecimento de Machadinho em seu gabinete de trabalho. Que, no mesmo dia, os três homens foram ao fórum aguardar a saída de Machadinho, a qual se dava sempre entre 17 e 18 horas, mas não o seguiram porque ele estava escoltado por policiais.

O mesmo teria acontecido nos dois dias subsequentes, e então os três homens e a mulher retornaram para São Paulo. Na sexta-feira seguinte, contudo, Chocolate, Ferrugem e Funchal, de volta à cidade, puderam seguir o juiz, concluindo que nesse dia o corregedor deixava (ou poderia deixar) o fórum sem a escolta. Retornaram a São Paulo e, seis dias depois, na véspera do crime, ele, Chocolate, voltou a Presidente Prudente para reencontrar Ferrugem e Funchal, que já haviam chegado à cidade um dia antes.

No depoimento de Chocolate também constava que, logo após o assassinato, Ferrugem e Funchal entraram no Gol branco que ele dirigia. Seguiram então para a rodovia Raposo Tavares, em direção a Sorocaba. Mas, na estrada de acesso à rodovia Castello Branco, o carro foi parado num posto policial. PMs pesquisaram para saber se a documentação do Gol estava em ordem. Chocolate disse que Funchal escondia uma pistola nove milímetros. E que os três ficaram 20 minutos no posto rodoviário, mas foram liberados.

Além de mencionar dados que colocavam em xeque a eficiência da polícia, a rota de fuga descrita por Chocolate também não citava a cidade de Osasco, como anunciara a polícia. Segundo o seu depoimento, na região de Sorocaba, Jonny, que emprestou o Uno para os assassinos, já esperava por Funchal. Ferrugem teria ficado na favela do Vietnã, na zona sul de São Paulo, seguindo então para a Praia Grande, na Baixada Santista.

Entretanto, em 18 de setembro de 2003, uma quinta-feira, foi a vez de Funchal ser preso por policiais da 5ª Delegacia do Deic, que chegaram a ele graças a interceptações telefônicas. Em uma de suas conversas, inclusive, Funchal teria até falado, para uma mulher, de sua participação na execução do juiz.

Funchal também estava em uma cidade litorânea, em Angra dos Reis, no Rio de Janeiro. Com todas as despesas custeadas pelo Partido do Crime, o matador de Machadinho morava havia três meses no Condomínio Marinas. (No Marinas, o primeiro condomínio horizontal de Angra dos Reis, já tiveram casas o cirurgião plástico Ivo Pitanguy, o empresário Roberto Marinho, empresários paulistas e outras personalidades ilustres. O condomínio, formado por 60 casas, fica de frente para o mar e tem clube com piscina, saunas e quadras esportivas.) Funchal teria usado o nome falso de Odair Menezes da Silva para alugar uma casa de três quartos de médio padrão.

O criminoso ainda dormia, às sete da manhã, quando foi preso numa ação conjunta entre homens do Deic e policiais civis do Rio de Janeiro.

O delegado Ferraz Fontes contou que Funchal morava sozinho no condomínio. Que contava com a proteção de seis integrantes do PCC e também tinha envolvimento com pessoas ligadas ao Comando Vermelho.

Na casa alugada pelo bandido foram encontrados 3 quilos de cocaína, porções de maconha e crack, além de uma pistola 45. A polícia apurou que ele levava cocaína para o Rio de Janeiro, batizava (preparava) a droga no condomínio e mandava distribuir em São Paulo. Que, com o dinheiro do tráfico, Funchal havia comprado, à vista, 15 dias antes de ser preso, um Fiat Stilo, zero quilômetro, avaliado na época em 40 mil reais.

No depoimento ao Deic, Funchal negou envolvimento no assassinato do juiz. Afirmou também que não era integrante do PCC e que não conhecia os chefes da facção. Mas, segundo a polícia, foi por ter matado o corregedor de Presidente Prudente que Funchal recebeu autorização do PCC para traficar drogas em Santos.

Então, para a polícia paulista, só faltava prender Ferrugem, o único homem envolvido na morte do magistrado que continuava foragido ainda um ano após o crime.

No dia 4 de fevereiro de 2004, Levy Emanuel Magno e Eder Segura, promotores do Gaeco, encaminharam à Justiça um pedido de prorrogação do prazo de internação no RDD, por mais 90 dias, para Playboy, Gulu e Carambola. Os promotores sustentavam que os três detentos tinham envolvimento na morte de Machadinho, além de, no segundo semestre de 2003, terem ordenado uma série de atentados contra postos policiais em São Paulo.

O documento foi encaminhado ao juiz corregedor da Vara das Execuções Criminais da Capital, Miguel Marques e Silva. No dia 12 desse mês, o magistrado deu prazo de 60 dias para o Ministério Público provar o envolvimento de Playboy, Gulu e Carambola no assassinato de Machado e nos atentados contra os postos policiais. O juiz advertiu que, se nada fosse provado, os três presos deixariam o RDD.

A advogada de Playboy, Maria Cristina de Souza Rachado, disse ao repórter Caveirinha que o prazo de desinternação de Playboy no RDD venceria no dia 28 de fevereiro de 2004. Que o preso estava em Regime Disciplinar Diferenciado havia um ano e quatro meses, desde 21 de novembro de 2002. Que Playboy não tinha sido indiciado no inquérito policial que apurou o assassinato de Machadinho e que também não ficou comprovada a sua participação nos atentados contra postos policiais.

Num ofício enviado à 5ª Vara Criminal da Capital, o delegado Ferraz Fontes, responsável pelas investigações sobre os atentados, informou que Playboy, Gulu e Carambola se posicionaram contra os ataques às bases policiais.

No dia 3 de março de 2004, Caveirinha, por coincidência, encontrou Sílvia, mulher de Playboy, no escritório da advogada Maria Cristina. Sílvia mostrou ao jornalista uma carta escrita pelo detento, no CRP de Presidente Bernardes, em 26 de janeiro de 2004. Tratava-se, sim, de uma carta de amor dele para ela. E, no entanto, em certo momento, Playboy dizia:

> Fui contra qualquer ato criminoso, portanto, não é justo que eu seja punido por evitar o terror. Se não se fizer justiça é porque a política é o fator determinante para minha permanência aqui. Isso sim é desonesto e covarde, porque os poderosos estarão usando toda a máquina do Estado para esmagar um indivíduo sem chances de defesa e, sem se preocupar com justiça, portanto não deverei esperar nada de bom das autoridades. Enfim acabam-se as ilusões.

Em 16 de março de 2004, o juiz Pedro Luiz Aguirre Menin, da 14ª Vara Criminal Central de São Paulo, condenou Gegê do Mangue a três anos e seis meses, por formação de quadrilha, e Fia a cinco anos. Ambos foram acusados pela polícia de envolvimento na morte do juiz Machado Dias. Esta foi a primeira condenação por formação de quadrilha contra o PCC.[5]

Ferrugem, supostamente portador do HIV, continuava foragido.

---

5. Em 12 de novembro de 2009, Marcola e Julinho Carambola foram condenados a 29 anos de prisão cada um, em regime fechado, pelo assassinato do juiz corregedor Antonio José Machado Dias. O júri decidiu que não havia possibilidade de o crime ter ocorrido sem a anuência dos dois líderes da facção, com agravantes de motivo fútil e emboscada.

Calma, valente!

– Se papai não tivesse tão mal...

O motorista Risadinha sorriu ao perceber que Caveirinha resmungava sozinho.

O repórter resmungava porque, em julho de 2003, o vereador Albertão, do PT de Guarulhos, lhe perguntou:

– Não quer viajar comigo para as montanhas colombianas e passar vinte dias no quartel-general das Farc?

O convite também foi feito ao repórter André Caramante, do jornal *Agora S. Paulo*.

Sem dúvida seria uma excelente experiência. A direção das Farc (Forças Armadas Revolucionárias da Colômbia) já havia até autorizado a visita.

Um ano antes, inclusive, em junho de 2002, Caveirinha conheceu, em Guarulhos, Maurício Valverde, o "porta-voz" das Farc no Brasil. Ele foi apresentado ao guerrilheiro por Andréia, mulher do preso Ávila, ligado ao PCC, e na época recolhido no Centro de Detenção Provisória I de Guarulhos. Na ocasião, Maurício e Caveirinha conversaram durante três horas. Falaram sobre política e a situação social no Brasil e na Colômbia. Maurício deu palestras em várias universidades brasileiras e também frequentou favelas e reuniões de movimentos populares, como o dos Sem-Terra:

– Agora eu também gostaria de visitar as penitenciárias para conhecer mais de perto a realidade carcerária brasileira.

Por sua vez, curiosidade para se informar melhor sobre a guerrilha na Colômbia era algo que não faltava a Caveirinha. Em julho de 2003, quando Albertão lhe fez o convite, o repórter estava até afastado do serviço. Contudo – foi o que, na ocasião, Caveirinha alegou –, seu pai estava internado por causa de problemas respiratórios e ele não poderia mesmo ficar longe de sua família.

– Por que você foi afastado do serviço? – quis saber o vereador.

No mês anterior, ao retornar do Deic para a redação, o jornalista ficou sabendo, por intermédio dos seus chefes, que havia sido jurado de morte.

O repórter Antônio Chastinet foi informado por um policial – fonte de confiança dele – de que havia no Deic uma fita com a gravação de uma conversa telefônica entre dois presos do PCC. No diálogo, um teria dito ao outro que o repórter Caveirinha estava "decretado".

Preocupada com a integridade física do repórter, a direção do jornal telefonou para a Secretaria da Segurança Pública e para o diretor do Deic, o delegado Godofredo Bittencourt. Ele negou a existência da fita e garantiu que o departamento desconhecia qualquer tipo de ameaça feita ao jornalista.

De qualquer maneira, a vida de Caveirinha tomou um novo rumo a partir de 23 de junho de 2003, uma segunda-feira, quando o jornal recebeu uma carta com ameaças feitas em nome do PCC. A mesma carta foi enviada para as redações da rádio *Jovem Pan*, do jornal *O Estado de S. Paulo* e para a TV Bandeirantes. A correspondência trazia os nomes de pessoas (supostamente) ameaçadas pelo Partido do Crime. O primeiro nome da lista era o do próprio secretário da Administração Penitenciária, Nagashi Furukawa. Depois vinham, na seguinte ordem, os nomes da juíza corregedora do Dipo, Ivana David Boriero; dos delegados Ruy Ferraz Fontes e Edison Santi, ambos do Deic; do apresentador Datena, da TV Bandeirantes; do repórter Caveirinha, então do *Diário de S. Paulo*; da repórter Kátia Azevedo, do *Estadão*; da repórter Fátima Souza, da TV Bandeirantes; e, por fim, do promotor Roberto Porto, do Gaeco.

As cartas foram postadas sete dias antes, em 16 de junho de 2003, numa agência dos Correios na Vila Guilherme, zona norte de São Paulo. Nelas se lia:

PCC – CONTRA OPRESSÃO – 15.3.3 – O governo não cumpriu o acordo com o Primeiro Comando da Capital, e está punindo a liderança da nossa facção, jogando nossos irmãos no RDD, regime diferenciado de prisão, que nada mais é do que um campo de concentração [...] Por causa dessa afronta, nossa organização decidiu dar mais um recado para as autoridades, que se não haver cumprimento do acordo, nos próximos três meses, além das autoridades citadas, outras serão executadas, como inimigas do PCC, abaixo indicadas.

Em seguida vinham os nomes das nove pessoas marcadas para morrer, e, num último parágrafo, outra advertência era feita.

Os inimigos do PCC vão sentir o peso de afrontar os ideais do partido, que visa melhores condições nos cumprimentos das penas e melhores condições carcerárias. Isto não é um aviso. Nós já mandamos dois recados, e o Governo não acreditou no nosso poder de ação e decisão. Aguardem para ver. Ou voltam atrás, ou vão perder suas maiores autoridades.

PCC – 1533

Dessa vez, quando o repórter Caveirinha chegou à redação, o jornal já havia contratado uma escolta para acompanhá-lo dia e noite, em serviço e fora do horário de trabalho. O repórter não gostou nada da ideia.

Como poderia visitar as fontes, ir até as casas ou entrevistar as mulheres e os parentes de presos ligados ao PCC?

Por outro lado, com medo de sofrer qualquer atentado, nenhum motorista queria mais sair com Caveirinha.

– Nós não somos registrados, não temos nenhum benefício, e, no caso de fatalidade, quem é que vai cuidar das nossas famílias?

Caveirinha precisou engolir essa. A princípio, ficou inconformado, sentiu-se traído, mas, depois, compreendeu a situação dos motoristas.

Para piorar as coisas, durante dois dias consecutivos o apresentador Datena noticiou a carta em seu programa dando a completa relação dos nomes nela listados.

Segundo Datena, o repórter Caveirinha já teria até saído do Brasil.

Amigos e parentes do repórter assistiram ao programa. A mãe, a mulher e o filho de Caveirinha ficaram bastante assustados. O telefone da casa do jornalista não parava de tocar.

Enquanto tudo isso acontecia, seu pai permanecia no hospital. Para aliviar a barra do repórter, a direção do jornal preferiu então afastá-lo por quarenta dias.

No primeiro dia de afastamento, Caveirinha acordou cedo, olhou pela janela e viu dois homens vestindo ternos pretos em um Palio. "Quem diria, o Caveirinha com escolta", comentaram os vizinhos e os colegas de outras redações. Caveirinha pediu aos dois homens que não viessem mais com roupas sociais: "O pessoal vai pensar que eu sou rico, importante, e aí é que eu posso ser sequestrado mesmo".

A liderança do PCC também assistiu ao programa de Datena. Marcolinha, na época foragido da justiça, telefonou para Caveirinha. Por determinação de Playboy, Marcolinha disse ao repórter que a facção criminosa não estava ameaçando ninguém; que o PCC pregava a paz e jamais iria matar juízes, autoridades e, principalmente, jornalistas.

No mesmo dia, o PCC divulgou um manifesto de duas páginas.

<small>Aos órgãos de imprensa em geral e Autoridades Governamentais responsáveis –
Considerando, as reportagens apresentadas pelo senhor José Luiz Datena, através da emissora de TV Bandeirantes de São Paulo, onde o apresentador divulgou aos órgãos públicos e seus telespectadores, através de uma carta que supostamente lhe foi enviada pelo Primeiro Comando da Capital, a qual continha ameaças de morte, contra si, bem</small>

como a demais repórteres e diversas autoridades na área da segurança pública. Considerando, dessa fornna, que o Primeiro Comando da Capital vem se manifestar contra tais acusações, deixando bem claro que a referida carta não partiu de nenhum componente do partido, cujo movimento foi criado devido as opressões sofridas pelos milhares de presos do sistema carcerário do Estado, não compactuando com tais comportamentos, ou seja, homicídios, extorsões, sequestros etc., tal qual insistentemente afirma a mídia. [...] O Primeiro Comando da Capital requer que a Secretaria da Segurança Pública [...] investigue a autoria da carta enviada ao apresentador Datena, uma vez que não aguentamos mais servir de bode expiatório, sendo sempre responsabilizados por toda espécie de atrocidade cometida no Estado

"Paz, Justiça e Liberdade" (PCC)

Apesar de ter recebido a mensagem do PCC negando as ameaças, e de ter mostrado o documento à direção do jornal e repassado cópias para outras redações, Caveirinha iria continuar com a escolta. Dali para a frente, "por garantia", Paulo, funcionário de uma empresa particular, iria cuidar da segurança do jornalista. Nos dias de folga, ele seria substituído por Wellington, outro funcionário da mesma empresa.

Durante esse período, seu Jonas, pai de Caveirinha, continuava internado e respirando por aparelhos. O segurança Paulo passou a acompanhar todos os dias o repórter até o hospital.

Abatido, Caveirinha chegou a fazer uma promessa para si próprio. Caso seu pai deixasse a UTI e se recuperasse, ele deixaria de ouvir, pelo tempo que seu pai vivesse, a música "Filhos de Gandhi", do CD de Gilberto Gil e Jorge Benjor. Caveirinha a ouvia praticamente todos os dias e deixar de fazê-lo seria mesmo um sacrifício por seu pai. O repórter não emprestava para ninguém seu CD de Gil e Jorge. Aliás, tanta dificuldade ele teve para encontrá-lo – o CD estava fora de catálogo –, que encomendou logo dois de uma só vez.

Seu Jonas saiu da UTI no final de julho de 2003. Ficou sete meses em casa e morreu em 16 de fevereiro de 2004. O enterro foi no dia seguinte, justamente no que seria o seu 49º aniversário de casamento. Os jornalistas Luis Kawaguti, Plínio Delphino, André Caramante, Carina Flosi, Gilberto Lobato Vasconcelos, Lola Nicolas, Fábio Diamante e Rodrigo Hidalgo foram ao enterro, assim como os motoristas Mendonça, Andrade e Torquete. Jonas, irmão mais velho de Caveirinha e jornalista do *Diário de Cuiabá*, lá estava com sua mulher, Cristina. E também Vilma, a enfermeira tão zeloza, deixou lá o seu adeus.

Contudo, Caveirinha custava a acreditar no que seus olhos viam. Porque, poucas horas antes de falecer, seu Jonas pediu a seu neto, filho do repórter, que chamasse na sala a fisioterapeuta Camila:

– Camilinha, vem aqui. Me dá um beijinho.

Ela era uma moça bonita, de 23 anos, olhos claros e cabelos compridos. Sobretudo paciente. Sua blusa tinha um pequeno decote e, ao beijar a testa de seu Jonas, ela ainda ouviu dele:

– Camilinha, seus peitinhos continuam lindos.

Quatro horas depois, pouco antes do início do Jornal Nacional, ao qual gostava tanto de assistir, seu Jonas morreu. Serenamente. Morreu da mesma forma que levou a vida: sempre sorrindo. Sorrindo e brincando com as mulheres. A mãe de Caveirinha nem tinha ciúme, pois seu marido sempre foi assim: brincalhão, bondoso e simples. Por isso era tão amado pelos vizinhos e moradores antigos do bairro, amigos de tantas décadas.

Caveirinha herdara a simplicidade e o jeito alegre e brincalhão do pai. Também não era muito de se trajar com elegância. Usava camisa fora da calça, às vezes deixava crescer mais a barba e o cabelo. Até o editor de polícia do *Diário*, Gilberto Lobato Vasconcelos, comentou certa vez a deselegância nem sempre tão discreta do repórter:

– Esse aí não tem jeito. Pode comprar uma coisa mais fina, que não vai adiantar.

O desleixo de Caveirinha no vestir já tinha até história. Na noite de 13 de dezembro de 1999, ele foi avisado de que o criminoso Valério Cotta Oliveira, o "Carioca", tinha sido executado na favela Heliópolis, zona sul de São Paulo. Carioca, de 23 anos, pertencia ao Terceiro Comando do Rio de Janeiro, mas morava na favela paulista, onde então provocou uma guerra com rivais. O conflito deixou 18 mortos.

Nem a Polícia Militar sabia da morte de Carioca ainda. O motorista Sérgio Louco levou Caveirinha e Antônio Chastinet às pressas para a favela. O corpo de Carioca estava num barraco na viela Oviedo. Policiais com fuzis e metralhadoras davam cobertura ao investigador Jorge Alfredo Ramos e a dois delegados, os quais aguardavam outra equipe do DHPP para fazer a perícia.

Quando a delegada Ligia Santinho Bueno de Souza, da equipe I-Sul do DHPP, chegou à casa, acompanhada de peritos, logo tratou de dispersar os curiosos. Foi quando ela olhou para o repórter Caveirinha, então muito barbudo, e disse:

– Linha, linha. Não quero nenhum morador aqui.

Os investigadores e delegados deram risada.

– Esse aí não é favelado, não, doutora.

A delegada fez insistentes pedidos de desculpas ao jornalista. Mas, na hora – e também depois, na redação, quando Chastinet contou a história –, a gozação foi geral.

Cinco dias depois, em 18 de dezembro de 1999, Caveirinha e o fotógrafo Lopinho foram ao Rio de Janeiro entrevistar e fotografar a família de Carioca. Os dois desembarcaram no aeroporto Santos-Dumont às dez horas e fretaram um táxi com ar-condicionado. Fazia 35 graus na Cidade Maravilhosa.

O táxi atravessou a ponte Rio-Niterói e seguiu direto para São Gonçalo, onde o delegado titular da 72ª DP, Elir Clarindo dos Santos, já aguardava os repórteres de São Paulo. O delegado designou dois detetives para acompanhar Caveirinha e Lopinho até a casa da família do Carioca, no mesmo município. Os policiais, no entanto, disseram que iriam deixar os repórteres algumas quadras antes da casa do criminoso, pois o local era perigoso e comandado por traficantes.

Dito e feito:

– A gente só pode chegar até aqui. Fiquem com Deus e boa sorte – disseram os detetives.

Caveirinha, Lopinho e o taxista seguiram em frente. Mas logo três homens com revólveres em punho saltaram de um Fusca vermelho caindo aos pedaços.

– Lopinho, meu amigo, nós saimos de São Paulo para morrer aqui no Rio?

– Calma, valente.

Um dos homens se aproximou:

– Vocês são os jornalistas de São Paulo? Nós somos P2 [PMs do serviço reservado]. O tenente-coronel tá esperando vocês no Batalhão.

Os dois respiraram com alívio.

– Parece que a mãe do Carioca ainda está lá em São Paulo – eles disseram.

– Tá falando sério?!

– Isto é ridículo, Caveirinha.

– Mas o comandante mandou convidar vocês para conhecerem o quartel.

– *Conhecerem o quartel*...

Mas, realmente, a chegada ao quartel foi uma surpresa para os dois. Faltava uma semana para o Natal e o samba rolava solto no pátio do Batalhão. A mulherada sambava à vontade, algumas de bermuda e outras de minissaia.

– Ora, nada mais que uma festa de confraternização de fim de ano.

O comandante conduziu os dois repórteres ao seu gabinete e lhes concedeu uma entrevista. Lopinho também tirou diversas fotos do quartel e depois até aceitou alguns copos de cerveja.

– Até que a viagem não foi de todo perdida – disse Lopinho, já no avião de volta para São Paulo.

– Se eu ainda bebesse, poderia dizer o mesmo – resmungou Caveirinha.
Mas depois comentou:
– Caramba, Lopinho. No Rio, as pessoas são menos preconceituosas mesmo.
– É. Menos preconceituosas "merrmo".
– Mas, meu, imagina uma festa daquela num quartel da periferia de São Paulo, com mulé, samba e cerveja à vontade?
O fotógrafo sorriu:
– Ia todo mundo direto pra Corregedoria
A exemplo do seu pai, Caveirinha procurava nunca perder o bom humor.
– Parece que flagraram dois homossexuais transando lá na Paulista, perto da Jovem Pan. E aí o morador de um prédio viu a cena e gritou lá de cima: "Vamo parar com essa putaria aí!".
– Essa piada é boa.
– Mas aí o "passivo" gritou: "Desce se tu é homem, ô seu fia da puta".
– É muito boa essa piada.
– E aí o outro, o "ativo", deu assim uns tapinhas na bunda do parceiro...
– Já conheço a piada.
– Aí o que ele disse pro parceiro?
– Ele disse: "Calma, valente!".

A expressão pegou na redação. O repórter Samarone Lima criou até o tabloide Valente & Valente. As edições traziam notícias e fotos dos colegas, sempre com situações de flagrantes e muitas piadas.

Durante cinco meses, a escolta seguiu Caveirinha para todos os lados. Paulo o acompanhou inclusive ao estádio do Pacaembu, quando Lucas, junto a outros alunos da escola de futebol "Chute Inicial", entrou em campo com os jogadores do profissional do Corinthians. Naquela noite, o Timão enfrentou o Criciúma, de Santa Catarina, pelo Campeonato Brasileiro de 2003, e venceu a partida por três a zero. Lucas, fanático como o pai e o avô, mostrava que era pé quente, pois também era a primeira vez que ele ia ao estádio.
Em agosto de 2003, Paulo também acompanhou Caveirinha à casa de Cajarana, na zona leste da capital. Lá, uma vizinha dela, no que olhou para o segurança, exclamou:
– Paulinho Gretchen!? É você?
Caveirinha e Cajarana nada entenderam, mas rolaram no chão de tanto rir.

Paulinho, a vizinha explicou, ganhou esse apelido no final da adolescência, quando morava em Guarulhos e frequentava os bailinhos da cidade. Paulinho dançava muito bem e, segundo a velha amiga, também rebolava igual à cantora Gretchen, tão famosa por causa de seu bumbum.

Paulinho Gretchen ficou irritadíssimo quando seu apelido de adolescência foi descoberto por Caveirinha.

Até que as férias forçadas acabaram, ou, como o próprio repórter disse, a "quarentena" acabou. Caveirinha voltou a fazer aquilo de que, a um só tempo, mais reclamava e mais gostava. Contudo, por determinação da empresa jornalística, a escolta ainda continuaria a acompanhá-lo.

Assim, Paulo e Wellington também acompanharam várias reportagens de Caveirinha e ainda viajaram bastante com ele, tanto para o interior como para o litoral do estado. Mas, no final de outubro de 2003, a direção do jornal enfim acatou o pedido do repórter para que a escolta fosse dispensada.

– Os dois já foram incorporados à família – afirmou Caveirinha. – Mas eu também preciso recuperar minha liberdade. Afinal de contas, quem não deve não teme, não é assim?

Paz, justiça, liberdade e igualdade

Quando os novos líderes já estavam consolidados no poder do PCC, em maio de 2003, os batismos no Partido do Crime foram suspensos. A diretoria também passou a exigir mais critério para autorizar o ingresso de novos integrantes na facção criminosa. Pensava até em acrescentar mais uma palavra ao seu slogan, que passaria a ser "Paz, Justiça, Liberdade e Igualdade". Mas o termo igualdade não significava que a hierarquia na facção deixava de existir. Até abril de 2005, quando a primeira edição deste livro foi concluída, os "generais" e os "soldados", os "cobras" e os "lagartos", os "padrinhos" e os "afilhados" ainda resistiam em ações dentro e fora dos presídios brasileiros:

- Apesar da ordem de Playboy, o novo líder da facção, de paz nas penitenciárias, Geleião permaneceu jurado de morte. Até fevereiro de 2017, ele cumpria pena no Presídio Federal de Campo Grande, no Mato Grosso do Sul. Cesinha foi assassinado na manhã de 13 de agosto de 2006 na Penitenciária I de Avaré. Era um domingo, dia de visita. Ele estava na cela com Natália quando foi chamado por um grupo de presos e levado para o pátio. Foi executado por integrantes do TCC (Terceiro Comando da Capital), facção que ele mesmo fundou com Geleião. Os assassinos não mexeram com Natália. Cesinha teve o mesmo fim cruel dos detentos que matou e de outros que mandou matar. Os inimigos fincaram espetos de pau na cabeça dele. Segundo o Ministério Público Estadual, Natália se envolveu com outro preso do TCC e Marília separou-se de Geleião e desapareceu.

- Até o primeiro trimestre de 2004, o Partido do Crime mantinha em seus quadros pelo menos vinte "irmãs". Uma parte estava presa na Penitenciária Feminina da Capital, no Carandiru, e o restante, no Cadeião de Pinheiros, na zona oeste, e na penitenciária de Franco da Rocha, na região metropolitana de São Paulo. Uma das presas batizadas era Fia. O Ministério Público Estadual calcula que o PCC conta com 150 mulheres nas prisões do Estado e ao menos 30 nas ruas.

- Marília foi presa por formação de quadrilha em outubro de 2002 e ficou sete meses no Piranhão. Saiu de lá em 25 de maio de 2003 e foi transferida para a penitenciária feminina de Tremembé. No dia 5 de junho de 2003, foi libertada após cumprir oito meses de detenção.

- Em 19 de março de 2004, Alexandre Pires Ferreira, o ET, um dos maiores assaltantes do país, e Paulinho Neblina fugiram da Penitenciária do Estado, no Carandiru, pela porta da frente. Em 26 de abril, Neblina foi recapturado por policiais do Deic. ET foi preso meses depois.

- Em 26 de maio de 2004, Gulu foi transferido para a Penitenciária II de Mirandópolis, após cumprir dois anos de castigo no CRP de Presidente Bernardes.

- Em 3 de junho de 2004, Playboy, Cesinha, Voletti e Feirante foram denunciados à justiça pela matança de nove presos em fevereiro de 2001, na Casa de Detenção, no Carandiru. Em março de 2013, Playboy foi condenado a 160 anos pelas nove mortes. O Tribunal do Júri condenou Voletti a 197 anos e quatro meses e Feirante a 148 anos de prisão. Cesinha, assassinado em Avaré, teve a pena extinta.

- No dia 1º de julho de 2004, Playboy e Carambola deixaram o CRP de Presidente Bernardes e foram transferidos para a penitenciária de Araraquara, onde continuavam presos.

- Às 15 horas do dia 27 de agosto de 2004, os presos Marcos Massari, o Tao, e Gilmar Leite Siqueira, principais colaboradores do extinto Gradi, fugiram da penitenciária de Itaí, região noroeste do estado, a 350 quilômetros da capital.

Massari e Siqueira foram retirados da cela e levados para atendimento no setor de sindicância, que fica no prédio da administração, já fora das muralhas. Eles foram algemados e escoltados por agentes penitenciários, mas, segundo estes, Massari e Siqueira conseguiram tirar as algemas e sacaram pistolas automáticas. Os dois algemaram o diretor de Disciplina, Adriano Pelegrini, e o assistente, Benedito Júnior. Os ex-colaboradores do Gradi Militar passaram pela subportaria, pela portaria, e, do lado de fora do presídio, um motoqueiro já os aguardava.

Segundo a Polícia Militar, os dois foragidos foram deixados em um posto de combustível na rodovia Raposo Tavares, na região de Itaí, onde eram esperados por ocupantes de um Gol prata. Eles seguiram em direção à cidade de Ourinhos.

A Polícia Militar prendeu o motoqueiro minutos depois de deixar os foragidos no posto de combustível. A moto foi apreendida. Douglas Silva de Souza confessou ter sido contratado para ajudar Massari e Siqueira a fugirem do presídio, mas não revelou quanto ganhou para transportar os foragidos em sua moto. E disse que nada sabia sobre o paradeiro dos dois fugitivos.

Massari e Siqueira foram capturados e acabaram isolados e mantidos em presídios não dominados pelo PCC. Ambos continuam jurados de morte por terem traído a facção criminosa e também o extinto grupo da PM.

- Em 30 de agosto de 2004, Andinho deixou o CRP de Presidente Bernardes e foi transferido para a Penitenciária I de Mirandópolis. Quinze dias antes, no entanto, ele tentou se enforcar e só não conseguiu graças à intervenção de funcionários. Andinho foi pela primeira vez para o CRP em 11 de maio de 2002. Saiu em setembro de 2003 e foi para a Penitenciária II de Presidente Venceslau. Lá, foi pego com um telefone celular no dia 24 de maio de 2004 e, por isso, acusado de planejar sequestros de dentro da cadeia. Ficou mais 96 dias no CRP de Bernardes. No dia 17 de setembro, Andinho foi transferido para Avaré, onde estava em castigo no Regime Disciplinar Especial (RDE). O RDE foi instituído em 19 de agosto de 2002 pela resolução 059 da SAP. A diferença do RDD, instituído em janeiro de 2003, em relação ao regime anterior é que o preso não fica isolado na cela, mas em grupo de oito detentos. O preso tem acesso a rádio, TV, jornais e revistas. Mas também não tem direito a visita íntima e só pode ficar duas horas no banho de sol.

- Na primeira semana de setembro de 2004, Natália foi libertada da penitenciária feminina de Tremembé. Acusada por formação de bando ou quadrilha, se entregou em abril de 2003 (um mês após o assassinato do juiz Machadinho) a policiais civis de Presidente Prudente e do DHPP. Uma semana antes de ganhar a liberdade, Natália quase foi morta na Penitenciária Feminina da Capital, no Carandiru. Outras detentas tentaram matá-la, por ordem do PCC, em 25 de agosto de 2004. Não conseguiram. Quando souberam que Natália havia sido transferida para Tremembé, as detentas se rebelaram. O motim resultou na morte de uma presidiária e deixou pelo menos duas agentes penitenciárias feridas.

- Polaco ficou no CRP de Presidente Bernardes até outubro de 2002. De lá foi para a Penitenciária II de Presidente Venceslau e depois para Iaras. Em abril de 2003, ele foi para o RDD de Avaré e ficou até fevereiro de 2004, quando acabou transferido para a PI de Bernardes. No dia 9 de setembro de 2004, deixou a Penitenciária I de Presidente Bernardes em liberdade condicional.

- Em maio de 2008, Polaco voltou a ser preso. Dessa vez foi acusado de ser o mandante de uma chacina de cinco jovens, ocorrida no bairro de Cangaíba, zona leste da capital, em 17 de novembro de 2007.

- Em 13 de outubro de 2004, a justiça condenou o advogado Mário Sérgio Mungioli a sete anos e seis meses de reclusão. Ele cumpria pena na Penitenciária I de Tremembé e alegava ser inocente e ter sido vítima de uma armação de policiais do Deic e de promotores do Gaeco.

- Em novembro de 2003, o anexo da Casa de Custódia e Tratamento de Taubaté, o Piranhão, passou a ser ocupado por mulheres. Atualmente, segundo a SAP, a unidade não abriga mais presos.

- Em 3 de janeiro de 2005, Cesinha matou o detento rival José Ivanildo da Silva por ter sido chamado de troféu. Por causa disso, foi mandado de volta para o CRP de Presidente Bernardes.

- Em 18 de abril de 2005, o PCC organizou o maior protesto do gênero no país, reunindo cerca de 8 mil parentes de presos em frente à SAP. A manifestação inesperada protestava contra mudanças no sistema de visita aos presos. A SAP, preocupada com a dimensão do protesto, atendeu parcialmente as reivindicações.

- Em 24 de abril de 2005, quatro armas foram encontradas na Penitenciária de Araraquara. Por conta disso, vários presos, entre eles Playboy e Julinho Carambola, foram mandados para um castigo inicial de dez dias no CRP de Presidente Bernardes. Dois dias depois, uma nova guerra interna voltou a abalar o PCC, com o assassinato de Gulu, enforcado por rivais na Penitenciária II de Mirandópolis. No mesmo dia, o irmão dele, Marco Aurélio da Silva Santos, foi assassinado em São Vicente. Além de Gulu, outros integrantes do primeiro e segundo escalões do PCC, todos parceiros dele, de Geleião e de Cesinha, foram mortos nas prisões. Alguns foram enforcados com barbantes usados para fazer bolas. Outros foram vítimas de um coquetel da morte batizado de gatorade. É uma mistura de cocaína, Viagra e água que os inimigos do PCC, dominados pelos rivais na calada da noite, dentro das celas, tinham de ingerir à força, até sofrer uma overdose. Na lista dos executados na guerra interna da facção estavam Blindado, Nego Manga, Fidélis, Magaiver, Nego Bago, Cascavel e Macalé, entre outros. Em julho de 2005, Bilica foi encontrado morto após ter caído da janela de um apartamento no terceiro andar de um prédio no Guarujá. Para a Polícia Civil, ele cometeu suicídio.

- Em novembro de 2006, policiais do Deic prenderam Ferrugem. Em julho de 2014, o Tribunal do Júri o condenou a 26 anos e oito meses pela morte do juiz Machadinho. Os jurados já haviam condenado Jonny a 19 anos, Chocolate a 16 anos e Funchal a 30 anos de reclusão pelo assassinato do magistrado. Em 2009, Julinho Carambola e Playboy foram condenados a 29 anos de prisão. A justiça entendeu que ambos foram os mandantes do crime. Eles sempre negaram.

O PCC MAIS VIVO DO QUE NUNCA

Mizael era o mais articulado dos oito fundadores do PCC. Por isso, redigiu o estatuto e idealizou o emblema da facção, além de exercer liderança sobre os demais e conseguir a união dos presos na luta por reivindicações.

Foi ele quem batizou a Casa de Custódia e Tratamento de Taubaté, o berço do PCC, de campo de concentração. Para Mizael, o regime carcerário adotado naquela unidade era "medieval, retrógrado, arcaico e desumano".

O repórter Caveirinha teve acesso a um importante acervo contendo trocas de correspondências entre Miza e outros presos e fundadores do PCC. E também a documentos com pautas de reivindicações redigidos por ele.

Num desses documentos, escrito em 1997, Miza denuncia mortes de presos na Casa de Custódia por falta de atendimento médico. Também cita casos de detentos que cometeram suicídio por não suportarem espancamentos e outras atrocidades.

No documento assinado por Miza, Sombra, Cesinha, Julinho Carambola e outros três presos, eles clamam por assistência médica, direito ao trabalho, humanização na Casa de Custódia e permanência de, no máximo, seis meses na unidade. Naquela prisão sempre vigorou um regime idêntico ao RDD, mas como cumprimento de pena e não como castigo temporário não superior a um ano.

Para Miza, o diretor da Custódia, José Ismael Pedrosa, o mesmo que chefiou a Casa de Detenção na época do massacre de 111 presos, era responsável pelos maus-tratos naquela unidade e, portanto, considerado um dos maiores inimigos do PCC.

A palavra de Mizael era respeitada em todo o sistema prisional paulista. Após a morte de Sombra, ele passou a ser ainda mais reverenciado pela população carcerária. Isso aconteceu até o início de 2002, quando o poder na facção mudou de mãos.

Ao redigir o estatuto do PCC, deixou claro no artigo 14 que a prioridade da organização era pressionar o governo do Estado a desativar a Casa de Custódia e Tratamento de Taubaté.

No artigo 13, prometeu sacudir o sistema prisional até conseguir mudanças na política carcerária, a qual considerava desumana, injusta e opressora. Defendeu também a união e organização dos presos para evitar um novo massacre de detentos.

Miza fortaleceu seus ideais de luta, de expansão do PCC e de vingança contra as autoridades prisionais nas conversas diárias com o grande amigo Sombra e, principalmente, com dois professores do crime, durante os horários de banho de sol no pátio da Casa de Custódia de Taubaté.

Os irmãos Renato e Bruno Torsi, dois integrantes da Camorra, a máfia italiana, ajudaram Miza a organizar o PCC. E, com a experiência mafiosa, transmitiram seus ensinamentos ao "irmão" de cárcere.

Os Torsi o orientaram a expandir a luta e os negócios do PCC para todo o território nacional. E também o aconselharam a agir com violência, inclusive usando táticas terroristas, para atingir os objetivos da organização criminosa.

Em outubro de 1994, um ano e dois meses após a fundação do PCC, Renato foi extraditado para a Itália. Em janeiro do ano seguinte, Bruno juntou-se ao irmão na Penitenciária de Rebibbia, em Roma. Ambos haviam sido presos no luxuoso bairro dos Jardins, em São Paulo, em 1990, acusados de sequestro.

A deportação para a capital italiana não impediu a comunicação entre os Torsi e Mizael. O acervo de cartas escritas e recebidas por fundadores do PCC doado ao repórter Caveirinha tinha um material inédito, desconhecido das autoridades brasileiras.

Eram dois cartões-postais com fotos da bela Nápoli, a terra da Camorra, escritos na prisão de Roma pelos irmãos camorristas e endereçados a Mizael. Caveirinha guardou a relíquia histórica com todo o cuidado necessário.

Em 25 de janeiro de 2009, ao repercutir o sucesso do livro *Gomorra*, do escritor e jornalista italiano Roberto Saviano, ameaçado de morte por desvendar segredos da máfia napolitana, Caveirinha escreveu uma reportagem especial.

A matéria foi publicada com exclusividade em duas páginas no *Jornal da Tarde* e no *Estadão*. A reportagem mostrava que os Torsi não só acompanharam de perto o nascimento do PCC como também ajudaram Mizael a organizá-lo.

Caveirinha apurou com autoridades italianas que os Torsi pertenciam ao quadro de sequestradores da Camorra e também integravam o "grupo de fogo", os matadores da máfia, os chamados *killers*.

A reportagem mostrava ainda as semelhanças da Camorra e do PCC. Ambos têm milhares de associados estruturados que contribuem financeiramente com a organização.

Os integrantes dos dois grupos acusados de causar conflitos, traições e desvios de dinheiro são condenados à morte. Tanto a Camorra quanto o PCC têm como atividade mais rentável o tráfico de drogas.

Os dois grupos mantêm na base líderes de primeiro, segundo e terceiro escalões. Eles comandam territórios. Cada um deles é chefe em uma determinada região.

Assim como a Camorra, o PCC conta com departamento jurídico, também conhecido como "sintonia dos gravatas", contratando advogados para defender seus integrantes em processos e em prisões em flagrante.

As duas organizações prestam ajuda assistencial aos familiares de seus associados. Também usam boa parte do dinheiro ilícito para corromper agentes públicos.

Outra semelhança da Camorra e do PCC é a prática de atentados contra autoridades para difundir o medo e intimidar o Estado. Também sequestram jornalistas para usá-los como moeda de troca e para divulgar suas reivindicações na mídia.

Ambas mantêm um exército de soldados com armas potentes nas ruas, prontos para atender às ordens do comando, como atentados e ataques às forças de segurança. Os dois grupos têm também um tribunal do crime para julgar e executar seus desafetos.

Miza não viveu para ver o PCC agir de maneira semelhante à máfia napolitana. Mas seus ideais e desejo de vingança foram seguidos à risca pelos líderes da maior facção criminosa do país.

Porém, ele estava preso em Piraquara, no Paraná, em dezembro de 2000, quando o anexo da Casa de Custódia e Tratamento de Taubaté acabou destruído numa rebelião sangrenta. O motim deixou um saldo de nove detentos mortos, três deles decapitados.

Alguns anos depois de sua morte, o governo do estado desativou o anexo de Taubaté. Em 23 de outubro de 2005, três anos e oito meses após o assassinato de Miza, o inimigo número um dele também foi vítima de homicídio.

José Ismael Pedrosa morreu em um atentado no centro de Taubaté, bem no dia da votação do referendo nacional sobre a comercialização de armas e munição. Ele estava aposentado desde 2003.

Três homens acusados de integrar o PCC foram presos, julgados e condenados pelo crime. As autoridades judiciais concluíram que a morte foi encomendada pela facção como vingança. Para a liderança do grupo criminoso, dois dos ideais pregados por Miza foram alcançados: a desativação do anexo de Taubaté e a morte de seu diretor.

A semelhança dos ataques do PCC com as ações da Camorra era cada vez maior. Além de matar juízes, o grupo paulista também eliminava agentes penitenciários, diretores de presídios e policiais civis e militares.

Em maio de 2006, o PCC voltou a impor o terror em São Paulo. Nas ruas, soldados da facção atacaram as forças de segurança. Os atentados foram em represália ao isolamento de 765 presos da organização na Penitenciária II de Presidente Venceslau. Isso aconteceu na véspera do Dia das Mães, data sagrada para a população carcerária.

Os presos do PCC se rebelaram em 74 penitenciárias. O movimento contou ainda com a adesão de presidiários do Mato Grosso do Sul e Paraná. Era o início da expansão do grupo paulista em outros territórios do Brasil.

Nas ruas, os atentados deixaram 47 agentes de segurança mortos. Eram 24 policiais militares, oito policiais civis, oito agentes penitenciários, três guardas municipais e outras quatro pessoas.

Traficantes de drogas ligados ao PCC decretaram toque de recolher nos bairros da periferia. O comércio foi obrigado a fechar as portas em diversos locais. Escolas públicas e particulares suspenderam as aulas. O transporte público foi paralisado. A Paulista parecia uma avenida fantasma. São Paulo parou. Assustada.

Os ataques ocorreram entre os dias 12 e 19 de maio de 2006. Praticamente no mesmo período, 493 pessoas foram mortas a tiros no Estado. A maioria dessas mortes foi atribuída a policiais militares e a grupos de extermínio.

Os atentados só terminaram depois que o governo de São Paulo fretou um avião do Estado, com policiais civis e militares a bordo, para negociar uma trégua com a liderança do PCC recolhida no CRP (Centro de Readaptação Penitenciária) de Presidente Bernardes.

Três meses depois, o PCC voltaria a agir. E mais uma vez com tática terrorista e seguindo os planos de Miza: sequestrar jornalistas para forçar a divulgar as propostas, denúncias e ideais do grupo criminoso, na tentativa de atingir seus objetivos.

Na manhã de agosto de 2006, homens da facção sequestraram o repórter Guilherme Portanova e o auxiliar técnico Alexandre Coelho Calado, da Rede Globo de Televisão. Ambos estavam de plantão e tomavam café em uma padaria a poucos metros de distância da sede da empresa.

Calado foi solto no final da noite, nas imediações do prédio da emissora. Ele recebeu ameaças de morte e teve de levar consigo um DVD, entregue posteriormente aos seus chefes.

O PCC ameaçava matar o repórter Portanova, caso o conteúdo do DVD não fosse divulgado pela maior rede de televisão do país. A facção exigiu que a divulgação fosse feita em horário nobre.

No início da madrugada de 13 de agosto, a Globo, após intensas reuniões e consultas a organismos internacionais de segurança, interrompeu a programação normal para atender a exigência do PCC.

O DVD foi divulgado. O vídeo tinha duração de três minutos e meio. O Partido do Crime transmitia seu recado à sociedade e ao governo. Criticava o RDD, chamando o regime de castigo de cruel, desumano e inconstitucional.

A facção reclamava de torturas e espancamentos no sistema prisional. Pedia a realização de um mutirão judicial para analisar processos de presos com penas vencidas. Por fim, advertia: "Não mexam com nossas famílias que não mexeremos com as de vocês". Horas após a divulgação do vídeo, Guilherme Portanova foi libertado.

Ações como essas levavam o PCC a ganhar mais adeptos nas ruas e nas prisões. Miza estava certo. Na carta escrita por ele e encontrada uma semana após a sua morte, o fundador do grupo falava da expansão da facção em todo o território nacional.

A citação de Miza na correspondência endereçada a Cesinha e Geleião, presos na época em Bangu I, no Rio de Janeiro, corroborava as investigações do Ministério Público Estadual.

Promotores do Gaeco de Presidente Prudente apuraram que, a partir de 2006, o PCC se estruturou como uma verdadeira organização empresarial. Mantinha escalões de hierarquia com funções bem definidas e disciplina rígida.

A facção também dispunha de um departamento jurídico, corrompia autoridades, se infiltrava em setores públicos e no meio político. E também utilizava empresas de fachada para lavar dinheiro.

As investigações do Gaeco apuraram ainda que, em 2012, das 157 unidades prisionais do Estado, o PCC dominava em 137, ou seja, 90% do total. Os promotores concluíram que o grupo criminoso mantinha hegemonia nos presídios paulistas.

Nas ruas, no mesmo ano, a facção contava com um exército de 1800 homens. Para os promotores do Gaeco de Presidente Prudente, o PCC tornara-se uma organização transnacional.

O Gaeco apurou também que em novembro de 2012 o Primeiro Comando da Capital tinha 2398 integrantes em prisões e nas ruas de 23 estados e no Distrito Federal.

Além dessa expansão nacional, o PCC tinha integrantes em outros países da América do Sul, principalmente no Paraguai, na Bolívia e na Colômbia, regiões que produzem maconha e pasta de cocaína.

No Paraguai, a facção paulista contava, em novembro de 2012, com 11 filiados na prisão e 19 nas ruas. Na Bolívia, o PCC contabilizava, no mesmo período, 13 homens nas ruas.

A conclusão dos promotores do Gaeco é a de que o PCC se internacionalizou e tem status de multinacional do crime. E o pior: a sede, o escritório central dessa "empresa", é a Penitenciária II de Presidente Venceslau.

É de lá que, desde 2006, quando foram isolados, os líderes da facção controlam os negócios ilícitos da organização, especialmente o tráfico de drogas. Durante os últimos 20 anos, o telefone celular foi uma das principais armas desses detentos.

Com o uso de aparelhos de telefonia móvel, os presos se comunicavam entre si, em raios separados da mesma unidade, e também com parceiros nas ruas. Coordenavam a venda de drogas e a contabilidade dos negócios.

As interceptações telefônicas realizadas ao longo dos anos com autorizações judiciais não impediram a comunicação deles. Por causa das constantes *blitze*, o celular tradicional foi substituído por microaparelhos para dificultar possíveis apreensões dos equipamentos.

Durante os anos de 2011 e 2012, em outra investigação, dessa vez conduzida pela Polícia Federal, os agentes descobriram que os líderes do PCC presos na P2 de Venceslau negociavam grandes quantidades de drogas com fornecedores estrangeiros.

A investigação da Polícia Federal, batizada de Operação Leviatã, foi deflagrada em 29 de maio de 2012 e apurou que as drogas comercializadas pelo grupo paulista eram distribuídas em diversos estados da Federação, principalmente em São Paulo.

Segundo o Ministério Público Estadual e a Polícia Federal, os presos Roberto Soriano, o Tiriça, Abel Pacheco de Andrade, o Vida Louca, e Alexandre Campos Santos, o Jiló, munidos de telefones celulares, negociavam, em suas celas na P2 de Venceslau, a compra de drogas para a facção.

Os policiais federais apuraram que o PCC tinha uma estrutura organizacional complexa, composta de várias células, dispostas hierarquicamente. Os agentes, entretanto, se focaram nas investigações de apenas uma delas, denominada "sintonia do Paraguai".

Tiriça, Vida Louca e Jiló tiveram várias ligações telefônicas interceptadas com autorizações judiciais. As investigações da PF começaram em fevereiro de 2011, após a apreensão, em Carapicuíba, Grande São Paulo, de 1700 quilos de maconha comprados pelo PCC no Paraguai.

Por conta disso, a Justiça de São Paulo aceitou o pedido do Ministério Público Estadual e decidiu internar Tiriça, Vida Louca e Jiló pelo prazo de 60 dias em castigo no RDD em Presidente Bernardes.

Tiriça e Vida Louca estavam, até fevereiro de 2017, recolhidos em presídios federais fora de São Paulo. O primeiro foi acusado de ordenar, em 2012, a morte de policiais militares em represália a uma série de assassinatos de integrantes do PCC, mortos a tiros nas ruas por homens da Rota (Rondas Ostensivas Tobias de Aguiar), a tropa de elite da PM.

Naquele ano foi travada uma das mais intensas guerras entre o PCC e PMs da Rota, também chamados de boinas pretas. Ao menos 106 policiais militares foram executados em atentados no estado de São Paulo.

Segundo o Ministério Público Estadual, as mortes ocorreram como vingança contra ações da Rota envolvendo integrantes do primeiro, segundo e terceiro escalões do PCC, todos muito conceituados no mundo do crime.

Não foram poucos os homens do PCC mortos nas ruas pelos boinas pretas. Nessa lista figuram os nomes de Fábio Fernandes da Silva, o Vampirinho, assaltante de joalherias, Fábio Santos de Oliveira, o Gordex, Marco Aurélio do Patrocínio, o Nego Cora, chefe do tráfico de drogas na favela Paraisópolis, entre outros.

Em maio de 2011, os boinas pretas invadiram o sítio de Tiriça em Itatiba, no interior paulista, e mataram Ilson Rodrigues de Oliveira, o Teia, Genaldo da Silva e Henrique de Oliveira Guedes. Outros quatro homens foram presos.

Teia chegou a cumprir pena na Penitenciária II de Venceslau. Ele era muito conceituado entre os líderes do PCC e também era apontado como o braço direito de Tiriça.

Em agosto de 2011, PMs da Rota mataram seis homens em um supermercado na avenida Elísio Teixeira Leite, zona norte de São Paulo. Segundo a PM, todos eram do PCC e iriam roubar caixas eletrônicos.

Em 28 de maio de 2012, os policiais da Rota mataram outros seis homens ligados ao PCC em um bar na Penha, zona leste. Em setembro de 2012, os boinas pretas mataram mais nove homens do PCC em uma chácara em Várzea Paulista, no interior.

Segundo a Polícia Militar, todas essas mortes ocorreram durante confrontos. Já advogados de clientes do PCC dizem que houve execução e que as vítimas foram mortas mesmo depois de dominadas. Em todas essas ações, nenhum boina preta ficou ferido.

A guerra travada entre o PCC e os boinas pretas em 2012 deixou centenas de baixas dos dois lados na capital, no interior e na Baixada Santista. A grande maioria dos 106 PMs executados nos ataques do PCC morreu sem saber o motivo, pois não tinha envolvimento no conflito com o crime organizado. Muitos trabalhavam internamente, na administração. Não faziam o patrulhamento preventivo. Foi um xeque-mate (ordem para matar) geral protagonizado pelo tribunal do crime do PCC.

Advogados de Tiriça alegam que o cliente jamais ordenou a morte de policiais militares e também que ele nunca pertenceu ao PCC nem ao crime organizado. Esse é o mesmo argumento de defensores de Abel Vida Louca. Ele foi transferido para uma unidade federal sob a acusação de incitar rebelião e de ordenar a morte de um detento rival numa prisão do Vale do Paraíba.

De acordo com promotores do Gaeco, as inúmeras internações de líderes do Primeiro Comando da Capital no RDD não coibiram a atuação desses presos nos negócios ilícitos da organização, coordenados por eles atrás das grades.

Em outubro de 2013, após uma megainvestigação de três anos conduzida pelo Gaeco de Presidente Prudente, 175 pessoas acusadas de pertencer ao PCC foram denunciadas à Justiça por formação de quadrilha.

O Ministério Público pediu a internação de 35 dos acusados no RDD. Os nomes de Playboy, Tiriça, Vida Louca, Gegê do Mangue, Birosca, Julinho Carambola, Paulinho Neblina, Andinho, Daniel Vinícius Canônico, o Cego, Fabiano Alves de Souza, o Paca, Jiló, entre outros, estavam nesse rol.

Todos são acusados pelo Ministério Público Estadual de pertencer ao primeiro escalão do PCC. Os presos, porém, sempre negaram qualquer envolvimento com a facção criminosa.

Dessa vez, a Justiça indeferiu o pedido de internação dos presidiários no RDD. Desembargadores entenderam que a transferência deles da P2 de Venceslau para o CRP de Bernardes não era necessária, já que os presos estavam sob investigação havia três anos, e que se a medida fosse urgente, essa solicitação teria sido apresentada bem antes.

Os líderes do PCC se livraram do castigo. Para acabar com a comunicação dos presos e seus parceiros de ruas, o governo instalou bloqueadores de celular na P2 de Presidente Venceslau.

A medida, no entanto, não pôs fim ao contato deles com o mundo externo. Os líderes do PCC substituíram o telefone móvel por cartas codificadas, chamadas de bate-bola.

As mensagens entravam e saíam de Presidente Venceslau por meio das "pontes": as mulheres contratadas pelo PCC para transportar as correspondências. Além disso, a liderança da facção usava dezenas de advogados como pombos-correios, ou seja, para levar e trazer recados.

As correspondências tinham códigos até então indecifráveis. Uma delas, no entanto, foi interceptada em 11 de maio de 2015 por agentes sobre os telhados dos raios 3 e 4 da P2 de Presidente Venceslau.

A carta era endereçada a um casal de advogados. Ambos são irmãos e foram orientados a cooptar para os quadros do PCC um agente público: o até então vice-presidente do Condepe (Conselho Estadual de Defesa dos Direitos da Pessoa Humana), Luiz Carlos dos Santos.

A partir da apreensão da correspondência, a Polícia Civil e o Gaeco de Presidente Prudente abriram inquérito para apurar a atuação dos advogados. Segundo investigadores, os advogados convenceram o agente público a divulgar a organismos internacionais e nacionais de direitos humanos falsas denúncias de violência promovidas por policiais civis e militares e agentes penitenciários. Em troca, ele receberia 5 mil reais mensais do PCC.

Os advogados e o representante do Condepe foram investigados. A Polícia Civil e o Gaeco descobriram que o PCC havia montado um braço jurídico, chamado de "sintonia dos gravatas", composto por ao menos 40 advogados.

Segundo as investigações, o braço jurídico era coordenado por 12 líderes do PCC, todos cumprindo pena na P2 de Venceslau. Também foram acusados de integrar o grupo outras quatro pessoas em liberdade, além do representante do Condepe, totalizando 56 acusados.

Todos eles tiveram a prisão preventiva decretada pela justiça. Ao menos cinco conseguiram fugir. Os demais foram presos na chamada Operação Ethos. Santos acabou detido. Ele perdeu o cargo no Condepe. Segundo o Gaeco, os 12 líderes do PCC criaram na facção uma espécie de Conselho Deliberativo.

Os promotores do Gaeco apontaram Playboy, ou Marcola, como é conhecido no sistema prisional, como o presidente desse Conselho Deliberativo. O Ministério Público Estadual pediu a internação dos 12 detentos no RDD.

A Justiça deferiu o pedido e determinou a internação dos acusados pelo prazo de 360 dias no castigo. Defensores de Playboy disseram que ele mais uma vez foi usado como bode expiatório, que é inocente e nunca pertenceu ao PCC.

Quem se deu bem nessa história foi Gegê do Mangue. Ele não foi indiciado na Operação Ethos e conseguiu sair em liberdade condicional no início de fevereiro de 2017, mesmo tendo que enfrentar um júri no dia 20 do mesmo mês. E com a missão de coordenar o narcotráfico e planejar assaltos milionários e cinematográficos, como o dos 8 milhões de dólares roubados da Prosegur em Ciudad del Este, no dia 24 de abril de 2017.

Promotores do Gaeco ficaram revoltados com a soltura dele e apostaram que ele não compareceria ao julgamento. Em fevereiro de 2017, Gegê do Mangue encontrava-se foragido, assim como seu parceiro Paca. As autoridades suspeitam que ambos fugiram para o Paraguai.

As planilhas apreendidas pelos agentes com os acusados na Operação Ethos eram codificadas. Todos eram tratados por números. Playboy, segundo apurou o Ministério Público Estadual, era o 1013.

Os documentos mostram que o PCC gastava, semestralmente, 2 milhões de reais com despesas pagas a advogados da facção. Segundo o Gaeco, esses defensores deixaram de exercer a advocacia e passaram a agir criminosamente a mando da organização.

Os promotores sustentam que os advogados levantaram nomes de agentes penitenciários e policiais que poderiam ser vítimas de possíveis ataques, agendavam atendimento médico particular para os presos fora das penitenciárias e atuavam como pombos-correios.

As planilhas também indicavam que o PCC desembolsava, semestralmente, 128 mil reais para advogados de outros estados. O dinheiro era usado para custear as despesas jurídicas envolvendo os integrantes do grupo detidos fora de São Paulo.

Mizael estava certíssimo quando escreveu na carta apreendida que, ao contrário do que havia dito o governador Geraldo Alckmin, o PCC estava mais vivo do que nunca.

A facção tem mesmo raízes em todos os estados brasileiros. As investigações do Gaeco também constataram que a organização faturava em torno de 240 milhões a 300 milhões de reais por ano só com o tráfico de drogas. Lucro de multinacional.

A expansão do PCC era transnacional. Especialistas da área de segurança pública chegaram a afirmar que o PCC não era um grupo mafioso porque ainda não lavava dinheiro no exterior. Mas já consideravam a organização uma pré-máfia.

O crescimento do PCC assustava e preocupava os integrantes de outros grupos criminosos. As demais facções queriam, a qualquer custo, barrar o fortalecimento dos paulistas.

E foi em apenas uma previsão que Mizael errou. Foi quando propôs um megaevento nacional, um plano para sacudir o país, em parceria com os integrantes do Comando Vermelho. Pois foram os próprios presos do CV, a segunda maior facção brasileira, que ficaram mais preocupados com o crescimento territorial do PCC. A expansão do grupo paulista nos outros estados e no Paraguai, na Bolívia, na Colômbia e também no Peru tinha um propósito: controlar a produção, comercialização e distribuição de drogas, principalmente cocaína e maconha.

A trégua entre o PCC e o CV foi quebrada após 23 anos de aliança. A tensão entre os dois grupos aumentou depois da morte do traficante Jorge Rafaat Toumani, executado a tiros em junho de 2016 no Paraguai.

Autoridades paraguaias disseram à imprensa que Rafaat, conhecido como o "rei da fronteira", foi morto por homens do PCC. Ele fornecia drogas para as duas facções criminosas.

Segundo a Polícia Federal, o CV rompeu com o PCC e se aliou a outros grupos criminosos, como a FDN (Família do Norte), cujos integrantes estão presos no Amazonas, no Acre, em Roraima e Rondônia, o Sindicato do Crime, do Rio Grande do Norte, e outras organizações do Maranhão, do Ceará, de Santa Catarina e do Rio Grande do Sul.

O resultado da união do CV com esses outros grupos foi uma série de massacres de presos em várias penitenciárias brasileiras. A matança realmente sacudiu o país. Mas não como Mizael previa.

A carnificina começou em 17 de outubro de 2016. Presos do PCC executaram 18 rivais da FDN em presídios de Roraima e Rondônia. Em 23 de janeiro de 2017, integrantes da FDN mataram 56 detentos da facção paulista em Manaus.

Em 6 de janeiro, integrantes do Primeiro Comando da Capital se rebelaram numa prisão de Boa Vista (RR) e executaram 33 inimigos. No dia 14 de janeiro, o PCC matou outros 26 rivais, todos da Família do Norte, no presídio de Alcaçuz (RN).

A maioria dos mortos nesses massacres foi decapitada. Muitos tiveram braços, pernas e olhos arrancados. Os presos autores dessas barbaridades portavam telefones celulares. Eles filmaram as atrocidades e divulgaram as imagens chocantes pelo WhatsApp. A crueldade registrada nas prisões do país teve repercussão nos principais jornais do mundo.

Em São Paulo, o governo agiu rápido para evitar outro massacre. Transferiu ao menos 101 presos do Comando Vermelho para a Penitenciária de Florínea, a 475 quilômetros da capital.

O slogan "Paz, Justiça e Liberdade" ainda é o pilar da ideologia do PCC. Mas os laços de união e fraternidade com o Comando Vermelho fazem parte do passado. Estão mortos e enterrados, assim como Mizael Aparecido da Silva, o Miza.

Salve linda canção sem esperança

No final da noite de 13 de outubro de 2004, uma quarta-feira, Débora ligou para o repórter Caveirinha:
– Você sumiu! – ele disse.
– E que opção eu tinha?
– Uma conhecida sua acabou de me ligar. O marido dela foi solto.
– E como eles estão?
– Bem. Mas disseram ter medo de outro PCC.
– É mesmo? Qual?
– Segundo eles, o dos "Policiais Civis Corruptos".
– Nossa! Fala sério!
– Mas cadê você agora?
– Eu tô no Sul.
– No Sul onde?
– Eu recomecei do zero, amigo.
– Bom, do negativo, pelo menos, você saiu.
– Isso é porque você não viu o *friiio* que faz aqui! É de tremer os ossos, Caveirinha!
Os dois puderam matar saudades um do outro. Débora estava feliz. Disse que estava vendendo artesanatos, que *já tinha até uma sócia*!
– Então, Débora. Daqui pra frente, você mantém firme esse seu caminho, que é o melhor que você faz.
– Humm, como eu estava precisando ouvir suas palavras bonitas.
– Não são palavras bonitas, Débora. Eu acho mesmo que você deve continuar fazendo isso aí que você tá fazendo, trabalhando honestamente, indo à sua religião, que você tá correndo pelo certo...
Débora sorriu.
– Você sempre foi o mais idealista dessa história. Eu acho que você é puro sonho.
– Sou um torcedor, Débora, é só isso que eu sou. Não sou ninguém que, sozinho, pode mudar uma realidade.
Foi Caveirinha que acabou desabafando várias mágoas com a amiga. Logo quis se desculpar, mas Débora apenas sorria por falar com o velho amigo.
– Você não está sozinho, pode acreditar.
– Nem você, minha querida amiga.

Os dois combinaram de se falar mais vezes.

O repórter levantou do sofá e foi à janela respirar. Ainda ecoava em seus ouvidos a voz de Débora se despedindo ao telefone: "Um beijo nesse seu coração gigante, amigo". Então ele ligou o som e ouviu algumas vezes a música "Salve linda canção sem esperança", de Luiz Melodia. Já era madrugada quando Caveirinha foi para a cama. Naquela noite, ele também tinha assistido ao jogo Brasil e Colômbia, partida válida pelas eliminatórias da Copa de 2006. O jogo terminou zero a zero.

Na seleção de Parreira não havia um só craque do Corinthians.

Glossário

Açúcar – cocaína
Afilhados – batizados no PCC pelos padrinhos
Aplicar multa – extorquir dinheiro
Arena – local da batalha, do duelo
Arrastar – prejudicar ou levar à morte
Barraco – cela, confusão
Batizar – entrar para o PCC pela indicação de um integrante, jurando fidelidade ao Partido
Boi – banheiro
Bonde – veículo de transferência de presos entre penitenciárias e fóruns
Bronca – autoria
Café – maconha
Casa cair – ir preso, "dançar"
Cavalos – carros
Cemitério dos vivos/Big Brother Bernardes – Centro de Readaptação Penitenciária (CRP) de Presidente Bernardes
Cobras – aqueles que mandam, chefes
Coxinha – policial militar
Cunhadas – mulheres de presos integrantes do PCC
Decretado – jurado de morte
Faculdades – penitenciárias
Fita – assalto
Generais – líderes
Golias – espécie de faca feita a partir de ferros arrancados das grades
Irmão – integrante do PCC
Jack – estuprador
Jumbo – sacola com alimentos e produtos para higiene pessoal levada aos presos nas visitas
KGB – detento que presta favores aos policiais, aos funcionários de cadeias e aos presos
Lagartos – aqueles que obedecem
Mercadão – Penitenciária do Estado, no Carandiru
Mulas – homens contratados para transportar drogas
Nave-mãe/casarão/velha senhora/casa da dinda – Casa de Detenção
No seguro – diz-se do preso que é isolado dos demais por correr perigo
Padrinhos – aqueles que batizam novos integrantes para o PCC
Pagar pau, pagar madeira – dar dinheiro, corromper
Pé de pato – matador de bandidos, justiceiro
Pedra – crack ou cama
Pela-porco – solitária
Piloto – chefe
Piranhão/Caverna – Casa de Custódia e Tratamento de Taubaté
Pote – castigo
Primeira-dama – mulher de um homem importante na facção
Primos – os simpatizantes do PCC
Proceder – atitude
Radial – faixa por onde os presos podem circular

Radinho/diretinho – telefone celular
Recolhe – arrecadação de dinheiro, alimentos ou roupas junto aos presidiários e egressos financeiramente bem estruturados
Salve – recado, aviso
Sangue bom – gente boa
Sangue nos olhos – alguém muito cruel e destemido ou alguém de confiança
Soldados – aqueles que cumprem ordens
Talarico – o preso que canta a mulher do outro
Tatu – túnel cavado para fuga de presos
Teresa – corda feita de panos
Tranca – castigo
Ventana – janela
Vermes – inimigos, rivais
Zerar – morrer

Este livro foi impresso pela Gráfica Grafilar
em fonte Garamond Premier Pro sobre papel Pólen Bold 70 g/m²
para a Via Leitura no inverno de 2022.